TRAITÉ

THÉORIQUE ET PRATIQUE

DE

L'ASSURANCE

EN

GÉNÉRAL

OUVRAGE CONTENANT :

L'historique et un aperçu de l'assurance au point de vue scientifique,
économique, moral et social ;

l'étude juridique du contrat d'assurance ;

la législation et l'organisation administrative des Sociétés d'assurances
à primes fixes et mutuelles ;

un exposé complet de la question de l'assurance par l'État

PAR

CH. DE LA PRUGNE

INSPECTEUR D'ASSURANCES

PARIS

Librairie MARESCQ Aîné

CHEVALIER-MARESCQ et Cie, éditeurs

20, rue Soufflot, 20

1895

TRAITÉ D'ASSURANCE

Théorique et Pratique

PAR

Ch. de LA PRUGNE,

Inspecteur d'Assurances

TRAITÉ THÉORIQUE ET PRATIQUE

DE

L'ASSURANCE EN GÉNÉRAL

PRÉFACE

La publication que nous offrons à tous ceux que l'assurance intéresse directement, ou même indirectement, arrive, croyons-nous, à son heure.

Une pensée principale nous a guidé dans l'établissement de cette publication :

Populariser la connaissance de l'assurance et de ses principes, en les exposant aussi clairement que possible, et d'après les ouvrages de première valeur publiés spécialement sur la matière. Relever ainsi le niveau d'instruction des agents et rendre l'assurance d'autant plus populaire et bienfaisante qu'elle sera mieux connue.

Ce travail d'une instruction indispensable à tous ceux qui s'occupent d'assurance, les met à même de bien en saisir l'esprit et le côté moral, ainsi que l'application pratique. Il comble une lacune qui existe depuis le principe de nos sociétés. Ces dernières ont, en effet, tenté avec de louables efforts l'instruction de leurs représentants, mais à un point de vue tout à fait restreint et spécial seulement, dépendant de circonstances souvent différentes.

Il n'y a pas eu jusqu'à ce jour, de vulgarisation, dirons-nous, de l'assurance en tant que science. Certes la liste des ouvrages écrits sur l'assurance et traités par des maîtres éminents, juristes ou savants distingués, est assez longue pour satisfaire à tout désir d'instruction, mais ces ouvrages étant précisément ignorés des agents d'assurance de province ou de ceux que l'assurance peut intéresser à différents points de vue et, de plus, étant d'un prix élevé, ont leurs effets restreints à un très petit nombre de spécialistes qui seuls, du reste, les connaissent. Et encore ceux-ci, à cause de leur dispersion chez les divers éditeurs spéciaux, sont-ils obligés de se livrer à des recherches souvent laborieuses, parce qu'elles sont mal aidées.

Il fallait donc extraire la substance de ces ouvrages et la produire à un public qu'elle intéressait directement. C'est ce que nous avons essayé de faire dans la limite de nos faibles moyens.

Ce livre représente à lui seul une véritable bibliothèque de l'assurance.

On pourra en juger par les noms des principaux ouvrages dont la consultation a servi à la rédaction de ce travail, première partie seulement d'une œuvre qui plus tard devra s'étendre d'après nos intentions, à chaque branche de l'assurance.

Voici l'indication de nos sources :

CHAUFTON (Albert), docteur en droit, avocat au Conseil d'Etat et à la Cour de cassation. — Les assurances ; leur passé, leur présent et leur avenir. Ouvrage couronné par l'Institut, 2 volumes. Librairie Chevalier-Marescq. Paris.

AGNEL et DE CORNY. — Manuel général des assurances. 1 volume. Marchal et Billard. Paris.

A. DE COURCY. — Les sociétés anonymes. Librairie des assurances. Paris.

A. BOISTEL. — Droit commercial.

BONFILS. — Traité de procédure civile et commerciale.

Moniteur des assurances (Reboul, Thomereau et Warnier). — Collection complète.

Journal des assurances (Pouget-Badon Pascal). — Collection complète.

Dictionnaire des assurances terrestres (Lechartier).

Petit dictionnaire des assurances (G. Hamon).

Dictionnaire de jurisprudence des assurances terrestres (Bonneville de Marsangy).

Dictionnaire de droit maritime (de Caumont).

P. MORIDE. *Les lois françaises expliquées.* Paris. Librairie illustrée.

Répertoire de jurisprudence de la Gazette du Palais.

Enfin les *Pandectes françaises,* au mot, *Assurance en général,* nous ont fourni la plus grande partie de nos matériaux de jurisprudence et souvent de doctrine.

Cet ouvrage colossal, véritable monument de science juridique rédigé par les hommes les plus éminents du droit, nous a particulièrement épargné, en ce qui nous concerne, bien des recherches et bien des dépenses de temps et d'argent. Aussi nos lecteurs lui devront-ils en grande partie le bon marché de notre ouvrage.

Pour donner à nos lecteurs une idée de la richesse et de la valeur des renseignements qu'ainsi nous avons pu leur fournir, nous mentionnerons simplement ici les noms des auteurs cités dans l'article sur le mot *assurance en général,* sans parler des nombreuses sources où ont été puisés les matériaux d'une jurisprudence qui, pour l'assurance, remonte jusqu'à la création du code.

AGNEL ET DE CORNY. — Manuel général des assurances.

ALAUZET. — Traité général des assurances.

Allard. — L'assurance obligatoire. — Annales de droit commercial.

Anthoine de St-Joseph. — Concordance entre les codes étrangers et les codes français.

Aubry et Rau. — Cours de droit civil français d'après la méthode de Zachariæ.

Badon Pascal. — Répertoire général des assurances.

Bédarride. — Des sociétés.

Bioche. — Dictionnaire de procédure civile et commerciale.

Blanche — Dictionnaire général d'administration.

Bloch. — Dictionnaire d'administration. — Traité théorique et pratique de la statistique.

Boistel. — Cours de droit commercial.

Bonneville de Marsangy. — Jurisprudence générale des assurances terrestres.

Boudousquié. — Traité de l'assurance contre l'incendie.

Boulay-Paty. — Cours de droit commercial maritime. — Traité des assurances et contrats à la grosse d'Emérigon.

Bravard et Demangeat. — Manuel de droit commercial.

Brouardel. — Le secret médical. — Bulletin de l'Agence financière des assurances.

Carré. — Compétence judiciaire des juges de paix en matière civile et pénale.

Caumont. — Dictionnaire universel de droit maritime.

Cauvet. — Traité des assurances maritimes.

Cauvin et Sainctelette. — Manuel de jurisprudence des assurances terrestres.

Cauwès. — Précis du cours d'économie politique.

Chaufton. — Les assurances, leur passé, leur présent, leur avenir.

Chavegrin. — Étude sur les réticences et déclarations fausses ou inexactes dans l'assurance sur la vie. — Le droit du 1er août 1889.

Chesneau. — La réassurance et la cession de portefeuille.

Clément. — Des assurances mutuelles.

Clunet. — Journal de droit international privé.

Courcelle-Seneuil. — Traité d'économie politique.

Courcy (de). — Essai sur les lois du hasard.

Couteau. — Traité des assurances sur la vie.

Delangle. — Commentaire sur les sociétés commerciales.

Demante et Colmet de Santerre. — Cours analytique du code civil.

Devilleneuve, Massé et Dutruc. — Dictionnaire du contentieux commercial et industriel (*Voir assurance.*)

Dormoy. — Théorie mathématique des assurances sur la vie.

Droz. — Traité des assurances maritimes.

Duhail. — Du contrat d'assurance contre l'incendie.

Emerigou. — Des assurances.

Estrangin. — Traité du contrat d'assurance de Pothier.

Francœur. — Notice sur les assurances.

Frémery. — Étude du droit commercial.

Gazette des Assurés (La).

Goujet et Merger. — Dictionnaire de droit commercial.

Grun et Joliat. — Traité des assurances terrestres.

Hamon. — Petit dictionnaire des assurances.

Hecht. — La prime et la cotisation dans l'assurance contre l'incendie.

Herbault. — Traité des assurances sur la vie.

Hettier. — Des assurances terrestres.

Haufmann. — De la condition juridique des sociétés anonymes françaises en Alsace-Lorraine. — Journal des assurances.

Lalande (de) et Couturier. — Traité théorique et pratique du contrat d'assurance contre l'incendie.

Laplace. — Essai philosophique sur les probabilités.

Laurent. — Principes de droit civil français.

Lechartier. — Dictionnaire des assurances.

Lefort et Sainctelette. — Etude sur les assurances contre les accidents, dans le recueil périodique des assurances.

Lehir. — Manuel d'assurances.

Lemonnier. — Commentaire des polices d'assurances maritimes.

Locré. — Esprit du code de commerce.

Lyon-Caen et Renault. — Traité de droit commercial.

Massé. — Le droit commercial dans son rapport avec le droit des gens et le droit civil.

Mayeu et Duhamel. — Dictionnaire de la bourse, de la banque et des assurances.

Merlin. — Répertoire universel et raisonné de jurisprudence. — Moniteur des assurances.

Pannier. — Attribution des indemnités d'assurances et de quelques autres indemnités.

Pardessus. — Droit commercial.

Persil. — Questions sur les priviléges et les hypothèques.

Philouze. — Manuel du contrat d'assurance.

Pinguet. — Des assurances maritimes.

Pothier. — Du contrat d'assurance.

Pouget. — Dictionnaire des assurances terrestres.

Quénault. — Traité des assurances terrestres.

Recueil périodique des assurances.

Rodière et P. Pont. — Traité du contrat de mariage et des droits respectifs des époux.

Rolland de Villargues. — Répertoire du notariat.

Rousseau. — Des sociétés commerciales françaises et étrangères.

Ruben de Couder. — Dictionnaire de droit commercial industriel et maritime.

Sacré. — Dictionnaire de commerce et de droit commercial.

Sᴇʙɪʀᴇ ᴇᴛ Cᴀʀᴛᴇʀᴇᴛ. — Encyclopédie du droit.

Tᴏᴜʟʟɪᴇʀ. — Droit civil français suivant l'ordre du code.

Tʀᴏᴘʟᴏɴɢ. — Du contrat de société.

Vᴀᴠᴀssᴇᴜʀ. — Traité des sociétés civiles et commerciales.

Vᴇʀᴍᴏᴛ. — Catéchisme de l'assurance.

Vɪʟʟᴇʏ. — Rôle de l'État dans l'ordre économique.

Vɪɴᴄᴇɴs. — Exposition raisonnée de la législation commerciale.

Vɪɴᴄᴇɴᴛ ᴇᴛ Pᴇ́ɴᴀᴜᴅ. — Dictionnaire de droit international privé.

Ce n'est donc point une œuvre absolument personnelle que l'auteur a entendu réaliser ici: tout autre a été le but recherché.

Faire une œuvre utile et pratique avant tout, la rendre accessible à tout le public de l'assurance par la modicité de son prix : servir ainsi les intérêts de l'assureur et de l'assuré, l'application de l'assurance ne pouvant qu'y gagner, telle a été surtout la préoccupation de l'auteur.

C'est à ce public auquel il adresse le fruit de son labeur à lui prouver par un accueil bienveillant qu'il a été compris et apprécié.

Cʜ. ᴅᴇ Lᴀ Pʀᴜɢɴᴇ,
Inspecteur d'Assurances.

DE L'ASSURANCE EN GÉNÉRAL

INTRODUCTION

Principe de l'Assurance.
Définition scientifique et juridique.
Division de l'ouvrage.

Ce n'est pas sans une certaine appréhension qu'on essaie d'embrasser d'un coup d'œil général l'assurance, si complexe dans ses affinités et dans ses applications.

L'assurance est cette idée de prévoyance qui permet à l'homme de se prémunir contre l'alea de l'avenir.

Dans son application, l'assurance a été définie de différentes manières. De ces définitions nous n'en retiendrons que deux : l'une qui l'envisage à son point de vue scientifique et l'autre à son point de vue juridique.

Nous la définirons donc d'abord, avec M. Chaufton (¹) : « la « compensation des effets du hasard sur le patrimoine de l'homme, « par la mutualité organisée suivant les lois de la statistique, « c'est-à-dire suivant les lois numériques qui régissent le cours « des choses. »

En second lieu, nous définirons l'assurance : « Un contrat par « lequel une personne, appelée assureur, s'engage, moyennant un

---

(1) *Les assurances ; leur passé, leur présent, leur avenir,* par A. Chaufton, docteur en droit. Ouvrage couronné par l'Institut.

« prix déterminé, nommé prime d'assurance, à indemniser une
« autre personne, nommée l'assuré (ou ses successeurs), de
« dommages que cette dernière peut éprouver dans sa personne
« ou ses biens, par suite d'un cas de force majeure ou d'un
« événement fortuit, tel que mort, naufrage, incendie, accident,
« etc , etc … »

C'est le développement de ces deux définitions que comportera
la matière de notre traité.

Division
du traité

Nous le diviserons donc en deux parties : la première traitant
des bases scientifiques de l'assurance et de son rôle au point de
vue économique, moral et social ; la seconde partie sera consacrée
à une étude juridique complète des principes généraux de son
application.

Nous donnerons à la troisième partie l'exposé de la législation
régissant les sociétés exploitant l'assurance et un aperçu sur leur
organisation administrative.

Enfin nous terminerons cet exposé de l'assurance en général
par un appendice spécial, résumant d'une façon complète la
question toute d'actualité de l'assurance par l'Etat. Nous n'avons
pas voulu insérer cette étude dans la première partie de notre
traité, désireux que nous étions que le lecteur se pénètre bien
auparavant de toute la science nécessaire de l'assurance, pour
pouvoir examiner d'une façon compétente cette question qui le
touche de si près.

DE L'ASSURANCE EN GÉNÉRAL

PREMIÈRE PARTIE

CHAPITRE I.

Bases scientifiques de l'Assurance.

Nous reportant à la première définition, ce mot de « mutualité » nous ouvre tout un horizon qui nous fait envisager l'assurance comme une institution qui touche dès l'abord au grand problème de la solidarité humaine, dans son organisation économique et sociale et dans sa base de haute moralité.

La mutualité de l'assurance consiste dans la réunion d'un nombre quelconque d'assurés, qui versent chacun des primes dont la somme a pour objet de compenser les effets destructifs du hasard sur les personnes ou les biens d'un certain nombre d'entre eux. Ce qui implique que les probabilités déduites des lois du hasard font prévoir qu'un certain nombre seulement des assurés auront à souffrir des effets du hasard ; cela nous amène à exposer, dès à présent, les bases scientifiques sur lesquelles repose l'assurance.

M. Chaufton sera notre auteur favori dans cette première partie de notre cours. C'est dans son ouvrage éminent que nous avons en effet découpé la physionomie scientifique de l'assurance, parce que, selon nous, nul mieux que lui ne l'a saisie aussi réellement jusqu'à ce jour.

L'assurance, dit-il, n'élimine pas le hasard, comme on l'a dit à tort, mais elle lui assigne sa part ; elle ne fait pas disparaître la perte, mais elle fait que la perte n'est pas sentie parce qu'elle est partagée. Elle modifie l'incidence de la perte qui de l'individu passe à la communauté et, par, suite elle substitue le rapport d'étendue au rapport d'intensité.

Effets immédiats de l'assurance — Dans ses effets immédiats, l'assurance est donc la compensation pécuniaire des effets du hasard sur le patrimoine de l'homme.

Risques et sinistres — Ces effets prévus, mais *non encore réalisés*, s'appellent *risques* ; *réalisés*, ils s'appellent *sinistres*.

Indemnité — La compensation des sinistres s'opère par le paiement d'une indemnité, produit de contributions minimes versées par un grand nombre de patrimoines réunis, suivant certaines règles et dans des proportions que la science et l'expérience déterminent. Il existe ainsi une sorte de communication, grâce à laquelle l'équilibre rompu par l'un d'eux se rétablit.

Prime Cotisation — La contribution frappée sur chaque patrimoine s'appelle prime ou cotisation. La prime ou cotisation représente la part assignable dans l'ensemble des risques à chaque patrimoine considéré comme élément de contribution.

Les risques étant infiniment variables et multiples comme les éléments qui les produisent, il a fallu, pour asseoir l'assurance sur des bases solides, dégager chaque risque des faits complexes qui l'environnent, en préciser l'éventualité, en mesurer la réalité présente, poursuivre en un mot l'étude des lois du hasard, dans le détail de leurs manifestations.

Probabilités a priori et a posteriori — Les causes multiples des sinistres agissent avec une certaine régularité qui a permis d'établir les lois qui forment le fondement de la théorie des probabilités.

Les probabilités peuvent être envisagées *a priori et a posteriori*.

Probabilités a priori — Voici, d'après M. de Courcy *(Essai sur les lois du hasard)*, les principes élémentaires du calcul des probabilités *a priori*.

La certitude d'un évènement est toujours représentée par l'unité. Si l'événement futur que l'on considère est incertain, la vraisemblance ou la probabilité de sa réalisation sera exprimée par une fraction, laquelle se rapprochera d'autant plus de l'unité que l'événement sera plus probable.

Il s'agit de calculer rigoureusement cette fraction de certitude.

On y parvient aisément, lorsque l'on connaît d'avance le nombre total des combinaisons ou des chances également possibles, et sur ce nombre total le nombre de celles qui doivent réaliser l'événement attendu ; le rapport du second chiffre au premier donne exactement la fraction qui exprime la probabilité de l'événement. Si, par exemple, on va tirer au hasard une seule carte d'un jeu de piquet qui en contient trente-deux, et si l'on recherche la mesure exacte de la probabilité qu'on a d'amener une figure, on fera sans effort le calcul suivant. Le jeu de trente-deux cartes contient douze figures. Il est clair que, sur les trente-deux chances possibles, il y en a douze d'amener une figure et vingt d'amener une autre carte.

La probabilité de l'évènement attendu est donc le rapport de douze à trente-deux, ou $\frac{12}{32}$, fraction égale à $\frac{3}{8}$.

La probabilité contraire est de 20 à 32, ou $\frac{20}{32}$, fraction égale à $\frac{5}{8}$. La somme de ces deux fractions, $\frac{3}{8} + \frac{5}{8} = \frac{8}{8} = 1$, est l'unité ou la certitude.

La probabilité d'un événement est donc le rapport du nombre des chances favorables à cet événement au nombre total des chances possibles, et elle a pour expression mathématique une fraction, dont le numérateur est le nombre des chances favorables et le dénominateur le nombre total des chances possibles.

La somme des deux probabilités, l'une de l'arrivée de l'événement, l'autre de sa non-réalisation, doit toujours être l'unité ou la certitude, en sorte qu'il suffit de connaître l'une pour obtenir l'autre par une simple soustraction.

Dans l'exemple que nous venons de citer, toutes les chances sont déterminées et connues d'avance. Mais pour les événements fortuits dont l'homme n'a pas déterminé les conditions, les causes qui donnent telles chances à tel événement, ou qui déterminent la loi de la probabilité des diverses valeurs d'une grandeur variable, sont presque toujours inconnues dans leur nature ou dans leur mode d'action, ou tellement compliquées, qu'on ne pourrait en faire rigoureusement l'analyse et en soumettre les effets au calcul, ni en évaluer *a priori* l'influence.

Il est donc bien nécessaire, pour les applications de la théorie des chances, que l'on puisse déterminer par l'expérience ou *a posteriori* ces chances dont la mesure directe, d'après les données de la question, surpasse actuellement et vraisemblablement surpassera toujours les forces du calcul.

De la statistique

C'est la statistique qui détermine ces chances.

La statistique, dit M. Maurice Block (1), a pour instrument les chiffres et pour méthode l'emploi d'observations multipliées, ou de grands nombres réduits en moyennes ou en rapports (en nombres proportionnels) pour rechercher ce qui dans les faits ou phénomènes a un caractère de constance. C'est ce qu'on appelle improprement dégager des lois. Ces lois, en effet, ne sont pas des rapports nécessaires, mais des rapports empiriques, c'est-à-dire des faits.

Les lois du hasard, ou plutôt les lois statistiques du hasard, ne sont autre chose que des formules énonçant des faits qui se reproduisent avec une certaine régularité.

Moyenne

Pour déterminer ces lois, il faut faire la synthèse d'un grand nombre de faits ou de cas individuels et d'unités. On en compense ainsi les différences, les écarts, et on recherche le point relativement fixe, le centre autour duquel ces différences oscillent.

Ce point, c'est la *moyenne*, chiffre abstrait, mais non fictif, car il représente des choses réelles, mais en ne s'attachant qu'aux qualités essentielles et en omettant les qualités accidentelles : on pourrait l'appeler le chiffre typique.

Amplitude maximum et minimum

On nomme *amplitude* l'écart en plus ou en moins, c'est-à-dire la distance du *maximum* au *minimum*. Lorsque cette amplitude est grande, on met le maximum et le minimum en regard de la moyenne ; afin de donner à cette dernière sa véritable valeur, on indique le nombre des cas formant le

---

(1) Traité théorique et pratique de statistique, Paris 1878.

maximum et ceux du minimum et l'on établit des séries, par périodes de temps déterminées.

Quelle que soit l'amplitude des oscillations, que les écarts soient grands ou petits, on est d'autant plus près de la réalité que le nombre des observations est plus considérable. C'est ce qu'on a nommé la loi du grand nombre. Mais il y a une limite au grand nombre, car une moyenne n'est bonne qu'à raison de l'homogénéité de ses éléments. Dans une moyenne trop compréhensive, les éléments ne peuvent être homogènes.

Il faut donc faire des moyennes par groupes.

Il convient de ne pas exagérer la portée des formules données par la statistique. Ce sont des vérités approximatives exprimées en chiffres, mais dont les éléments appartiennent au passé seulement. L'avenir avec ses complications imprévues leur échappe. Il est donc vrai de dire qu'en matière d'assurance comme en matière d'économie politique appliquée, ces formules ne sont que des indications qu'il faut savoir suivre sans s'y asservir.

On doit les consulter, mais en leur faisant dire seulement ce qu'il est utile qu'elles disent, et en combinant cette expérience chiffrée avec son expérience personnelle et surtout avec l'observation judicieuse des faits nouveaux qui peuvent modifier en certains points la loi statistique.

DE L'ASSURANCE EN GÉNÉRAL

PREMIÈRE PARTIE

CHAPITRE II.

L'assurance au point de vue économique, moral et social.

Les procédés dont l'assurance se sert étant complexes, il devient tout d'abord nécessaire d'en dégager sa nature essentielle.

Quoique certains de ses procédés puissent se comparer à ceux des jeux du hasard, par exemple, il n'en est pas moins vrai que l'assurance est absolument opposée au principe du hasard, puisque jouer, c'est laisser courir à une spéculation des chances aléatoires, tandis que l'en affranchir, c'est l'assurer.

L'assurance, comme l'épargne, représente aussi un placement régulier et périodique de fonds qui sont destinés à la capitalisation. Mais tandis que les effets de l'épargne s'arrêtent là, l'assurance répartit les fonds qu'elle s'est procurée avec l'épargne pour la compensation des sinistres.

Ces deux principes de la capitalisation et de la compensation sont, du reste, les principes constituants de la prime d'assurance, dans laquelle il y a deux éléments distincts, l'un qui sert à couvrir les risques de l'année courante, l'autre qui est mis en réserve pour compléter la prime des années à venir qui peut être insuffisante.

Le crédit sur lequel reposent les opérations de banque est encore un des procédés sur lesquels s'appuie l'assurance. L'assureur qui promet à l'assuré le paiement d'une somme déterminée, moyennant une prime annuelle, fait un contrat de crédit.

Mais l'assurance ne doit pas s'en tenir là; elle doit mettre en équilibre les capitaux assurés avec les primes et les réserves de l'année et elle n'y arrivera que par l'échelonnement des échéances et par le crédit.

L'assurance, nous l'avons vu, est une pensée de prévoyance qu repose sur la mutualité organisée suivant les lois de la statistique. Sans cette base, la mutualité manquerait de justice ; il est donc nécessaire que la prime soit proportionnelle au risque.

C'est ici qu'il y a lieu, au point de vue de la mutualité de la prime d'assurance, d'établir une différence entre les sociétés anonymes et les sociétés mutuelles. *Sociétés anonymes et mutuelles*

La société anonyme ne fait pas disparaître la mutualité, elle en devient seulement la gérante, pour ainsi dire. Son capital social est une garantie offerte à des mutuellistes qui sont inconnus les uns pour les autres. Dans la société mutuelle, la mutualité se gère et agit par elle-même, ses membres ont contracté ensemble et sont sensés se reconnaître.

Ce qui *peut faire* dire que, dans le premier cas, la mutualité est inconsciente et que, dans le deuxième, elle est consciente.

Là est la grande différence entre les sociétés anonymes et les sociétés mutuelles.

Si les mutuelles n'offrent dans certains cas aux assurés que des garanties limitatives, il y a lieu aussi de songer que les sociétés anonymes peuvent à la dernière extrémité se laisser entraîner à l'assurance dite de spéculation, par laquelle on demande aux assurés une prime inférieure à celle qu'exige la statistique. Cette façon de se procurer des affaires quand même doit conduire fatalement à la ruine; ce n'est plus de l'assurance vraie, c'est de l'assurance de spéculation qui tombe dans le pari.

Quelques industriels craignant l'un ou l'autre de ces inconvénients ont préféré être leur propre assureur, c'est-à-dire se préserver eux-mêmes moyennant une certaine somme mise annuellement de côté. Ce genre de garantie, qui peut être avantageusement entrepris par de grands établissements ou sociétés industrielles et qui, du reste, y est pratiqué, devient fatal à l'industriel ordinaire, qui joue ainsi avec le danger contre lequel ses ressources ne lui permettent pas de se prémunir suffisamment.

Passant à l'étude du rôle social que l'assurance joue actuellement et de celui que l'avenir lui réserve, nous allons d'abord esquisser ses effets au point de vue moral.

Pour comprendre toute la portée morale de l'assurance, il faut l'envisager dans ses résultats divers.

On a dit avec raison que l'assurance était le bouclier de l'homme contre la destinée. C'est, en effet, cette garantie qui lui permet d'envisager sans crainte l'immense inconnu que l'on appelle l'avenir. Elle a banni la crainte de ses projets et donné la sécurité à ses entreprises dont elle a tellement agrandi l'essor qu'on doit la considérer comme un des facteurs puissants de la civilisation et du progrès dans notre siècle.

M. Caumont, dans son *Dictionnaire de droit maritime* (voir au mot *assurance*), analyse ainsi la révolution produite dans le commerce par les effets moraux de l'assurance.

« Le contrat d'assurance est le premier garant en commerce maritime.

Les chances de la navigation entravaient ce commerce ; le système des assurances a paru. Il a consulté les saisons, il a porté ses regards sur la mer, il a interrogé ce terrible élément, il en a jugé l'inconstance, il en a pressenti les orages, il a épié la politique, il a reconnu les ports et les côtes des deux mondes, il a tout soumis à des calculs savants, à des théories approximatives et il a dit au commerçant habile, au navigateur intrépide : Certes il y a des désastres sur lesquels l'humanité ne peut que gémir, mais, quant à votre fortune, allez, franchissez les mers, déployez votre activité et votre industrie, je me charge de vos risques. Alors les quatre parties du monde, ajoute M. Caumont, se sont pour ainsi dire rapprochées. »

Ce qui est dit si excellemment pour l'assurance maritime peut se généraliser et s'appliquer aux autres branches de l'assurance, non-seulement en ce qui concerne les biens terrestres de l'homme, mais encore dans les intérêts qui le touchent de plus près et qui sont ceux du sort et de la sécurité de sa famille.

N'est-elle pas, en effet, l'assurance du lendemain pour le père de famille et pour l'ouvrier ?

Et c'est à ce point de vue surtout que son rôle social est appelé à prendre une importance capitale.

L'assurance au point de vue social

Et en fait, cette assurance de l'ouvrier n'a rien d'impossible, comme il ressort d'une étude faite en Allemagne par M. Brentano. D'après lui, l'assurance de l'ouvrier, pour qu'il ait une garantie complète, doit réunir six assurances différentes.

Assurance ouvrière

1° Une assurance de rente destinée à nourrir ses enfants, dans le cas où il mourrait prématurément. Cette assurance est nécessaire dans la mesure où elle garantit le renouvellement de la classe ouvrière.

Les enfants resteraient en apprentissage jusqu'à l'âge de seize ans, par exemple. Les primes afférentes à cette assurance varieraient suivant l'âge du père et l'âge des enfants au moment de la conclusion des contrats.

2° Une assurance de rente pour ses vieux jours.

3° Une assurance de la somme nécessaire pour avoir des funérailles décentes.

4° Une assurance pour le cas d'infirmité.

5° Une assurance pour le cas de maladie.

6° Une assurance pour le cas de chômage, par suite de manque de travail.

L'ouvrier aurait donc six primes à payer, correspondant à six assurances.

Quel serait le minimum de ces primes ?

M. Brentano suppose, en Allemagne, un minimum de salaire reconnu nécessaire pour vivre, à l'ouvrier et à sa famille, de

3 fr. 12 c. par jour, soit au bout de l'année une somme de 1,137 fr. 50 c., et voici comment il établit ses dépenses :

a. Frais de nourriture et d'entretien pour lui et sa famille 1.137 50

b. Assurance d'un secours de 11 fr. 25 par semaine en cas de maladie. 20 25

c. Assurance d'une rente de 433 fr. 50 c., à partir de soixante-six ans. . . . . 15 »

d. Assurance d'un secours de 150 fr. par an en cas d'infirmités 4 60

e. Assurance des funérailles. 1 50

f. Assurance d'un secours de 12 fr. 50 par semaine en cas de chômage . . . . 75 »

g. Assurance d'une rente destinée à nourrir et à élever les enfants jusqu'à seize ans, en cas de mort prématurée du père. . . . . 100 »

On obtient un total de 1.353 80

Si l'on divise ce chiffre par 305, nombre supposé des jours de travail, nous trouvons que le salaire nécessaire à l'ouvrier marié et père de famille, pour se suffire à lui-même, ne saurait être au-dessous de 4 fr. 40 c. par jour.

Dans cette somme de 4,40 par jour, l'assurance entre donc pour 0 fr. 70 c.

Sans doute, ce n'est là qu'un minimum pris, même sur des calculs à bases étrangères, mais qui, en admettant une légère majoration, pourra fort bien s'appliquer à l'ouvrier français. Il est encore admissible que cette assurance puisse être considérée plutôt comme devant être l'objet d'une société mutuelle que d'une société anonyme.

Cependant, si l'on veut réfléchir à ce que pourrait une société bien administrée, avec de puissants capitaux, dans ce vaste champ encore absolument inexploré en France et neuf de tentatives, on ne peut douter d'une réussite presque certaine, et dont les résultats seraient d'autant plus brillants et magnifiques, qu'ils reposeraient sur des millions d'hommes. Il est vrai que ce serait aussi une condition essentielle de réussite, la réunion aussi considérable de tels risques pouvant seule arriver à les faire se balancer suffisamment les uns les autres, pour la réalisation de bénéfices importants.

Or, dans les dispositions actuelles du public, on ne peut douter que cette entreprise serait accueillie d'une façon exceptionnelle. Combien dès lors s'élèverait le rôle social de l'assurance !

L'assurance a cependant déjà acquis son importance au point de vue social, car elle a, en ce qui la concerne, consacré un des grands principes de l'état social actuel : la solidarité des intérêts. Elle a substitué, en effet, la solidarité des choses et des valeurs à la solidarité des personnes.

Car ce principe est celui de la mutualité, qui est la base même de l'assurance et qui a pour objet, non des personnes, mais des risques évalués suivant des règles mathématiques.

Chaque risque est représenté par un chiffre, dont la statistique a contrôlé la justesse. A chacun suivant sa mise ou son intérêt, telle est la formule qui résume l'effet de l'assurance.

Cette substitution des rapports réels de choses aux rapports de personnes, est la raison de la transformation profonde qui s'opère dans notre état social, et dont l'un des effets se traduit par la substitution de la justice commutative, fondée sur l'équité des choses à la justice distributive fondée sur l'inégalité des personnes.

Quelle était l'espérance de la justice distributive? Réaliser les vrais rapports entre les choses et les personnes. Mais, pour réaliser cet idéal, qui est en effet le plus haut de tous, on ne saurait se fier à l'Etat; adressons-nous donc, disent les économistes, à la volonté même des intéressés. Je ne prétendrai pas être votre juge absolu et vous ne prétendrez pas être le mien. Au lieu de comparer vos mérites, nous comparerons les choses : les choses se pèsent et se comptent mieux, nous nous entendrons mieux là-dessus. La justice, ici encore, ne sera que mathématique, mais au moins les mathématiques porteront sur des choses mesurables; il ne s'agira plus de proportionner les choses aux personnes, mais de proportionner les choses aux choses, les rémunérations aux produits, c'est-à-dire de les égaler.

L'égalité pure, non plus la proportion, voilà la règle de la justice commutative.

Cette notion de la justice est la plus conforme aux doctrines de l'économie politique. Mais les lois mathématiques et économiques de l'échange sont-elles l'essence même de la justice sociale, ou n'en sont-elles que le côté extérieur ?

L'échange des objets implique un contrat entre les personnes, et l'égalité des objets échangés n'est que l'expression de l'égalité qui doit s'établir entre les libertés des contractants. Il faut, en effet, pour qu'il y ait justice, que nos libertés s'acceptent l'une l'autre, et qu'au lieu d'être mises d'accord par un moyen extérieur, elles s'accordent elles-mêmes.... C'est au contrat, c'est à la justice contractuelle que doivent aboutir logiquement, comme à leur suprême condition et à leur conciliation les autres formes de la justice. (1)

L'assurance et la justice commutative

L'assurance, par sa méthode, par les procédés scientifiques qu'elle emploie, par l'idée fondamentale qui l'inspire, est appelée à réaliser pour une grande part, dans le domaine des intérêts matériels, cet idéal de justice commutative.

---

(1) Fouillé. *La science sociale contemporaine.*

DE L'ASSURANCE EN GÉNÉRAL

PREMIÈRE PARTIE

CHAPITRE III.

Causes limitatives de l'Assurance. Aperçu historique sur ses origines.

L'assurance, dont les effets réparateurs sont d'une utilité si incontestable, a cependant son action limitée.

M. Chaufton indique des causes intrinsèques et extrinsèques à cette limitation des effets de l'assurance. · *Causes intrinsèques et extrinsèques*

Parmi les premières, il signale l'étendue de certains risques pour lesquels l'assurance devient inapplicable, tels les fléaux, comme l'inondation ou le phylloxéra, par exemple.

L'intensité des risques est une autre cause limitative de l'assurance, car, si l'indemnité était calculée en proportion de cette intensité, elle engloberait au bout de très peu de temps le montant total de la somme assurée et l'assurance deviendrait, à l'encontre de son but, plutôt désastreuse. Cela implique une limite *maxima* de l'assurance, qui peut être représentée par la prime équivalente à 15 ou 20 0/0 de la valeur assurée. *Causes intrinsèques*

En parlant des causes extrinsèques limitatives de l'assurance, M. Chaufton expose principalement l'ignorance, dans laquelle se *Causes extrinsèques* trouve encore la masse du public, des assurances, et surtout de leur fonctionnement. Il constate à ce sujet tous les efforts des Compagnies pour répandre cette connaissance au moyen de toutes sortes de brochures et prospectus, qui sont loin de produire tous les effets désirables..A ce sujet, nous pensons qu'il y aurait intérêt public à procéder de la manière qu'on a employée pour mettre à la portée de la jeunesse certains enseignements pratiques absolument indispensables dans la vie. A côté des sujets classiques qui se transmettent depuis des siècles, de générations en générations, et qui ne sont bons qu'à orner l'esprit, sans lui donner la notion de cette vie pratique avec laquelle l'écolier devenu homme se trouvera aux prises, on a introduit dans l'enseignement, et c'est à l'honneur des promoteurs de cette mesure, quelques ouvrages de droit usuel, par exemple de commerce, d'industrie et de comptabilité.

Nous désirerions qu'en présence du rôle social que l'assurance joue actuellement, et surtout de celui qu'elle est appelée à jouer et qui prendra à un moment donné une importance capitale, on introduise, dans les ouvrages d'enseignement pratique, des notions élémentaires de l'assurance.

Ce serait là rendre un grand service aux jeunes générations : on leur inculquerait tout au moins des principes économiques et des notions sociales, pratiques celles-là, qui, croyons-nous, ne seraient point déplacées en cette fin de siècle.

Et si nous voulons jeter un coup d'œil sur les origines historiques de l'assurance, nous verrons que les progrès considérables apportés dans son fonctionnement sont en raison directe de l'étendue croissante de ses racines dans le public.

Dès lors, ne serait-ce pas là peut-être le meilleur moyen de mettre l'assurance à la portée de toutes les classes sociales en la leur faisant mieux connaître, ce qui amènerait l'initiative privée à en rendre la pratique plus populaire ?

L'histoire du développement de l'assurance est l'histoire particulière de la marche de ses idées fondamentales.

L'idée de la compensation des effets du hasard est la première qui apparaît, et sans que l'assurance soit connue des Romains, cette idée remonte jusqu'à l'époque romaine. Ainsi Tite-Live raconte que, lors de la seconde guerre punique, les entrepreneurs chargés de transporter en Espagne des munitions de guerre et de bouche stipulèrent que la république serait garante des pertes causées par l'ennemi ou par la tempête.

Suétone parle autre part d'une mesure prise par l'empereur Claude, lors d'une grande disette, afin d'accélérer l'importation des grains en Italie : il prit sur lui les risques de la tempête.

Mais rien n'indique cependant que l'assurance ait existé dans les usages commerciaux des Romains. L'idée de mutualité dans la compensation des risques apparaît au moyen-âge dans les associations nommées *guildes*. Chaque associé versait une somme déterminée, généralement trois deniers, à chaque incendie qui détruisait le grenier avec les provisions d'un membre de la société. Mais on ne saurait considérer ces institutions comme de véritables assurances mutuelles.

Les secours donnés au membre victime d'un sinistre avaient plutôt le caractère d'une aumône que d'une indemnité. En fait, l'assurance mutuelle n'entra en exercice que postérieurement aux sociétés d'assurances à primes fixes.

La première des branches de l'assurance exploitée fut l'assurance maritime. Elle entre en pratique dès le quatorzième siècle. On en trouve la trace dans les chroniques des villes de Bruges et d'Amsterdam qui remontent à cette époque. Le premier document législatif qui réglemente les assurances date du quinzième siècle : c'est l'ordonnance de Barcelone, publiée en 1435. Diverses ordonnances sont rendues ensuite dans d'autres pays : en 1522 à Florence, puis à Gênes et à Naples. Sous Charles Quint, la Hollande promulgue une loi sur les assurances, l'Espagne et le Portugal sous Philippe II. Mais ce fut la France qui donna la véritable législation de l'assurance maritime, par l'ordonnance de Colbert en 1681. Cette ordonnance fut presque entièrement fondue, du reste, dans le code de commerce, en 1808.

Dès le seizième siècle, on trouve des ouvrages écrits sur l'assurance par le Portugais Pedro Santerna et l'Italien Benvenuto Stracha.

L'assurance contre l'incendie n'apparaît qu'au dix-septième siècle. C'est en Allemagne, dans le duché d'Oldenbourg, qu'elle entre en exercice pour la première fois, en 1609. En Angleterre, une association amicale se forma contre le feu en 1684.

C'est à cette époque que se forment les premières sociétés d'assurances, mais les débuts en sont malheureux. Une société d'assurances, fondée en Hollande en 1629, et une compagnie créée en France en 1668, n'ont pas de succès.

Plus heureuse en Angleterre, une première compagnie d'assurances maritimes est fondée avec succès en 1720.

D'autres sociétés analogues sont créées à Copenhague en 1726, à Stockholm en 1734 et à Berlin en 1765.

Enfin la première Compagnie d'assurances sur la vie, digne de ce nom, fait son apparition en Angleterre en 1765.

Pendant ce temps, en France, plusieurs sociétés avaient essayé de se former, mais toujours sans succès : en 1754, une chambre d'assurances générales et, en 1787, la compagnie royale d'assurance, qui fut emportée dans le tourbillon révolutionnaire.

Après la Révolution, lors de l'établissement des codes français, l'assurance maritime seule fut comprise dans la législation, tant les autres assurances étaient ignorées ou paraissaient peu praticables à cette époque.

Un décret du Conseil d'État, du 15 octobre 1809, soumit toutes les sociétés d'assurances et les tontines à l'autorisation préalable du gouvernement.

En 1816, se fonde la première mutuelle contre l'incendie, dite mutuelle immobilière de Paris.

En 1819, paraît un décret autorisant une première Compagnie d'assurances contre l'incendie, société anonyme à primes fixes : ce sont les *Assurances Générales* qui l'année suivante sont autorisées par nouveau décret à exploiter la branche vie.

En 1820, nouveau décret autorisant la Compagnie royale, aujourd'hui la Nationale.

Nous renvoyons, dès à présent, au tableau faisant suite à ce chapitre, qui mentionne les Compagnies actuellement existantes, avec la date de leur fondation, ce qui permet de suivre les progrès de l'assurance depuis cette époque. On remarquera que c'est surtout depuis 1859 qu'elles prennent leur plus grand développement.

En 1825, les assurances contre les accidents font leur apparition, mais sans succès, avec la Compagnie l'Automédon. Cette branche de l'assurance ne devait réellement prendre son essor qu'en 1880.

Depuis les premières années du siècle, de nombreuses mutuelles ont entrepris l'assurance de risques agricoles: c'est le seul genre de société qui exploite cette branche, sauf toutefois pour le risque de grêle, quelques sociétés à primes fixes ayant essayé, mais sans succès.

C'est donc notre siècle qui assiste au développement réel de l'assurance, parce que sa base se fortifie de la troisième idée, celle de la mutualité scientifiquement organisée. C'est là, suivant M. Chaufton, l'idée essentielle, absolument nouvelle de l'assurance moderne.

Les deux idées anciennes de la compensation des risques et de la mutualité, au point de vue historique, aboutissent au double résultat suivant : la compensation des risques devenue un jeu scandaleux, que le législateur est obligé de réprimer, la mutualité sans règle et, par conséquent, sans justice et sans efficacité [1].

Notre siècle apporte à l'assurance un nouvel élément fondamental : la science. Il a cherché la loi de la mutualité et il essaie de l'organiser suivant cette loi. C'est à la statistique, cette science née d'hier, qu'est due cette œuvre encore incomplète et longue à parfaire.

Voici le tableau par dates d'origine des sociétés françaises actuellement existantes, et des sociétés étrangères qui exercent en France.

---

[1] M. Chaufton fait allusion ici aux désastres causés par les tontines à la fin du siècle dernier et durant presque toute la première partie de ce siècle.

NOMENCLATURE DES COMPAGNIES FRANÇAISES 1894

DATE de FONDATION	Maritimes	Vie	Accidents	Incendie	Agricoles	SIÈGE SOCIAL	CAPITAL social ou Mutuelles	Valeur nomi-nale	Verse-ments effectués en numé-raire	Nombre d'actions pour l'assem-blée	Durée minimum de posses-sion	Divi-dende de 1893	DERNIER COURS des ACTIONS	RENSEIGNEMENTS PARTICULIERS
1816				*Assces mutuelles immob^res de Paris*		Paris, 14, rue Castiglione.	Mutuelle							
1817				*Anc^ne Assce mut^lle de la Seine-Inf^re*		Rouen, 9, rue Morand.	»							
1818	*Cie d'Assurances Générales*					Paris, 87, r. Richelieu.	5.000.000	12.500	5 000			150	4 750	Paris, 2, pl. d l'Théâtre Franç
1819				*Assces mutuls de Seine et Seine-et-Oise*		Paris, 9, rue Royale.	Mutuelle							
»				*Cie d'Assurances Générales*		Paris, 87, r. Richelieu.	2.000.000	1.000	1.000	5		1.100	34.500	
»		*Cie d'Assurances Générales*				Paris, 87, r. Richelieu.	3 000.000	1.500	1.500	5		1.900	74.250	
»				*Mutuelle d'Eure-et-Loir*		Chartres.	Mutuelle							
»				*Mutuelle immo-bilière de Lyon*		Lyon, 37, rue de la République.	»							
"				*Mutuelle de Seine-et-Marne*		Melun.	»							
»				*La Nantaise*		Nantes.	»							
»				*Le Phénix*		Paris, 33, r. Lafayette.	4.000.000	1.000	1 000	10		310	9.500	
1820				*Anc^ne Mutuelle du Calvados*		Caen, 27, rue Guilbert.	Mutuelle							
»				*Mutuelle du Cher*		Bourges.	»							
»				*La Nationale*		Paris, 13, rue de Grammont.	10.000.000	5.000	1.250	3	3 mois	960	30.250	
»				*L'Orléanaise*		Orléans.	Mutuelle							
1821				*Mutuelle de Loir-et-Cher*		Blois.	»							
»				*Mutuelle de la Marne*		Châlons-sur-Marne, 22, rue Saint-Jacques.	»							
1823					*La Cérès*	Paris, 108, rue Richelieu.	»							Grêle.
1825				*Mutuelle de l'Allier*		Moulins.	»							

DATE de FONDATION	Maritimes	Vie	Accidents	Incendie	Agricoles	SIÈGE SOCIAL	CAPITAL social ou Mutuelles	ACTIONS — Valeur nominale	ACTIONS — Versements effectués en numéraire	ACTIONNAIRES — Nombre d'actions pour l'assemblée	ACTIONNAIRES — Durée minimum de possession	ACTIONNAIRES — Dividende de 1893	DERNIER COURS des ACTIONS	RENSEIGNEMENTS PARTICULIERS
1825				Mutuelle de l'Indre-et-Loire		Tours, 12, rue de la Grandière.	»							
1826				Ass⁴ mut⁴ immob⁴ de Marseille		Marseille.	o							
»				Mutuelle de Valence		Valence.	»							
»					Société de Toulouse	Toulouse, 5, rue Devolle.	»							Grêle.
1828				Mutuelle immobilière du Mans.		Le Mans.	»							
»				L'Union		Paris, 15, rue de la Banque.	10.000.000	5.000	1.250	3	3 mois	425	15.250	
1829				Mutuelle de l'Indre		Châteauroux.	Mutuelle							
»				Le Soleil		Paris, 44, rue de Châteaudun.	6.000.000	500	500	5	3 mois	460	5.050	
»		L'Union				15, r. de la Banque.	10.000.000	5.000	50 de rente	3	3 mois	475	7.000	
»			La Parisienne			Paris, 5, rue Taitbout.	Société en commandite							Glaces.
»					Société de Seine-et-Marne	Melun.	Mutuelle							Grêle.
1830		La Nationale				Paris, 13, rue de Grammont.	15.000.000	5.000	50 de rente			960	35.250	
1834					L'Étoile	Paris, 26, rue du Mont-Thabor.	Mutuelle							Grêle.
1836					L'Aisne	St-Quentin.	»							Grêle.
»	Compagnie Sécurité					Paris, 6, pl. de la Bourse.	1.500.000	5.000	1.250			60	575	
1837				La France		14, r. de Grammont.	10.000.000	5.000	1.250	5	3 mois	500	13.600	
o	L'Océan					4, pl. de la Bourse.	1.000.000	5.000	1.250	1	3 mois	74 80	1.100	
»				La Fraternelle Parisienne		5, b. Montmartre.	Mutuelle							
»	Lloyd Français					8, pl. de la Bourse.	12.000.000	1.875					100	
1838				La Caennaise		Caen, 29, r. Jean Romain.	Mutuelle							

DATE de FONDATION	Maritimes	Vie	Accidents	Incendie	Agricole	SIÈGE SOCIAL	CAPITAL social ou Mutuelles	Valeur nominale	Versements effectués en numéraire	Nombre d'actions pour l'assemblée	Durée minimum de possession siège	Dividende de 1893	DERNIER COURS des ACTIONS	RENSEIGNEMENTS PARTICULIERS
1838				*Mutuelle de Poitiers*		Poitiers.	Mutuelle							
»				*La Providence*		Paris, 12, rue de Grammont.	5.000.000	2.500	625	5	3 mois	325	8.500	
°				*L'Urbaine*		Paris, 8, r. Le Peletier.	5.000.000	1.000	250	5	3 mois	170	5.200	5ᵉ de l'ancienne action.
»					*Société des Cultivateurs*	Coulommiers.	Mutuelle							Mortalité du bétail.
°	*La Melusine*					Paris, 6, pl. de la Bourse	2.000.000	5.000	1.250			330	4.700	
1840				*Le Nord*		Paris, 4, r. Le Peletier.	2.000.000	1.000	250	5	6 mois	90	2.900	
»				*La Normandie*		Rouen.	Mutuelle							
1841				*L'Economie*		Limoges.	»							
1842				*Mutuelle mobilière du Mans*		Le Mans.	»							
1843				*L'Aigle*		Paris, 41, rue de Châteaudun.	2.000.000	500	125	4	3 mois	210	6.200	
»				*La Paternelle*		Paris, 4, rue Ménars.	6.000.000	1.000	400	10	1 mois	160	4.800	
1844				*La Confiance*		Paris, 2, rue Favart.	10.000.000	500	200	25	1 mois	7.50	295	
»		*Le Phénix*				Paris, 33, r. Lafayette.	4.000.000	5.000	1.000	3	3 mois	1030	36.000	
»		*Le Conservateur*				Paris, 18, r. Lafayette.	1.000.000	1.000	500	5	3 mois	50	800	
1850		*Caisse Paternelle*				Paris, 4, rue Ménars	20.000.000	500	125	10	1 mois	20	470	
1852				*Centre Mutuel*		Paris, 20, rue de la Chaussée-d'Antin.	Mutuelle							
1854					*La Beauce Vexinoise*	Dreux.	»							Grêle.
»					*L'Eure*	Evreux.	»							Grêle.
»					*La Garonne Agricole*	Paris, 108, r. Richelieu	»							Grêle.
»					*Société Seine-et-Oise*	Paris, 204, r. Rivoli.	»							Grêle.
1855	*La Réunion*					Paris, 10, pl. Bourse.	4.200.000	3.500	875			50	200	En liquidation
1856					*L'Abeille*	Paris, 57, r. Taitbout.	8.000.000	500	100	2		25	480	Grêle.

NOMENCLATURE DES COMPNIES FRANÇAISES 1894 (SUITE)

LISTE DES COMPAGNIES PAR NATURE D'OPÉRATIONS

DATE de FONDATION	Maritimes	Vie	Accidents	Incendie	Agricoles	SIÈGE SOCIAL	CAPITAL social ou Mutuelles	ACTIONS Valeur nominale	ACTIONS Versements effectués en numéraire	ACTIONNAIRES Nombre d'actions pour l'assemblée	ACTIONNAIRES Durée minimum de possession	ACTIONNAIRES Dividende de 1893	DERNIER COURS des ACTIONS	RENSEIGNEMENTS PARTICULIERS
1857				L'Abeille		Paris, 57, r. Taithout	12.000.000	1.000	250	1		55	2.025	
»					Ruche du Pas-de-Calais	Arras, 4, rue St-Denis.	Mutuelle							Grêle.
»	Compt² maritime					Paris, 6, place Bourse.	3.000.000	5.000	1 750			200	2 350	
1858		Caisse générale des Familles				Paris, 4, rue de la Paix.	6.000.000	500	100	10		5		Bons 55 fr.
1853				La Centrale		Paris, 108, r. Richelieu.	10.000 000						5	
1864				Le Monde		Paris, 16, r. Le Peletier	6.000.000	500	200	10	3 mois	»	220	
»		Le Monde				Paris, 16, r. Le Peletier	20.000 000	500	125	10	3 mois	10	240	
»			La Préservatrice			Paris, 8, rue Louis le Grand.	5.000 000	1.000	250	20	3 mois	45	1.025	
»			La Prévoyance			Paris, 23, r. de Londres.	2 000.000	500	125	5		25	650	
1865		L'Urbaine				Paris, 8, r. Le Peletier	12.000.000	1.000	1.000 / 200	15	3 mois	78.40 / 40	1 925 / 950	3380 act. lib. de 1000 fr. 8690 — -- 900
»	La Sphère					Paris, 8, place Bourse	2.000.000	5.000	1.000			40	750	
»			La Célérité			Paris, 17, r. Grammont.	650.000	6.100	600					Glaces.
»			Le Soleil-Sécurité Générale			Paris, 7, cité d'Antin.	10.000.000	500	125	5	3 mois	13,92	440	
»					Le Bon Laboureur	Dreux.	Mutuelle							Mortalité-Bétail.
»					Garantie Féd	Paris, 38, r. des Bourdonnais.	»							»
1867				Union Générale du Nord		Lille, 37, boulevard de la Liberté.	2.000.000	500	125	5		3,50	80	
1868	La Mer					Paris, 8, place Bourse.	500.000	5.000	1.250			100	1.500	
1869					La Régionale du Nord	Laon	Mutuelle							Grêle.
»	La Prévoyance					Paris, 6, place Bourse.	2.000.000	5.000	1.250			300	4 300	
1872				La Gironde		Bordeaux, 137, r. Ste-Catherine.	Mutuelle							
»		Le Soleil				Paris, 44, rue de Châteaudun.	12.000.000	1.000	250	10		12,50	460	

DATE de FONDATION	LISTE DES COMPAGNIES PAR NATURE D'OPÉRATIONS					SIÈGE SOCIAL	CAPITAL social ou Mutuelles	ACTIONS		ACTIONNAIRES			DERNIER COURS des ACTIONS	RENSEIGNEMENTS PARTICULIERS
	Maritimes	Vie	Accidents	Incendie	Agricoles			Valeur nominale	Versements effectués en numéraire	Nombre d'actions pour l'assemblée	Durée minimum de possession	Dividende de 1893		
1872					La Glaneuse Agle	Paris, 105, r. Flandre.	Mutuelle							Mortalité-Bétail.
»					La Gironde	Bordeaux.	»							Grêle.
1873		L'Aigle				Paris, 44, rue de Châteaudun.	12.000.000	2 000	500	2	3 mois	10	210	Les 100 plus forts actres.
»					Le Bétail	Paris, 166. b. Magenta.	Mutuelle							Mortalité-Bétail.
»					Confédération agricole	Dreux.	»							Grêle.
»					Union des Propriétaires	Oloron-Sainte-Marie.	»							Grêle.
1874				La Comtoise		Vesoul, 3, pl. Neuve.	Mutuelle							
»			Union Industrlle			Lyon, 4, r. Lanterne.	»							
»					L'Avenir	Paris, 42, b. Temple.	»							Mortalité-Bétail.
1875					L'Etable	Paris, 83, boul. Clichy.	»							Mortalité-Bétail.
»		La Confiance				Paris, 2, rue Favart.	6.000.000	1.000	250	5		10	315	
»					La Sécurité de l'Aisne	Laon, 19, rue des Chenizelles.	Mutuelle							Mortalité-Bétail.
1876			Cie Gle d'Assurces			Paris, 56, rue Saint-Lazare.	3.000.000	500	125	10		»	50	
»					La Grêle	Paris, 166, b. Magenta.	Mutuelle							Grêle.
1877				La Foncière		Paris, 17, rue Louis le Grand.	40.000.000	500	125	10	3 mois	9.12	180	
»				La Réunion Indlle		Paris, 29, r. Richelieu.	Mutuelle							
»			L'Union Indlle et Agricle du Nord			Valenciennes.	80 000	500	125	2		10.50	2C0	Paris, 37, rue Vivienne.
»		L'Abeille				Paris, 57, r. Taitbout.	4.000.000	1 000	250	3		15	580	
»		Le Patrimoine				Paris, 55, rue de la Chaussée-d'Antin.	5.000.000	1.000	250	5		»	50	
»			Asce Gle des Eaux			Lyon, 35, rue de la République.	1.000.000							Eaux.
1878					La Confiance	Paris, 12, rue Favart.	2.000.000	500	125	3	3 mois	6.25	125	Grêle.

DATE de FONDATION	Maritimes	Vie	Accidents	Incendie	Agricoles	SIÈGE SOCIAL	CAPITAL social ou Mutuelles	Valeur nomi-nale	Versements effectués en numéraire	Nombre d'actions minimum pour l'assemblée	Durée de possession	Dividende de 1893	DERNIER COURS des ACTIONS	RENSEIGNEMENTS PARTICULIERS
1879				Comp^te Gén^le des Ass^ces Rémoises		Reims, 4, r. de l'Université.	5.000.000	500	125			7	200	
»				La Métropole		Paris, 9, rue d'Antin.	20.000.000	500	250	20	3 mois	»		
»	La Foncière-Transports					Paris, 12, place Bourse.	25.000.000	500	125		3 mois	14.40	215	
»					La Bonne	Paris, 241, r. d. Crimée.	Mutuelle							Mortalité-Bétail.
»					La Caisse Propriétai-	Paris, 132, faubourg Poissonnière.	»							Mortalité-Bétail.
1880				La Commerciale		Paris, 3, place Bourse.	6.000.000	500	125				55	
»				La Rouennaise		Paris, 13, r. Montigny.	4.000.000	500	125	10	3 mois	»		
»		La Foncière				Paris, 17, rue Louis le Grand.	40.000.000	1.000	250	5	3 mois	8.16	85	
»		La France				Paris, 14, r. Grammont	10.000.000	1.000	250	10	3 mois	»	700	
»		Le Nord				Paris, 4, r. Le Pelletier.	3.000.000	1.000	250	5	6 mois	»	170	
»			Le Patrimoine			Paris, 55, rue de la Chaussée-d'Antin.	5.000.000	500	125	10		3.50	125	
»			Le Secours			Paris, 15, rue des Pyramides.	10.000.000	500	125	5	3 mois	6.72	235	
»			L'Urbaine-Seine			Paris, 37, r. Le Pelletier.	12.000.000	500	125	15	3 mois	16	450	
1881				La Clémentine		Paris, 19, r. Montigny.	6.000.000	500	187.50	20	3 mois	»	50	
»	Le Pilote						1.000.000	500	250			15		
»				La Nation		Paris, 3, r. d'Amboise.	5.000.000	500	350 500	5		»		
»		La Mutuelle				Rouen.	Mutuelle							Paris, 2, pl. du Théât.-Franç.
»		La Providence				Paris, 12, rue de Grammont.	12.000.000	1.000	250	10	3 mois	»	180	
»			L'Abeille			Paris, 57, r. Taitbout.	4.000.000	500	125	3		8	240	
»			La Caisse des Familles			Paris, 4, r. de la Paix.	3.000.000	500	125	5			75	
»			La Providence			Paris, 12, rue de Grammont.	5.000.000	500	125	15	3 mois	10	435	

NOMENCLATURE DES COMPAGNIES FRANÇAISES 1894 (SUITE)

DATE de FONDATION	Maritimes	Vie	Accidents	Incendie	Agricoles	SIÈGE SOCIAL	CAPITAL social ou Mutuelles	Valeur nominale	Versements effectués en numéraire	Nombre d'actions pour l'assemblée	Durée minimum de possession	Dividende de 1893	DERNIER COURS des ACTIONS	RENSEIGNEMENTS PARTICULIERS
1881					Caisse Centrale	Bordeaux, 148, r. David Johnson.	Mutuelle							Mortalité Bétail.
»					Union Centrale	Bordeaux, 19, rue du Bocage.	Mutuelle							Mortalité-Bétail.
»	La France Maritime					Paris, 26, r. Feydeau	6.000.000	1000	250				40	
1882			La Thémis			Marseille, 11, place Saint-Ferréol.	1.000.000	500	125	1	3 mois	17.50	250	
1883				L'Eternelle		Paris, 1, pl. Boïeldieu.	6.000.000	500	125	5		»		
»			Mutuelle Génér¹⁰ française			Le Mans, av. Thiers	Mutuelle							
»					La Berrichonne	St-Florent-sur-Cher.	»							
»				L'Eternelle		Paris, 1, pl. Boïeldieu	6.000.000	500	125	5	2 mois	»		Grêle.
1884				Mut¹¹ᵉ de l'Ouest		Rouen, 8, rue Alsace-Lorraine.	Mutuelle							
»				Mutuelle de Paris		Paris, 2, rue Grétry.	»							
»				La Prévoyante		Bordeaux, 64, rue des Remparts.	»							
»			La Française			Paris, 2, r. St-Philippe du Roule.	500 000	500	500 / 125			»		
»	Compⁱᵉ Centrale						1 500 000	1.000	250	5	3 mois	14.40	250	
»			La Prévoyante			Bordeaux, 64, rue des Remparts.	Mutuelle							
»					La Prévoyante	Bordeaux, 64, rue des Remparts.	»							Mortalité du bétail et Grêle.
1885				Mutualité Gén¹ᵉ		Paris, 30, r. Bergère.	»							
1886					L'Algéria	Alger, 6, boulevard de la République.	»							Grêle.
»	L'Avenir Marit™ᵉ					Paris, 6, pl. Bourse.	1.000.000	5 000	1.250			75	1 250	
»					Le Bien Public	Paris, 26, r. de Grammont.	Mutuelle							Grêle.
»					La Mutuelle Gén¹ᵉ	Paris, 7, r. de Londres.	»							Grêle.

DATE de FONDATION	Maritimes	Vie	Accidents	Incendie	Agricoles	SIÈGE SOCIAL	CAPITAL social ou Mutuelles	Valeur nominale	Versements effectués en numéraire	Nombre d'actions pour l'assemblée	Durée de possession	Dividende de 1893	DERNIER COURS des ACTIONS	RENSEIGNEMENTS PARTICULIERS
1887				Garantie Nat^le		Lyon, 21 et 23, rue d'Algérie.	Mutuelle							
»			Le Progrès			Paris, 11, rue Louis le Grand.	»							Maladies.
"					La Ferme	Paris, 51, rue Blanche.	»							Mortalité-Bétail
»					La Minerve	Saint-Étienne, place Paul Bert.	»							Grêle.
»					La Vinicole Lyonnaise	Lyon, 9, rue Garet.	»							Grêle.
»					La Viticole	Alger.	»							Grêle.
1888				La Garantie		Paris, 35, r. St-Marc	»							
»			La Mutualité G^le		La Mutualité G^le	Paris, 30, rue Bergère.	»							Accidents, bétail et grêle.
»					La Garantie	Paris, 35, r. St-Marc.	»							Grêle.
1889			Le Foyer			Paris, 59, rue de Châteaudun.	»							
»			Industr^le Franç^se Mutu^lle Militaire			Paris, 29, rue des Pyramides	»							
»					Assoc^on Fratern^le	Paris, 211, r. de Crimée	»							Bétail-grêle.
»					Le Météore	Bordeaux, 150, r. David Johnston.	»							Grêle.
1890				L'Étincelle		Paris, 68, r. Chaussée-d'Antin.	»							
»					La Lutèce	Paris, 58, rue Laffitte	776 500							Dégâts d'eaux.
1891				L'Alimentation		Paris, 65, r. Richelieu	Mutuelle							
»					L'Argus	Paris, 12, rue de la Bourse.	1 000 000							Grêle.
»					La Terre	Paris, 74, boulevard Montparnasse.	Mutuelle							Grêle.
1892				La Cité de Paris		Paris, 50, rue Notre-Dame des Victoires	»							
»			La Réparatrice			Paris, 58, rue Laffitte	»							
»					La Gauloise	Bordeaux.	»							Grêle.
1893				La Mutuelle de France		Paris, 10 bis, rue de Châteaudun.	»							

COMPAGNIES ÉTRANGÈRES OPÉRANT DIRECTEMENT EN FRANCE 1894

Fondation	Maritimes	Vie	Accidents	Incendie	Siège social	Capital social ou Mutuelle	Valeur nominale	Versements effectués en numéraire	Actionnaires	Dividende de 1893	Dernier cours des Actions	Bureaux à Paris
1714		L'Union de Londres			Londres.	11.250.000						12, rue de la Bourse
»				L'Union de Londres	Londres.	11.250.000						12, rue de la Bourse
1720	London Assurance Corporation											6, place de la Bourse
1824				Patriotic (The)	Dublin.	37.500.000						12, rue de la Bourse
»	Alliance Marine and Ass^ce Company					25.000.000						21, rue Feydeau
1831	Assurances Générales de Trieste et Venise				Buda-Pesth.	13.125.000	2.625	785.30		300	6.300	18, rue Vivienne.
»		Assurances Générales de Trieste et Venise										
»			Assurances Générales de Trieste et Venise									Voir branches (Maritim. et Incendie.)
»				Assurances Générales de Trieste et Venise	Trieste.	13.125.000						18, rue Vivienne.
1838				Rinnioen Adriatica di sicurta	Madrid.	10.000.000	2.500	1.000		26 fl.	2.450	
1843		Mutual Life			New-York.	Mutuelle						20, boul. Montmartre.
1845		New-York			New-York.	Mutuelle						16, boul. des Italiens.
»		Royal (The)			Liverpool.	50.000.000						4, rue Sainte Anne.
»				Royal (The)	Liverpool.	50.000.000						"
1848		Gresham			Londres.	2.500.000	125	15 sh.		Dét. 5 6/0 / Nr. 2 fr	50	30, rue de Provence.
1853		Royale Belge			Bruxelles.							37, rue Taitbout.
»			Royale Belge									Voir branche Vie.
1858				1er Comp^ie Hongrois	Buda-Pesth.	7.500.000	2.500	2.500		475	7.900	
1859	Helvetia				Saint-Gall.	10.000.000	5.000	1.000		260	3.750	112, rue Richelieu.
1862				Helvetia	Saint-Gall.	10.000.000	5.000	1.000		220	4.050	"
1864		Bâloise (La)										Voir Bâloise-Vie.
»				Bâloise (La)	Bâle.	10.000.000	5.000	1.000		40	1.550	16, place du Havre.
»		Union et Phénix Esp^ol			Madrid.	12.000.000	200	500		30	465	66, r. Chaussée-d'Antin

COMPAGNIES ÉTRANGÈRES OPÉRANT DIRECTEMENT EN FRANCE 1894 (SUITE)

LISTE DES COMPAGNIES PAR NATURE D'OPÉRATIONS

Fondation	Maritimes	Vie	Accidents	Incendie	Siège social	Capital social ou Mutuelles	Valeur nominale	Versements effectués ou nominaire	Actionnaires	Dividende de 1893	Dernier cours des actions	Bureaux à Paris
1864				Union et Phénix Espagnol								Voir branche Vie.
1865		Bâloise (La)			Bâle.	10.000.000	5.000	500		20	520	16, place du Havre.
»	Bâloise (La)				Bâle.	5.000.000	1.000	200		40	640	16, place du Havre.
»	Phénix Autrichien					2.000.000 fl				»	»	33, rue Vivienne.
1866				Phénix Autrichien	Vienne.	4.000.000	200	200		10	130	24, rue de la Banque.
1872			Zurich (La)							60	950	83, rue Richelieu.
1875			Société Suisse		Winterthur.	5.000.000	1.000	250		31.25	700	28, rue de Trévise.
1877				United (The)	Manchester.							26, avenue de l'Opéra.
1879				Fondiaria (La)	Florence.	8.000.000	100	100		4	65	85, rue Richelieu.
»				Franco-Hongroise	Buda-Pesth.	1.500.000 fl				»	»	24, rue de la Banque.
1880		Franco-Hongroise			.	4.000.000	200	200		»	180	24, rue de la Banque
»		Fondiaria			Florence.	25.000.000	250	125		6	75	85, rue Richelieu.
»				Foncière Austro-Hongroise	Buda-Pesth.	6.600.000	220	220		15	250	
1881		Réserve Mutuelle			New-York.	Mutuelle				»	»	8, rue Halévy.
»		Sté Gle Néerlandaise			Amsterdam.	2.000.000						26, avenue de l'Opéra.
»				Rhin et Moselle		7.500.000	375	150		17.50	400	
1882		Phénix Autrichien			Vienne.	1.200.000	200	200		»	»	24, rue de la Banque.
»		Equitable			New-York.	Mutuelle				»	»	36 bis, av. de l'Opéra
1886				Economic (The)	Londres.	8.937.500						12, rue de la Bourse.
»				Cie Belge d'Assurces Gle	Bruxelles.							5, rue Laffite.
»			Espérance (L')	Espérance (L')	Bruxelles.	1.800.000						20, rue Saint-Marc.
»				Liverpool London and Globe	Liverpool.							4, rue de la Paix.
»	Fédérale (La)				Zurich.	10.000.000						18, rue Feydeau.
»	Italia (L')		Italia (L')									10, pl. de la Bourse.
»				Guardian	Londres.							42, rue du Louvre.

COMPAGNIES ÉTRANGÈRES OPÉRANT DIRECTEMENT EN FRANCE 1894 (SUITE)

LISTE DES COMPAGNIES PAR NATURE D'OPÉRATIONS

Fondation	Maritimes	Vie	Accidents	Incendie	SIÈGE SOCIAL	CAPITAL social ou Mutuelle	ACTIONS Valeur nominale	ACTIONS Versements effectués en numéraire	ACTIONNAIRES	Dividende de 1893	DERNIER COURS des ACTIONS	BUREAUX à PARIS
»				Lylod Belge	Anvers.							112, rue Richelieu.
»				Northern (The)	Londres.							112, rue Richelieu.
»				Transatlantique	Hambourg.							112, rue Richelieu.
»				Royal Exchange	Londres.							5, rue Laffitte.
»		Alliance Belge			Bruxelles.	2 000.000						11, rue de Trévise.

COMPAGNIE FRANÇAISE DE RÉASSURANCES

Fondation	Maritimes	Vie	Accidents	Incendie	SIÈGE SOCIAL	CAPITAL social ou Mutuelle	ACTIONS Valeur nominale	ACTIONS Versements effectués en numéraire	ACTIONNAIRES	Dividende de 1893	DERNIER COURS des ACTIONS	BUREAUX à PARIS
1884			Ste anonme de Réassces	Sté anonme de Réassces	Paris.	1.000.000	1.000,»	1.000,»	5	60	900	60, rue de Provence.

COMPAGNIES ÉTRANGÈRES DE RÉASSURANCES

Fondation	Maritimes	Vie	Accidents	Incendie	SIÈGE SOCIAL	CAPITAL social ou Mutuelle	ACTIONS Valeur nominale	ACTIONS Versements effectués en numéraire	ACTIONNAIRES	Dividende de 1893	DERNIER COURS des ACTIONS	BUREAUX à PARIS
1797				Norwich-Union	Norwich.	27.500.000						35, rue Vivienne.
1852				The Lancashire	Manchester.	75.000.000						39, rue Saint-Marc.
1877				The Palatine et United réunies	Manchester.	6.250.000						26, avenue de l'Opéra.
1880				La Munich	Munich.							112, rue Richelieu.
1882		L'Azienda		L'Azienda	Vienne.	2.400.000fl.					175	8, rue de Provence.
»				Cercle Néerlandais								7, place de la Bourse.
»				Commercial Union								8, rue St-Augustin.
»		The Equitable			Manchester.							8, rue St-Augustin.
»				North America								7, place de la Bourse.
»				South British								8, rue St-Augustin.
»				Urbaine Belge	Bruxelles.							Passage des Princes.
»	La Munich				Munich.							37, rue Vivienne.

DE L'ASSURANCE EN GÉNÉRAL

DEUXIÈME PARTIE

DE L'ASSURANCE AU POINT DE VUE JURIDIQUE

CHAPITRE I.

Définition, nature et éléments constitutifs du contrat d'assurance.

Définition du contrat d'assurance

Nous avons précédemment défini l'assurance au point de vue juridique : « Un contrat par lequel une personne, appelée *assureur* s'engage, moyennant un prix déterminé, nommé prime d'assurance, à indemniser une autre personne, appelée l'*assuré* (ou ses successeurs), de dommages que cette dernière peut éprouver dans sa personne ou ses biens, par suite d'un cas de force majeure, ou d'un événement fortuit, tel que mort, incendie, accident, etc....»

Nous avons à examiner, dans le contrat d'assurance, sa nature et ses éléments constitutifs.

Contrats d'assurance à primes fixes et mutuels

Nous étudierons ensuite, dans leur forme, dans les obligations réciproques des contractants et dans les manières dont ils prennent fin, le contrat d'assurance à prime fixe et le contrat d'assurance mutuelle.

Le contrat d'assurance est un contrat aléatoire au premier chef, consensuel, synallagmatique, de droit étroit et de bonne foi, intéressé de part et d'autre et conditionnel.

Nature du contrat d'assurance

Le contrat aléatoire, dit l'art. 1964 (code civil), est une convention réciproque dont les effets, quant aux avantages et aux pertes, soit pour toutes les parties, soit pour l'une ou plusieurs d'entre elles, dépendent d'un événement incertain; tels sont le contrat d'assurance, etc...

Contrat aléatoire

C'est un contrat consensuel, attendu qu'il naît de la volonté des parties qui, légalement exprimée, suffit à le former. (Agnel et de Corny).

Contrat consensuel

Synallagmatique, puisqu'il crée des obligations réciproques entre les parties contractantes (Art. 1102, code civil).

On ne distingue plus aujourd'hui les contrats de bonne foi ou de droit étroit, dans le sens du droit romain : Tous les contrats doivent être exécutés de bonne foi (1134, code civil); cependant on dit généralement en parlant de l'assurance que c'est un contrat de bonne foi. Pourquoi ? D'abord parce que l'engagement de l'assureur est toujours consenti sur la foi des déclarations du futur assuré ; ensuite parce que, à la différence des autres contrats, qui impliquent une idée de gain à réaliser pour chacune des parties, le contrat d'assurance, en ce qui concerne l'assuré, a uniquement pour but de réparer *une perte* et jamais de procurer un bénéfice. Il sort de là que la plus entière bonne foi est exigée de l'assuré à la discrétion duquel l'assureur se trouve presque toujours, soit au moment de la souscription du contrat(lorsqu'il s'agit de déterminer exactement le risque, soit au moment du sinistre. quand il s'agit d'établir le montant réel de la perte.

Contrat de bonne foi

D'autre part, on dit également que l'assurance est un contrat de droit étroit, en ce sens que la plus légère circonstance pouvant agir sur le consentement de l'assureur et déterminer l'acceptation ou le refus des risques qu'on lui propose, l'assuré ne doit lui laisser ignorer rien de ce qui peut influer sur l'opinion de ces risques, et que la garantie promise doit être rigoureusement

Contrat de droit étroit

restreinte dans les termes du contrat : (Boudousquié. Traité de l'assurance contre l'Incendie, n° 2 : Emérigeon ; chap I. sect. V; Grün et Joliat, n° 16 ; Agnel et de Corny, n° 2). Il a été jugé que l'assurance étant un contrat de droit étroit, toutes les stipulations contenues dans la police doivent être interprétées *stricto sensu*. (Paris, 24 avril 1885, Journal des assurances, page 20, 1885.)

(Extrait des Pandectes françaises au mot : Assurance en général : n° 110, 111, 112.)

Contrat intéressé de part et d'autre

Le contrat d'assurance est intéressé de part et d'autre. L'une et l'autre des parties y trouvent leur intérêt : l'assureur avec le profit de la prime, l'assuré avec la garantie du risque qu'il assure.

Contrat conditionnel

Ce contrat est enfin conditionnel parce qu'il n'est exécutoire qu'à la condition expresse que la chose assurée subisse un risque et qu'il se trouve résolu dès que la chose n'est plus en risque (Agnel et de Corny n° 2 ; C. de Paris, 18 mars 1847, 20 janv 1849 11 décembre 1872 ; Bonneville de Marsanguy.)

Des éléments constitutifs du contrat d'assurance

Trois choses sont essentielles pour la formation du contrat d'assurance : *le risque, la prime, l'indemnité.*

Du Risque. — Le mot risque en matière d'assurances a plusieurs sens très différents, qu'il importe de connaître afin d'éviter toute confusion.

Des différentes significations du mot *risque*

On appelle ainsi, en premier lieu, l'éventualité fâcheuse contre laquelle l'assuré entend se faire garantir. Dans cette première exception, le risque n'est donc autre chose que le sinistre à l'état de simple expectative, c'est-à-dire la menace de tel événement incertain. (Agnel et de Corny, n° 37.)

Plus brièvement, le risque est l'événement futur et incertain dont l'assuré veut éviter les conséquences dommageables. (de Lalande et Couturier, N° 3 et 77.)

Dans un autre sens, le risque est la chance défavorable *plus ou moins grande* courue par l'assureur, *le degré de probabilité* en ce qui concerne *l'arrivée et l'intensité* du sinistre. C'est là un sens absolument technique qui se rapproche beaucoup du premier sans cependant se confondre avec lui. C'est toujours l'éventualité du sinistre, mais ici cette éventualité est appréciée et pour ainsi dire mesurée d'après les calculs de probabilités, basés sur la statistique. On prend le mot risque dans ce sens quand on dit que l'assuré doit faire connaître à l'assureur toutes les circonstances de nature à lui permettre de se faire une opinion exacte du risque.

Dans une autre acception, le mot risque désigne la personne ou la chose assurée elle-même. C'est ainsi que l'on qualifiera de bon risque, en matière d'assurances maritimes, un vaisseau solide et bien construit, en matière d'assurances contre l'incendie une maison de simple habitation, couverte en tuiles à proximité de secours, etc..... (Agnel et de Corny, n° 87.)

À ce point de vue, en matière d'assurances contre l'incendie, on distingue les risques simples ou ordinaires et les risques industriels. (de Lalande et Couturier, n° 143.)

Dans un quatrième sens, on entend par risque un ensemble de choses assurées susceptibles d'être détruites ou endommagées par le *même sinistre*. Ainsi, une maison isolée et *son contenu* forment un risque au point de vue de l'assurance contre l'incendie.

(Agnel et de Corny n° 56) ; (de Lalande et Couturier n° 77.)

En prenant le mot risque dans le sens de sinistre à craindre, on doit dire que le risque est un élément essentiel à l'existence de l'assurance, c'est-à-dire qu'il n'y a pas d'assurance possible là où il n'y a pas de chance défavorable à courir. Cela se comprend facilement ; puisque l'assurance a précisément pour but de mettre l'assuré à l'abri de l'éventualité du sinistre, il faut bien que cette éventualité existe. (Voir Pandectes françaises du n° 115 à 121.)

D'après M. Chaufton, deux facteurs sont à considérer dans la production du risque, l'un qui est l'homme lui-même, et l'autre la chose assurée.

Le risque particulier, qui naît de l'action de l'homme et de sa mauvaise foi éventuelle, s'appelle *risque subjectif*, par opposition au *risque objectif*, qui dérive de la nature des choses assurées.

Le *risque subjectif* est celui qui provient des tentatives frauduleuses que l'homme exerce pour retirer de l'assurance des bénéfices illicites. Nous ne voyons guère dans les risques d'assurance que le risque grêle, qui puisse échapper aux manœuvres frauduleuses, et encore.

L'assureur doit donc tenir grand compte du risque subjectif. Il doit, avant de conclure une assurance, connaître l'homme qui s'assure, savoir quel est son caractère, quels sont ses antécédents ses habitudes, son genre de vie, sa situation pécuniaire. Il y a là dans l'évaluation de chaque risque un inconnu difficile à dégager.

Risque objectif

Le statisticien détermine les lois du hasard dans leur généralité ; l'assureur, en se servant habilement des données de la statistique, détermine la loi du hasard afférente aux cas particuliers qui lui sont soumis. Par exemple, on lui propose d'assurer telle ou telle maison contre l'incendie, ou tel ou tel champ contre la grêle. Il apprécie quelle est pour cette maison ou pour ce champ la probabilité du sinistre prévu. Cette probabilité s'exprime en chiffres : elle est représentée par une valeur qui, dans le langage technique de l'assurance s'appelle *risque* et a pour signe ordinaire une fraction du capital mis en risque. Ainsi on dit, dans tel cas donné, que le risque d'incendie ou le risque de grêle est de $\frac{1}{1000}$ ou de $\frac{1}{20}$ du capital respectivement exposé à chacune de ces causes de destruction.

Le *risque objectif*, ainsi entendu, n'est autre chose que la valeur actuelle du dommage possible dans une unité de temps déterminée.

Éléments du risque

Suivant Gallus, quatre éléments constituent le risque : 1° la somme assurée ; 2° la durée de l'assurance ; 3° la plus ou moins grande probabilité du sinistre ; 4° son degré probable d'intensité. Ce dernier élément manque dans le risque en matière d'assurances sur la vie entière, l'événement considéré, la mort, n'étant pas susceptible de plus ou de moins.

Sans le premier élément (la valeur assurée), la notion du risque ne se comprend plus. Pour déterminer le risque en effet, l'assureur compare l'ensemble des valeurs exposées au risque à la partie de ces valeurs détruites par le sinistre : il en fixe la proportion, qui est l'expression d'une loi ; mais, pour que cette loi s'applique au groupement artificiel des valeurs dont il prend l'assurance à sa charge, il faut qu'entre autres conditions, chacun des éléments de ce groupement, individuellement considéré, soit déterminé dans sa valeur, puisque cette valeur est l'un des termes du rapport mathématique auquel, en dernière analyse, tout risque se réduit pour l'assureur.

Dans le deuxième élément (la durée de l'assurance), c'est l'année qui est prise comme unité de temps.

On entend par durée de l'assurance la période pendant laquelle l'assureur est tenu de payer l'indemnité si le sinistre se réalise.

Les risques courent, en principe, depuis le moment de la signature du contrat jusqu'à son expiration.

Les Compagnies à prime sont dans l'usage de fixer le commencement du risque au lendemain de la date du contrat, à midi. *Commencement du risque*

Dans les Compagnies mutuelles, chaque nouveau sociétaire est considéré comme tel, dès le premier jour du mois qui suit celui dans lequel il a donné son adhésion.

L'année d'assurance ne coïncidera donc pas avec l'année réelle, c'est-à-dire qu'elle ne commencera pas le 1er janvier pour finir le 31 décembre.

L'assurance empiètera généralement d'une année sur l'autre; cela dépendra de la date de la souscription du contrat ou du paiement de la prime ; l'année d'assurance commencée, par exemple, le 1er juin 1890 finira le 31 mai 1891.

C'est là, pour la comptabilité des assurances, une source de complications, mais si le choix de l'année a été fait comme unité de temps en assurance, c'est parce que les statisticiens ont pris comme base de leurs calculs cette unité de temps.

Les deux derniers éléments du risque peuvent se présenter avec les caractères suivants, où Gallus trouve la base d'une classification très générale des risques : • *Classification des risques*

a. Où la probabilité du sinistre reste la même pendant toute la durée de l'assurance *(risque stationnaire)* ;

b. Où elle s'accroît sans cesse *(risque progressif)* ;

c. Où le sinistre peut se produire à différents degrés d'intensité (depuis le dommage léger jusqu'à la perte totale) ;

d. Où il ne peut se produire qu'à un seul degré (perte totale).

Chaque risque offre toujours la combinaison de deux dé ces caractères.

Ainsi, dans l'assurance ordinaire en cas de décès, le risque est progressif et la perte ne peut être que totale. En matière d'assurance contre l'incendie, lorsque l'objet assuré est, par exemple, une maison bien bâtie, sans changement éventuel de destination ni de voisinage, le risque est stationnaire, mais le sinistre peut se produire à différents degrés d'intensité.

Dans l'assurance contre la grêle et dans l'assurance contre la maladie, le risque est progressif et le sinistre peut se produire à différents degrés d'intensité.

Décompo-
sition
du risque

Il résulte de ce qui précède que le risque pour l'année d'assurance est le produit des trois facteurs suivants : 1° montant de l'assurance ; 2° probabilité du sinistre ; 3° intensité probable de ce sinistre ou, en d'autres termes, importance probable du dommage.

En matière d'assurance sur la vie, les deux premiers facteurs interviennent seuls.

Supposons qu'il s'agisse d'assurer une maison et que les trois facteurs à multiplier soient respectivement représentés par les chiffres suivants :

Importance probable du dommage ... . $\frac{5}{8}$

Probabilité du sinistre........ ... . $\frac{3}{1000}$

Montant de l'assurance............. .. .. 20.000

Le risque que l'assureur prendrait à sa charge serait de :

$$20.000 \times \frac{3}{1000} \times \frac{5}{8} = 37.50$$

Supposons qu'il s'agisse d'une assurance en cas de décès, conclue pour une somme de 20.000 fr., sur la tête d'un homme de trente ans. A cet âge, la probabilité de mourir dans l'année est de $\frac{11}{1000}$. Le risque que l'assureur prend à sa charge est de

$$20.000 \times \frac{11}{1000} = 220 \text{ fr.}$$

Souvent le contrat d'assurance est fait pour un certain nombre d'années, ou bien, ce qui revient à peu près au même, l'assureur s'engage à prolonger l'assurance autant qu'il plaira à l'assuré. Comment, dans ce cas, déterminer la grandeur du risque pendant

la durée contractuellement fixée ou pendant la durée possible de l'assurance ?

Le risque total que prend l'assureur à sa charge se compose de l'ensemble des risques particuliers de chaque année. Il n'y aurait donc ici aucune difficulté si les trois éléments constitutifs de ces risques restaient les mêmes ; mais nous avons vu qu'il n'en est pas ainsi dans beaucoup de cas.

L'assureur devra, dans ces cas, au commencement de chaque période annuelle de l'assurance, évaluer le risque d'après ses nouveaux aliments.

Un assureur donne à son entreprise le plus de sécurité possible, en fixant judicieusement le maximum et le minimum de ses assurances.

Maximum et minimum de l'assurance

On appelle *plein*, le maximum qu'une Compagnie est autorisée à assurer sur un risque. Il a été jugé à cet égard qu'une Compagnie d'assurances à laquelle les statuts interdisent de garantir des valeurs dépassant un maximum déterminé peut garantir, par une même police, des objets dont la valeur réunie dépasse ce maximum, s'il résulte de la disposition des lieux dans lesquels sont situés les objets assurés et de la nature des objets, qu'ils présentent des risques divisés, et si la valeur des objets compris dans un même risque est inférieure au maximum. (Paris, 20 juin 1880 ; Gazette des Tribunaux ; Pandectes françaises, n° 165.)

Il a été déjà expliqué que l'assurance était limitée dans ses effets, ce qui revient à dire, au point de vue pratique, qu'il y a des risques non assurables et dont les Compagnies refusent de se charger, à raison des dangers trop considérables qu'ils présentent. Il faut encore que le risque, pour être assurable, ait trait à un intérêt matériel ou, pour mieux dire, appréciable en argent. Un simple intérêt d'affection ou de convenance ne constituerait pas véritablement un *risque*, du moins au point de vue de l'assurance.

Il ne s'ensuit pas de là, comme pourrait le faire croire une interprétation étroite, que l'assurance sur la vie ne soit pas valide, la perte d'une personne représentant une somme équivalente à l'intérêt appréciable en argent qu'a celui qui doit. profiter de l'assurance à l'existence de cette personne.

De ce qu'il n'y a pas d'assurance sans risque, il résulte encore nécessairement que le risque doit être couru par l'assuré lui-même. Il faut, en d'autres termes, que le risque existe non pas seulement *in abstracto*, à un point de vue absolu, mais encore d'une façon relative, c'est-à-dire par rapport à la personne appelée à bénéficier, le cas échéant, du contrat d'assurance.

L'assurance de la chose d'autrui est licite, si l'assuré a un intérêt quelconque à la contracter. (Trib. Moulins, 4 février 1888 ; Pandectes françaises, n° 160.)

L'intérêt en risque est la mesure forcée de l'assurance. Pour tout ce qui dépasserait cet intérêt, l'assurance serait nulle *faute de risque* (art. 358, code comm.) ; c'est ce qu'on exprime en disant qu'on ne peut faire assurer que ce qu'on risque de perdre.

On a soutenu que les seuls risques assurables sont ceux qui résultent exclusivement d'événements fortuits ou de force majeure, comme la grêle, le feu du ciel, l'incendie par communication, le naufrage dû à toute cause indépendante de la faute du capitaine ou de celle de l'équipage. (Art. 353, code comm.)

Par conséquent, le contrat serait nul lorsque le fait de l'assuré peut influer sur les chances de l'assureur.

La jurisprudence sur ce point peut se résumer ainsi : « L'assuré peut se garantir contre les conséquences de son propre fait, tant que ce dernier ne constitue pas une faute lourde, équivalente au dol ; dans le cas contraire, c'est-à-dire s'il y a dol, fraude ou faute lourde de l'assuré, le contrat est nul. » (Cassat., 15 mars 1876 ; 18 avril 1882 ; 4 mai 1882 ; 3 juillet 1882 ; Paris, 24 août 1850 ; Lyon, 23 juin 1863 ; Douai, 5 août 1867, etc... Pandectes françaises, n° 142.)

Jugé en ce sens que, en matière d'assurances terrestres, l'assureur n'est pas tenu des suites d'un sinistre arrivé par une négligence excessive de l'assuré et constituant une faute lourde qu'une personne non assurée n'aurait pas commise. (Rouen, 18 mai 1846 ; Paris, 24 août 1850 ; Pandectes françaises, n° 143.)

Jugé encore que les Compagnies d'assurances répondent bien

des négligences et imprudences des assurés, lorsqu'elles n'ont pas de gravité et qu'elles pourraient être commises par des personnes non assurées ; mais cette responsabilité ne saurait s'étendre aux négligences excessives ou aux imprudences graves que les personnes non assurées n'auraient pas commises et qui ont le caractère de faute lourde. (Lyon, 23 juin 1863 ; Pandectes françaises, n° 145.)

La preuve de la faute lourde est à la charge des assureurs qui l'allèguent pour échapper à leur responsabilité. (Paris, 16 janvier 1851 ; Lyon, 23 juin 1863 ; Cassat., 18 janvier 1870 ; Poitiers, 12 mai 1875 ; Pandectes françaises, n° 146.)

Il faut de plus qu'ils fournissent la preuve d'une faute intentionnelle : celle d'une imprudence grave ou d'une faute lourde non intentionnelle ne suffirait pas. (Douai, 5 août 1867 ; Pandectes françaises, n° 147.)

Doit être assimilé à la faute lourde tout fait réprimé par la loi pénale, commis par l'assuré. (Cassat., 15 mars 1876 ; Pandectes françaises, n° 149.)

Les juges de fait ont un pouvoir souverain d'appréciation pour décider si la faute commise est assimilable au dol. (Cassat., 18 avril 1882 ; Pandectes francaises, n° 151.)

Toute convention ayant pour but d'exonérer l'assuré de sa faute lourde ou de son dol serait nulle, conformément au droit commun. (Cassat., 15 mars 1876 ; Nancy, 5 janvier 1860 ; Pandectes françaises, n° 152.)

La responsabilité de l'assureur, lorsqu'elle comprend les fautes de l'assuré, ne s'étend pas de plein droit aux fautes commises par ses préposés ou les personnes dont il est responsable ; une stipulation formelle du contrat serait nécessaire pour créer cette responsabilité.

Divers auteurs sont en controverse sur ce point, que les uns approuvent et contre lequel d'autres s'élèvent. Quénault ajoute, que les fautes commises par des tiers étrangers à l'assuré, constituent pour lui des cas fortuits, et sont à la charge de l'assureur.

Les risques qui forment l'objet des différentes branches de l'assurance, peuvent se grouper de la façon suivante :

Division des risques et branches de l'assurance

Assurance maritime

Les risques maritimes qui s'entendent du transport des marchandises sur mer, font l'objet de l'assurance du corps de navire et de sa cargaison.

Transports

A ces risques, les premiers exploités de l'assurance, une certaine analogie rattache ceux des transports fluviaux et même terrestres.

Assurances terrestres

Les risques terrestres font, suivant leur nature, l'objet de l'assurance contre l'incendie, la foudre, des assurances agricoles, qui garantissent contre les dégâts de la grêle ou la mortalité des bestiaux, et des assurances contre les accidents qui peuvent atteindre des objets matériels, tels que chevaux, voitures, glaces, appareils à vapeur, et les personnes en général, plus spécialement les ouvriers de toutes sortes dans l'exercice de leurs professions, les patrons dans leur responsabilité, etc...

Aux assurances terrestres se rattachent d'autres branches bien moins importantes, qui ont été vainement exploitées jusqu'à ce jour : telles les assurances contre la maladie, le chômage, assurances judiciaires, financières, de fidélité, etc...

Toutes ces assurances, l'assurance contre la maladie exceptée, qui a été mal entreprise jusqu'à présent, manquent de sens réellement pratique, ce qui explique qu'elles n'existent guère qu'à l'état de tentatives avortées ou de végétations impuissantes.

Assurance sur la Vie

Enfin les risques qui concernent spécialement la vie de l'homme, la garantie d'un avenir pour lui et les siens, font l'objet de l'assurance sur la vie, la plus importante et celle qui est appelée à rendre les plus grands services au point de vue social.

De la reprise d'assurance

Lorsque l'assuré a des doutes sur la solvabilité de son premier assureur, il peut parfaitement faire garantir cette solvabilité par un second assureur : c'est alors un risque nouveau complètement distinct du premier. Le second assureur est une véritable caution qui s'engage à l'insu et sans l'ordre du débiteur principal. (Art. 2014, code civil.)

Il peut donc en principe, opposer le bénéfice de discussion et, en cas de sinistre, ne désintéresser l'assuré que si le premier assureur se trouve dans l'impossibilité de le faire lui-même.

Dans la pratique habituelle, non-seulement le second assureur renonce à se prévaloir du bénéfice de discussion, mais il s'engage encore ordinairement à payer en l'acquis de l'assuré les primes dues par celui-ci au premier assureur.

L'assuré n'a plus alors affaire qu'au second assureur, soit pour le paiement des primes, soit, le cas échéant, pour règlement de l'indemnité. Il le subroge, bien entendu, dans tous ses droits contre le premier assureur.

C'est ce qu'on appelle la *reprise d'assurance*. (Pandectes françaises n° 171.)

Dans la pratique, l'assureur est souvent obligé de prendre à sa charge des risques qui dépassent son maximum. Dans ce cas, il a recours à la *réassurance*. Si, par exemple, il a un risque de 300.000 francs à assurer et que son maximum ne soit que de 100.000 francs, il cède les deux tiers de ce risque à d'autres assureurs, qui ordinairement le prennent à leur charge aux conditions stipulées dans le contrat primitif. *De la réassurance*

La réassurance est donc une division purement idéale des risques qui, tout en les laissant subsister réellement et matériellement dans leur intégrité, les répartit sous forme de sommes entre divers groupes qui, se trouvant dans les mains d'assureurs différents, ne sont jamais confondus.

Entre le premier assureur et l'assuré, l'assurance est dite *directe*. Entre le premier assureur et les assureurs subséquents (qui peuvent être fort nombreux, car souvent les réassureurs eux-mêmes divisent encore et réassurent leur part du risque), l'assurance est dite *indirecte*.

Toutes ces opérations se font à l'insu de l'assuré, qui n'a besoin de connaître que le premier assureur, avec lequel seul il a contracté. Le réassureur s'engage simplement à rembourser à l'assureur, en cas de sinistre, tout ou partie de la somme que cet assureur serait obligé lui-même de payer à l'assuré.

Le contrat de réassurance, entièrement distinct de l'assurance elle-même, n'est pas toujours fait aux mêmes conditions, la prime peut être plus ou moins forte. (Art. 342, code comm.) Il a été jugé que les règles applicables au contrat de réassurance étaient les mêmes que celles du contrat d'assurance, le réassureur n'étant considéré lui-même que comme un assureur à l'égard de l'assureur primitif. (Trib. Comm. Seine, 8 janvier 1889. La Loi.)

L'assuré n'a donc aucune action contre le réassureur, à moins qu'il agisse contre lui en vertu d'une délégation de l'assureur, ou comme exerçant ses droits conformément à l'art. 66 du code civil.

Réassurance d'un portefeuille — On entend par réassurance générale d'un portefeuille la cession que fait de son portefeuille une Compagnie d'assurance, dite *cédante*, à une autre Compagnie, dite *cessionnaire*.

La délégation est alors toujours censée faite par la Compagnie cédante et l'assuré peut agir directement contre le réassureur. (Cour de Cassat., 26 juin 1883. Revue périodique des Assurances. Pandectes françaises, n° 180.)

Prime et cotisation — **De la Prime.** — La prime, un des éléments essentiels du contrat d'assurance, est le prix du risque. C'est aussi la contribution frappée sur chaque patrimoine assuré. Elle est spécialement désignée sous le nom de prime, lorsqu'il s'agit d'une assurance à primes fixes (sociétés anonymes). Elle prend le nom de cotisation, s'il s'agit d'une assurance mutuelle (sociétés mutuelles). (Chaufton.)

Prime nette et prime brute — Dans l'assurance à primes fixes, la prime pure ou prime *nette* est la prime strictement nécessaire pour couvrir le montant du risque. La prime pure, ou valeur du risque, est le prix de revient de l'assurance ; elle est un des éléments qui constitue la prime *brute ou chargée* ou *prime des tarifs*. L'autre élément de la prime brute, qu'on appelle, dans le langage des assurances, *le chargement*, comprend les frais généraux de l'entreprise d'assurances et la part de bénéfice qui doit revenir à l'entrepreneur.

Annualité de la prime — Comme le risque qui se détermine annuellement, la prime est aussi et pour les mêmes raisons, payable annuellement.

Prime unique — Lorsque l'assurance est contractée pour plusieurs années, moyennant une prime unique, cette prime représente le total des primes annuelles qu'aurait à payer l'assuré, ramenées à leur valeur au comptant par l'escompte à intérêts composés.

En général, pour les assurances qui durent plusieurs années, la prime se paie annuellement avant l'ouverture de chaque exercice, et même, pour faciliter les paiements, on a introduit dans les assurances vie et accidents, le paiement en plusieurs termes.

On croit généralement que ces termes de paiement constituent des primes semestrielles, trimestrielles ou mensuelles. C'est là une très grave erreur Dans l'organisation actuelle de l'assurance et avec les règles scientifiques auxquelles elle est assujettie, de pareilles primes ne sauraient exister. Le principe de l'annualité de la prime, fondé sur des raisons qui tiennent à l'essence même de l'assurance, est absolu. Aussi voyons-nous les Compagnies d'assurances sur la vie mettre à leur actif dans leurs comptes les termes non encore touchés de l'année courante, et, lorsqu'un assuré qui payait sa prime par termes vient à mourir, elles ont soin de déduire de l'indemnité les termes de l'année courante qu'il n'a pas payés. Enfin en calculant ces termes, on tient compte des intérêts moratoires.

La prime est donc due intégralement, dès que le risque a commencé à courir. C'est là ce que l'on exprime en disant que la prime, comme le risque, est réputée *indivisible*.

« Il serait bien difficile, dit Emérigeon, de trouver sur ce point une proposition géométrique : le navire peut courir plus de dangers dans un moment que pendant la plus longue navigation.»

Ce motif s'applique évidemment à toutes les assurances : du moment où l'assureur a couru la chance défavorable, ne fût-ce qu'un instant, il n'est pas possible de mesurer la portion de prime afférente à cet instant.

Si court qu'on le suppose, le risque a peut-être été plus près de dégénérer en sinistre que pendant toute la période de l'assurance. (Paris, 11 décembre 1872, Bonneville de Marsangy.)

Pour les assurances qui durent plusieurs années, on peut calculer la primes uivant deux méthodes différentes. La première consiste à fixer pour chaque année la prime correspondante au risque : de cette façon, la prime est progressive, si le risque est progressif, comme dans l'assurance sur la vie ; elle est invariable, si le risque est stationnaire, comme dans l'assurance contre l'incendie. La deuxième méthode, généralement suivie aujourd'hui pour l'assurance sur la vie, consiste à établir, en présence de risques progressifs, une prime moyenne invariable.

L'assuré paie alors, pendant toute la durée de l'assurance, une prime moyenne constante, dont le taux dépend uniquement de son usage ou de la valeur des risques qu'il a assurés au moment où il a passé le contrat.

Réserve pour risques en cours — Cette prime, dans les premières années de l'assurance pour la vie, ou dans certaines années pour d'autres assurances, excède le risque annuel; mais, plus tard, ou à certains moments, elle devient, ou peut devenir, trop faible pour les couvrir. L'assureur met donc de côté dans les premières années, ou dans certaines années favorables, sous le nom de *réserve pour risques en cours*, la somme nécessaire pour compléter les primes trop faibles des années à venir ou de certaines autres moins favorables.

La prime est ordinairement stipulée en argent.

Paiement de la prime — En principe, l'assureur a le droit de refuser des valeurs commerciales en paiement de la prime : toutefois, s'il les avait acceptées, l'assuré serait, par l'application du droit commun, valablement libéré.

Il a été jugé que, lorsque l'assureur a accepté un billet à ordre en paiement de la prime, le contrat est nul, si le billet n'est pas payé à l'échéance. (Trib. Seine, 21 avril 1866.)

L'essentiel, c'est que la prime soit déterminée, ou du moins que le contrat contienne les éléments suffisants pour qu'elle puisse être déterminée ultérieurement. Il faut, en effet, mais il suffit, que l'on sache exactement ce à quoi l'assuré est obligé. Rien n'empêche donc de convenir que l'assurance est faite moyennant la prime fixée par les tarifs de telle Compagnie.

Le défaut de détermination du taux de la prime entraînerait la nullité du contrat.

La question ne se pose pas si l'assureur a des tarifs fixes pour chaque nature d'objets assurés, il n'y a qu'à s'y reporter ; mais, au cas contraire, il n'appartiendrait pas aux tribunaux de déterminer la prime arbitrairement.

On peut cependant suppléer au défaut de fixation de la prime dans la police par les autres énonciations du contrat, par la représentation des livres des parties, ou de ceux des courtiers qui ont servi d'intermédiaire pour l'assurance, et même par la preuve testimoniale, si la police mentionne qu'une prime a été promise.

En matière de contrat d'assurance, il n'y a pas de prime sans risque et, par suite, la prime n'est due que dans la proportion des des risques qui ont existé. Toute prime, même payée d'avance, est restituable, soit en totalité, si le risque a totalement manqué, soit partiellement et proportionnellement lorsqu'une partie seulement de la chose assurée a été mise en risque et qu'ainsi les risques n'ont existé qu'en partie. (Paris 20 janvier 1859; Bonneville de Marsangy.)

La prime cesse d'être exigible le jour où le risque disparaît; la police n'étant valable qu'autant qu'il existe un risque, il ne reste plus qu'à fixer l'indemnité de résiliation. (Trib. comm. de la Seine. Pandectes françaises, n° 210.)

Le taux de la prime est fixé d'après la gravité du risque, c'est-à-dire d'après le degré de probabilité de l'arrivée et de l'intensité du sinistre, et d'après la durée du risque.

Les Compagnies, se fondant sur les données fournies par la statistique, ont établi à cet égard des tableaux, appelés tarifs, qui contiennent une nomenclature aussi complète que possible des différents risques qu'elles entendent garantir. Ces risques sont classés, selon leur gravité, dans différentes catégories, avec indication de la prime applicable à chacune des catégories. Les tarifs n'ont, bien entendu, rien d'obligatoire, ni pour les Compagnies, ni pour les assurés. Ceux-ci ne sont pas censés les connaître et ne peuvent pas plus les invoquer que se les voir opposer. C'est la police seule qui lie deux parties en ce qui concerne le taux de la prime.

Nous avons vu plus haut que pour déterminer la prime *brute*, ou prime *des tarifs*, on ajoutait à la prime pure ce que l'on appelle le *chargement*.

Ce chargement est soumis à deux influences qui agissent en sens contraire, l'une qui tend à l'augmenter, c'est l'intérêt individuel des Compagnies qui cherchent à réaliser, une fois leurs dépenses couvertes, le plus de bénéfices possible ; l'autre qui tend à le diminuer, c'est la concurrence des Compagnies entre elles.

Commissions Cette concurrence des Compagnies s'établit, en même temps qu'avec la diminution des tarifs, par les commissions qu'elles donnent à leurs agents ou courtiers. L'usage s'est introduit d'escompter des commissions, c'est-à-dire de payer dès la première année aux agents, à titre de rémunération, une somme importante, qui s'élève jusqu'à 250 et même quelquefois 300 0/0 de la prime annuelle pour chaque contrat réalisé. C'est là une source de frais onéreux pour les Compagnies qui, outre les commissions, voient encore s'ajouter à leur charge les frais souvent considérables relatifs aux règlements des indemnités.

De la cotisation La cotisation, c'est-à-dire la contribution prélevée par les sociétés d'assurance mutuelle, est soumise aux mêmes règles que la prime.

Cotisation nette et brute Elle se distingue en cotisation pure ou nette et en cotisation chargée ou brute.

La cotisation pure ou nette doit être l'expression mathématique du risque. La cotisation chargée ou brute est cette même cotisation, augmentée de la somme nécessaire pour couvrir les frais d'administration.

Cette question des frais d'administration, tout en étant analogue à celle qui s'élève en matière de primes, est beaucoup plus délicate ici.

L'entrepreneur d'assurances à primes fixes n'a à compter avec personne, il ne dépend que de lui même et de la concurrence.

Répartition Ici il s'agit de faire une répartition, non pas arbitraire, mais équitable, en tenant compte des éléments du risque qui, pour chaque associé, ait pu augmenter ou diminuer ces frais. Il y a plusieurs solutions possibles de cette difficulté, mais nous estimons que la solution la plus équitable est celle par laquelle ces frais qui s'évaluent à tant pour cent, lorsqu'il ne s'agit pas de commissions, sont répartis par tête. La cotisation est payée d'avance, ou elle n'est payée qu'à l'expiration de l'exercice annuel.

Lorsque les cotisations sont levées d'avance, la difficulté est d'en fixer la qualité, de telle sorte qu'elles puissent suffire à tous les besoins de l'exercice annuel. Si elles sont trop élevées, l'excédant est restitué aux associés, sous la forme de dividende ou bénéfice, ou bien est versé dans le fond de réserve. Si elles sont trop faibles, on a recours au fond de réserve, ou bien à des cotisations supplémentaires.

Pour éviter cette dernière mesure, toujours fort mal reçue des associés, il est nécessaire d'élever toujours un peu le taux des cotisations.

Le solde du compte annuel de répartition pouvant être débiteur ou créditeur, comment partager cet actif ou ce passif entre les associés? Voici la solution qui semble être la plus rationnelle.

La répartition se fait entre tous les membres de l'association, y compris ceux qui. pendant la durée de l'exercice, ont été frappés par le hasard et ont reçu des indemnités. Car dans la répartition dont il s'agit, on ne fait que restituer ce qui a été perçu en trop, ou répéter ce qui a été perçu en moins. La cotisation payée d'avance ne peut être considérée que comme un versement purement provisoire dont le règlement du compte de répartition détermine définitivement le montant. On ne conçoit donc pas qu'un membre de l'association puisse être exclu de cette répartition.

Un point non moins important est de déterminer sur quelles bases se fait cette répartition. On sait que la cotisation à payer pour chaque assuré se compose de deux parties : l'une destinée à la réparation des sinistres ; l'autre à subvenir aux frais d'administration. Le déficit ou l'excédant peut se produire dans l'une ou dans l'autre de ces parties. Si c'est dans les cotisations nettes que se trouve le déficit ou l'excédant, on en fait la répartition entre les membres de l'association, proportionnellement au montant de leur cotisation nette respective. On suit la même méthode en ce qui concerne le chargement. Lorsque le chargement est évalué à tant pour cent de la cotisation nette, la décomposition de la cotisation en ses deux éléments est inutile ; on fait la répartition proportionnellement à la cotisation brute.

Une dernière question s'élève : Sous quelle forme se fera le paiement de l'excédant à chacun des membres de l'association ? Le paiement en espèces a l'avantage de la simplicité. Mais en pratique de nombreuses combinaisons ont été imaginées.

En ce qui concerne l'association elles reviennent toutes à peu près au même résultat. Pour l'associé, elle constituent des emplois plus ou moins avantageux de la somme que l'association avait à lui payer en espèces.

Aucune des difficultés que nous venons de passer en revue n'existe lorsque la cotisation n'est payée qu'à l'expiration de l'exercice annuel. La cotisation est calculée d'après l'importance des sinistres constatés et la valeur des objets qui font partie du groupe de risques sur lequel on opère.

Avantages que s'empruntent mutuellement la prime et la cotisation

Nous venons d'étudier séparément les deux formes que prend en pratique la *contribution* destinée à couvrir le risque ; *la prime* et la *cotisation*. En fait, elles ne gardent pas toujours ces caractères tranchés qui les distinguent l'une de l'autre. La prime revêt quelque fois, en apparence du moins, et dans un intérêt que nous étudierons plus loin, certains avantages particulièrement attachés à la cotisation. La cotisation de son côté emprunte certains autres avantages propres à la prime. Le développement de ces deux propositions nous fera pénétrer plus avant dans la pratique de l'assurance.

En principe, c'est uniquement en matière d'assurance mutuelle qu'il peut être question de restituer un excédent après la liquidation annuelle qui établit la balance des risques et des contributions.

Dans l'assurance à primes fixes faite par les Compagnies par actions, par les *Compagnies propriétaires*, comme les appelent les Anglais, cette restitution ne se comprendrait pas ; tout excédent est un profit, qui appartient à l'entreprise.

Cependant les Compagnies propriétaires anglaises ont donné depuis longtemps un exemple qui, en général, a été suivi par les Compagnies propriétaires des autres pays. Elles ont emprunté àux Sociétés mutuelles leur méthode de répartition, en ce qui concerne l'excédent dont il s'agit. De *Compagnies propriétaires* elles se sont ainsi transformées en *Compagnies mixtes*. ainsi nommées parce qu'elles restituent aux associés une partie de l'excédent qui constitue leur bénéfice. Ce bénéfice résulte surtout de ce que les tables de mortalité servant de base à leurs tarifs accusent une mortalité plus rapide que celle qui se produit en réalité parmi les assurés, et de ce que ces tarifs laissent par conséquent une marge plus considérable qu'il n'est nécessaire pour payer les frais et rénumérer le capital. Il semble dès lors qu'il serait plus simple d'abaisser les tarifs.

Mais l'expédient de la participation aux bénéfices a le double avantage de permettre de corriger après coup c'est-à-dire d'une manière infaillible les exagérations des tables de mortalité, et en même temps de servir d'amorce pour le public assez porté à croire, en présence d'une opération facilement mal comprise, qu'en s'assurant sur la vie, il fait un placement productif d'intérêts.

La répartition des excédents en France est ordinairement biennale, du moins parmi les Sociétés d'assurances, ici les plus anciennes ; les autres sociétés font leur répartition tous les ans.

Quelques Compagnies d'assurances contre l'incendie ont également essayé d'introduire dans leurs opérations la participation aux bénéfices ; mais cette tentative n'a pas eu et ne pouvait avoir grand succès. Les primes, dans cette branche d'assurances, sont trop faibles pour que la restitution de ce qui a été perçu en trop ait quelque intérêt.

Nous venons de voir que les Compagnies propriétaires ont su s'emparer de certains avantages de la cotisation et en revêtir la prime dans un intérêt de propagande et pour attirer le public. Les sociétés mutuelles ont également emprunté à la prime ses avantages. Ce qui effraie le public et tend à l'éloigner des mutuelles, c'est le danger de payer des cotisations supplémentaires, lorsque les cotisations ordinaires n'ont pas suffi à couvrir les risques de l'année. Les sociétés mutuelles ont donc imaginé de donner aux cotisations le caractère de fixité qu'elles n'ont pas généralement.

Ce sont les sociétés mutuelles qui pratiquent l'assurance sur la vie, et elles sont nombreuses à l'étranger, qui ont eu l'idée de cette combinaison. Il semble d'ailleurs que cette idée devrait se présenter d'elle-même : Les cotisations en matières d'assurances sur la vie ayant la même base mathématique que les primes, il était logique de leur donner la même fixité. (Chaufton. Les assurances. Tome I.)

De l'Indemnité. — L'indemnité, suivant M. Chaufton, est la somme qui sert à compenser le dommage causé par le sinistre à tel ou tel patrimoine.

Cette compensation peut se faire en argent, et c'est là le cas le plus fréquent, ou en nature.

Elle a pour effet, selon le cas, soit de réparer complètement, soit seulement d'atténuer la perte occasionnée par le sinistre à l'assuré.

Calcul de l'indemnité

Trois facteurs concourent au calcul de l'indemnité : 1° la somme assurée ou valeur courante de l'objet, au moment de la conclusion du contrat ; 2° la valeur courante de cet objet au moment du sinistre ; 3° l'importance du dommage.

La prime n'étant payée par l'assuré, qu'afin d'obtenir, le cas échéant, la réparation dont il s'agit, il est bien évident que la promesse d'une indemnité constitue encore un élément essentiel du contrat d'assurance.

Montant de l'indemnité

Le montant de l'indemnité est fixé par le contrat. Les Compagnies ne sont jamais tenues au-delà du chiffre qui y figure, quelle que soit l'importance du sinistre; inversement, si la perte n'atteint pas la valeur assurée, elles ne sont tenues que dans les limites du dommage éprouvé.

Evaluation de l'indemnité

En l'absence de détermination par le contrat, on peut évaluer l'indemnité d'après la valeur de la chose au moment du sinistre, valeur qui devra être établie par expertise.

Mais l'assurance ne pouvant être une source de bénéfices, le chiffre de l'indemnité ne doit, en aucun cas, et sous quelque prétexte que ce soit, dépasser celui de la perte réellement subie par l'assuré.

Si l'assureur s'engageait à payer la totalité de la perte, quel que fût le dommage éprouvé, cette convention ne constituerait qu'un pari, qui ne lierait pas l'assureur.

En effet, l'essence du contrat d'assurance est de rendre l'assuré indemne de tous les risques contre lesquels il s'est mis à couvert par la police, c'est-à-dire de le laisser sans perte et sans profit.

Il ne peut pas plus que celui d'assurance maritime jamais être une cause de gain pour l'assuré, lequel ne peut, sous aucun prétexte, réclamer ou recevoir une indemnité plus forte que le montant de la perte qu'il a éprouvée.

(Voir Pandectes françaises, nᵒˢ 229 à 236.)

DE L'ASSURANCE EN GÉNÉRAL

DEUXIÈME PARTIE

CHAPITRE II.

De la forme du contrat d'assurance et des divers actes qui concourent à le former.

Police
d'assurance

Le contrat d'assurance se traduit dans la pratique sous la forme d'un acte écrit, dit *police*, qui est signé des parties contractantes.

Actes
préliminaires

Cet acte ne se conclut pas ordinairement de prime abord ; dans les assurances à primes fixes, il est précédé d'une *proposition* et peut-être suivi d'un ou de plusieurs *avenants*, ou actes postérieurs, qui servent à constater l'introduction de conditions nouvelles ou de modifications nécessaires survenues dans le contrat.

En assurance mutuelle, le proposant signe d'abord un *acte, dit d'adhésion* aux statuts de la mutualité : une police lui est ensuite remise, s'il est agréé comme assuré par l'association.

De
l'acte écrit

Avant d'entrer dans l'étude détaillée de ces actes, une première question, celle de savoir si un acte écrit est nécessaire en matière d'assurance, se pose à un double point de vue. Au point de vue de la validité même du contrat, l'écrit est-il exigé *ad solemnitatem* ? Au point de vue de la preuve du contrat, pourra-t-on établir qu'il a été passé et en prouver la teneur par d'autres moyens que par un acte signé des deux parties ? L'art. 332, code de comm., s'exprime ainsi : « Le contrat d'assurance sera rédigé par écrit. »

Il est d'abord universellement admis en jurisprudence que ce texte, relatif aux assurances maritimes, est applicable à toutes les autres assurances.

Mais quelle est à cet égard, la portée de l'art. 332 ?

L'écrit dont il parle, l'exige-t-il pour la validité, pour l'existence même du contrat d'assurance, *ad solemnitatem*, ou seulement pour la constatation, pour la preuve dudit contrat, *ad probationem*?

Emérigeon donne la première opinion comme règle absolue; mais cette opinion d'Emérigeon, combattue par Pothier, a été unanimement repoussée par les auteurs anciens et modernes et condamnée également d'une façon très nette par la jurisprudence.

Le contrat d'assurance peut être réputé formé par le seul effet de l'inscription de l'assurance sur le livre-journal de l'agent qui l'a faite et de la préparation des quittances à souches, sans qu'il soit besoin d'attendre la signature de la police et le paiement de la prime, si cette signature et ce paiement n'ont été différés de quelques heures que pour la régularisation de la police.

Toutefois, les assurances ne se formant dans l'usage que par des polices écrites et signées, la présomption est, jusqu'à preuve contraire, qu'il n'a pas été dérogé à cette règle ... Et il en est surtout ainsi, dans le cas où la contestation existe avec une compagnie dont les statuts contiennent la clause que l'assureur et l'assuré ne sont engagés qu'après que la police a été signée de part et d'autre, et où cette clause était bien connue de la partie qui allègue l'existence d'un contrat d'assurance verbal, au moment où ce contrat serait intervenu.

En conséquence, il ne saurait suffire à cette partie pour établir l'existence d'un tel contrat, de prouver au moyen, par exemple, de notes inscrites sur le livre-journal d'un agent de la Compagnie, et de l'aveu de cet agent, qu'il y a eu accord verbal entre elle et ce dernier sur les éléments constitutifs d'une assurance ; elle doit prouver, en outre, qu'ils ont entendu que le contrat serait parfait et obligatoire, malgré le défaut d'écriture et de signature, et que leur volonté a été ainsi de déroger à l'usage ou aux prescriptions des statuts.

Tout le monde s'accorde donc à reconnaître que l'art. 332, code comm., en disant que le contrat d'assurance sera rédigé par écrit, ne s'occupe que de la *preuve*, et nullement de la formation dudit contrat.

Seulement voici où le désaccord commence :

Selon les uns, le principe posé par l'art. 332, code comm., est uniquement une exception, apportée, pour le contrat d'assurance, à la règle générale posée par l'art. 109 du même code, qui, d'une façon absolue, autorise la preuve testimoniale en matière d'actes de commerce. En effet, bien que cet article ne parle que des achats et ventes, on sait qu'il est applicable à tous les contrats commerciaux.

Ce serait donc purement et simplement le retour aux principes de droit civil relatifs à la preuve.

Ainsi, dans ce système, lors même que le contrat d'assurance constitue un acte de commerce, il ne peut être prouvé par témoins que s'il existe un commencement de preuve par écrit, du moment où il s'agit d'un intérêt supérieur à 150 fr.

Il a même été jugé, d'une manière absolue, que le contrat d'assurance ne peut être prouvé que par écrit. Par contre, il a été aussi jugé qu'il peut toujours être établi par l'aveu et le serment, et même par la preuve testimoniale s'il s'agit de moins de 150 francs.

D'autres auteurs estiment, au contraire, que l'art. 332 interdit absolument la preuve testimoniale seule, c'est-à-dire ne s'appuyant pas sur un commencement de preuves par écrit et cela même quand il s'agit d'un intérêt inférieur à 150 francs.

Du principe que le contrat d'assurance, même quand il est commercial, doit être rédigé par écrit, résulte encore cette conséquence que la preuve testimoniale est inadmissible pour prouver outre et contre le contenu de la police Il en est ainsi, même dans le cas où le débat s'agite entre deux commerçants.

L'art. 109, code comm., qui admet tout moyen de preuve entre commerçants, n'est pas applicable à la matière.

Mais cette règle, qu'on ne peut prouver contre et outre le contenu de la police, n'est pas applicable quand il s'agit de la constatation de faits purs et simples dont il est impossible, par conséquent, de se procurer une preuve écrite. Elle ne l'est pas davantage, quand il s'agit d'établir des faits tendant à interpréter des clauses obscures de la police, ou à préciser la portée des clauses ambigües.

Ainsi, en admettant que le contrat d'assurance terrestre doive, comme le contrat d'assurance maritime, être rédigé par écrit, les parties n'en sont pas moins recevables, à raison de la commercialité de l'acte, par rapport aux assureurs à primes, à prouver par témoins une dérogation à la convention primitive.

Du reste, les Compagnies d'assurances, dans les conditions générales de leurs polices, stipulent ordinairement que le contrat d'assurance n'existe qu'après la signature de la police et le paiement de la première prime. Aussi, en présence de cet usage à peu près universellement suivi en matière d'assurances terrestres, il faudrait démontrer que, par dérogation aux conditions générales de la police, on a entendu former par convention verbale un engagement formel et définitif. En pareil cas, la formation du contrat reste en suspens jusqu'à ce que l'acte soit définitivement dressé et signé des parties.

La disposition des statuts d'une Compagnie d'assurance portant que les polices n'engagent la Compagnie qu'après la signature des parties et le paiement de la prime de la première année, ne met d'obstacle à ce qu'une police d'assurance soit, à raison des circonstances particulières de la cause, déclarée obligatoire même avant cette signature et ce paiement.

Le contrat d'assurance produit effet en faveur de l'assuré, à partir de la date indiquée par la police, encore bien que la police n'ait été effectivement signée et la prime payée qu'à une époque postérieure.

Dès lors, le sinistre survenu entre le jour indiqué dans la police et le jour où la police a été signée et la première prime payée, est à la charge de l'assureur. Il en est ainsi surtout lorsque l'assureur, postérieurement au sinistre, a exécuté le contrat en remettant la police à l'assuré, en touchant la prime et enfin en prenant part à l'expertise.

Sont considérés comme un commencement de preuve par écrit :

Les registres de l'assuré ;

Des lettres missives ou des quittances ;

Une proposition d'assurance renfermant l'énonciation, écrite par un représentant de la Compagnie, de l'objet de l'assurance et de la prime à payer ;

La police d'assurance terrestre, qui détermine le nom des parties, la date et l'heure du contrat, la durée et les conditions de l'assurance, et qui, non signée de l'assuré, porte la signature du représentant de la Compagnie.

(Voir Pandectes Françaises. Assurance en général du n° 424 à 453.)

DE L'ASSURANCE EN GÉNÉRAL

DEUXIÈME PARTIE

CHAPITRE III

Du contrat d'assurance dans les assurances à primes fixes.

De la Proposition d'assurance.— De la Police.— **Des Avenants.**

De la Proposition d'assurance. Dans les assurances à primes fixes, l'acte constatant la formation définitive du contrat est ordinairement précédé d'un autre acte préliminaire, qui reçoit le nom de proposition.

La proposition est rédigée soit par l'assuré lui-même, soit sur les indications par lui fournies à l'agent de la Compagnie.

Elle contient les renseignements nécessaires à la rédaction de la police définitive : les nom, prénoms, profession, domicile du proposant ; la situation et l'estimation des risques, etc.

Ces renseignements doivent être fournis exactement, puisque ce sont ceux qui doivent figurer sur la police.

A Paris, ce sont les *courtiers* qui transmettent directement les propositions aux bureaux des Compagnies. Ces dernières font vérifier les risques, après quoi elles informent les courtiers de leur acceptation ou de leur refus.

Les propositions de la province sont envoyées aux siéges des Compagnies, à Paris, par les agents généraux, qui les reçoivent eux-mêmes la plupart du temps de leurs sous-agents, chargés de rechercher les assurances. Les Compagnies font savoir à leurs agents généraux, après examen de la proposition, s'il y a lieu de dresser la police définitivement.

Rien n'est bien fixé au sujet de la validité de la proposition. On considère d'abord qu'elle ne lie jamais la Compagnie et que celle-ci n'est engagée que par la signature de la police, et le plus souvent même que par le paiement de la première prime.

La police définitive constituant seule l'instrument du contrat, il n'est pas nécessaire pour la validité d'une clause, qu'elle figure dans la proposition. Aussi les bases ordinaires des polices dites conditions générales ne figurent-elles pas sur la proposition.

En droit pur, la proposition d'assurance est considérée comme engageant l'assuré, en tant que promesse contractée par lui.

En fait, les Compagnies n'usent jamais de rigueur à cet égard. Elles permettent toujours à l'assuré de revenir sur sa proposition, même lorsqu'elle a été acceptée et que la police a été préparée. Elles se considèrent comme n'étant pas liées non plus, tant que la police n'est pas signée par lui.

De la police. — Voici quelles sont les dispositions légales prises dans le Code, au sujet du contrat d'assurance. (Art. 332 du Code de commerce).

Le contrat d'assurance est rédigé par écrit. — Il est daté du jour auquel il est souscrit. — Il y est énoncé si c'est avant ou après midi. — Il peut être fait sous signature privée. — Il ne peut contenir aucun blanc. — Il exprime : le nom et le domicile de celui qui fait assurer, sa qualité de propriétaire ou de commissionnaire ; — le nom et la désignation de l'objet de l'assurance ; *(Ce qui suit dans le Code est propre à l'assurance maritime, mais, suivant les diverses branches de l'assurance, on doit indiquer la désignation exacte et la nature des choses qui font l'objet du contrat, ainsi que l'estimation de leur valeur, qui varie suivant les cas ; —* les temps auxquels les risques doivent commencer et finir ; — la somme assurée ; — la prime ou le coût de l'assurance ; —

la soumission des parties à des arbitres, en cas de contestations, si elle a été convenue ; — et généralement toutes les autres conditions dont les parties sont convenues.

A ces dispositions viennent s'ajouter les suivantes, de l'art. 6 du décret du 22 janvier 1868 :

Toute police doit faire connaître :

1° Le montant du capital social ;

2° La portion de ce capital déjà versée ou apportée et, s'il y a lieu, la délibération par laquelle les actions auraient été converties en actions au porteur ;

3° Le maximum que la Compagnie peut, aux termes de ses statuts, assurer sur un seul risque sans réassurance ;

4° Et dans le cas où un même capital couvrirait, aux termes des statuts, des risques de nature différente, le montant de ce capital et l'énumération de tous ces risques.

La police est l'acte destiné à constater la formation du contrat d'assurance et les conventions stipulées entre l'assureur et l'assuré.

La police peut être rédigée par acte authentique et par-devant notaire ou sous seing privé.

C'est cette dernière forme qui est toujours usitée, sans autre intermédiaire entre l'assuré et l'assureur que les agents de la Compagnie assureur.

Chaque police en prescription de l'art. 1325, Code civil, doit être faite en autant d'originaux qu'il y a de parties ayant un intérêt distinct et chaque original doit contenir la mention du nombre des originaux.

Bien que les deux doubles d'une police d'assurance ne soient pas conformes, une clause figurant seulement sur celui des deux originaux remis à l'assuré peut être invoquée contre la Compagnie assureur, lorsqu'il est établi qu'elle a été écrite de la main du représentant de cette Compagnie. (Paris, 8 juillet 1889, Pandectes françaises, n° 477.)

Lorsque dans une convention synallagmatique et spécialement dans un contrat d'assurance, la Compagnie assureur a été représentée par un agent local, il n'y a toujours que deux parties en cause et, dès lors, si trois doubles de la police faite sous seings privés ayant été dressés, celui remis à l'agent se trouve ne pas contenir une clause existant dans les deux autres, cette circonstance n'entraîne pas la nullité du contrat. (Nancy, 23 juin 1849, Bonneville de Marsangy.)

Lorsque les originaux de la police, signés par l'agent de la Compagnie, ont été remis par celui-ci à l'assureur, la Compagnie ne peut se faire un moyen contre ce dernier, pour contester la validité de l'assurance de ce que les originaux qui devaient revenir à l'assureur ne lui aient pas été restitués avant le sinistre. (Rouen, 6 juillet 1878, Bonneville de Marsangy.)

Effet de la police — La police indique ordinairement la date à laquelle le contrat doit produire effet. Il peut en être ainsi dès que la première prime est payée et que chacune des parties est en possession d'un exemplaire signé, mais, dans la pratique, le contrat ne produit son effet que le lendemain, à midi, du jour où la police a été délivrée et la première prime payée. Conformément à cette règle, il a été jugé que l'assuré n'est pas recevable à demander une indemnité pour le sinistre survenu l'avant-veille du jour où il a payé la prime et reçu la police qu'il avait signée auparavant et renvoyée à la Compagnie dans le but d'obtenir des modifications.

A défaut de stipulation expresse, le point de départ du contrat est fixé d'après les circonstances et la commune intention des parties par les juges du fait, qui ont à cet égard un pouvoir discrétionnaire. (Cass., 8 avril 1834, Pandectes françaises, nº 494.)

Date de l'expiration — La date d'expiration du contrat d'assurance doit être aussi fixée sur la police. Le contrat d'assurance peut prendre fin de plusieurs manières. Nous reviendrons du reste, sur ce sujet dans la suite de ce chapitre.

Blanc — Il a été jugé que le blanc laissé dans une police d'assurance, quoique suspect, ne rend point la police nulle quand il n'emporte pas l'omission d'une clause substantielle de l'acte. (Cour d'Aix, 29 avril 1823, Pandectes françaises, nº 505.)

Perte de la police — L'assuré qui a perdu sa police peut en exiger un duplicata. Mais, en cas de procès survenu avec l'assuré, la Compagnie conserve néanmoins le droit de refuser ou d'ajourner le paiement, lorsque l'exécution du jugement est réclamée, en faisant valoir les exceptions et fins de non-recevoir qu'elle aurait le droit d'invoquer à défaut d'un titre original. (Trib. de la Seine, 17 juin 1873, Pandectes françaises, n⁰ˢ 507 et 508).

Pour que le contrat d'assurance soit régulièrement et définitivement constitué, il faut que les polices soient signées de l'assuré et de l'assureur.

Dans la pratique, la signature de l'assuré est attestée par celle de l'agent de la Compagnie, qui signe à côté. Mais la signature de l'agent n'a d'autre valeur que celle d'une attestation.

La Compagnie assureur, par ses statuts, désigne le plus ordinairement le directeur et un administrateur pour la signature des polices, en ce qui la concerne.

Lorsque l'assuré ne sait pas signer, il appose une croix au bas de la police, et il est alors attesté par deux témoins, de son adhésion au contrat ; ces deux témoins apposent leur signature au bas de la police. En droit une police de ce genre est nulle, mais il a été jugé qu'elle devenait valable dès qu'elle recevait un commencement d'exécution, c'est-à-dire après paiement de la première prime et remise d'un double, signé de ladite police à l'assuré. (Trib. paix, Paris, 17 août 1855. Journal des assurances, 1856 ; Trib. paix, Vendôme, 15 novembre 1855, Bonneville de Marsangy.)

Il a été jugé qu'une police d'assurance sur laquelle l'assuré a apposé, au lieu d'une signature manuscrite, un timbre humide, est valable. Et cette police oblige l'assuré, encore bien qu'il prétende que le timbre a été apposé par un tiers frappé d'aliénation mentale. L'assuré doit s'imputer à faute, en pareil cas, d'avoir laissé le timbre à la disposition de l'aliéné habitant chez lui. (Trib. comm., Paris, 5 novembre 1878, Pandectes françaises, n° 523.)

L'assuré ne peut objecter légitimement qu'il a apposé sa signature sur la police sans en prendre lecture ; un tel argument, s'il était admis, conduirait directement à la violation des contrats. (Riom, 10 juin 1878, Journal des assurances, 1878.)

Une personne peut être obligée au paiement des primes d'une

police d'assurances, encore qu'elle ne l'ait pas signée, si une autre personne qui l'a signée a agi en cela comme son mandataire ou son quasi-gérant d'affaires. (Trib. paix, Toulouse 1889, Pandectes françaises, n° 529.)

La police d'assurance établie au nom du mari et signée par la femme, en vertu d'un mandat tacite de son mari, est valable. (Trib. Bordeaux, 8 janvier 1887, Trib. comm. Seine, 27 avril 1886, Rec. des assur., 1887.)

L'assurance n'est parfaite que lorsque la police a été définitivement signée par les parties et que chacune d'elles a reçu l'original qui lui est destiné. En conséquence, l'agent de la Compagnie qui, sur la foi d'une simple proposition d'assurance, a avancé la première prime entre les mains de la Compagnie, est sans droit pour en demander en justice le remboursement à la personne qui avait signé la proposition d'assurance. (Trib. Lure, 4 décembre 1866, Pandectes françaises, n° 517.)

Lorsqu'une police d'assurance en double a été remise à un assuré pour la signer, il doit s'imputer à lui seul sa négligence si un incendie survient avant qu'il ait rendu à l'assureur la police par lui signée, cette remise pouvant seule rendre parfait le contrat. Lorsque la police déclare que, faute de paiement de la prime de première année, l'assurance ne produira aucun effet, cette clause ne peut être réputée comminatoire. (Bordeaux, 1855, Pandectes françaises, n° 518.)

Des clauses de la police et de leur interprétation

Les polices d'assurances renferment ordinairement deux sortes de clauses. Les unes, qui sont *imprimées*, font connaître pour chaque espèce d'assurance les règles communes à tous les contrats ; on les appelle les conditions générales de la police. Les autres, qui sont *manuscrites*, contiennent les indications et les stipulations propres à chaque affaire ; on les appelle *les conditions particulières* de la police. Les conditions particulières de chaque police ne font que reproduire avec plus de détails et de développements, les renseignements déjà contenus dans la proposition. Elles peuvent contenir en outre, suivant les espèces, un nombre plus ou moins considérable de dispositions de détail destinées à régler complètement l'exécution du contrat. En jurisprudence, il est admis que les clauses imprimées des polices sont tout aussi obligatoires pour les deux parties que les clauses manuscrites. Toutefois les tribunaux ont un pouvoir discrétionnaire en ce qui concerne l'interprétation des clauses imprimées et leurs décisions, à cet égard, échappent à la censure de la Cour suprême.

S'il y a contradiction, ce qui arrive rarement, entre les clauses imprimées et les conditions manuscrites de la police, celles-ci seules forment la loi des parties et sont présumées avoir dérogé aux premières.

Si une clause imprimée est ambiguë, elle doit être interprétée contre l'assureur, conformément à l'art. 1162 du Code civil. La règle générale en matière d'interprétation de polices, qu'il s'agisse de clauses imprimées ou de clauses manuscrites, est d'ailleurs que le doute doit être favorable à l'assuré.

Lorsqu'une clause du contrat est obscure et en contradiction avec les règles posées par la police, elle doit être interprétée d'après les termes de ladite police et le tarif.

Les clauses ambiguës d'une police d'assurance doivent, s'il y a doute, s'interpréter pour ou contre la Compagnie qui a rédigé la police, suivant qu'elle a joué, dans la clause ambiguë, le rôle d'un obligé ou d'un stipulant.

La rédaction de la police étant le fait de la Compagnie d'assurance, cette Compagnie ne peut se prévaloir d'une omission dans le texte, alors qu'il est démontré qu'elle ne résulte pas de l'intention des parties. Elle ne pourrait pas davantage se prévaloir de l'oubli d'une déclaration dans la police rédigée et écrite par son représentant, alors qu'il est établi que ce dernier avait la plus entière connaissance de la situation et de toutes les circonstances et que l'assuré a aveuglément suivi la foi de ce représentant, seul rédacteur de la convention qui régit la cause et les parties. (Voir, pour la jurisprudence, Pandectes françaises, du n° 543 au n° 553.)

La clause par laquelle il est stipulé que toutes les contestations relatives au contrat d'assurance seront soumises aux tribunaux d'un lieu déterminé, doit être exécutée dans toute sa rigueur. (Pandectes françaises, n° 536.)

Des contractants
De la capacité de contracter

Dans le contrat d'assurance, comme dans tous les autres, deux conditions concernant les personnes, sont indispensables à la validité de la convention : *la capacité et le consentement* des parties contractantes.

Voici les dispositions légales concernant la capacité de tout contractant en général.

CODE CIVIL.

» *Art. 1123.* — Toute personne peut contracter si elle n'est
» pas déclarée incapable par la loi.

» *Art. 1124.*— Les incapables de contracter sont :

» Les mineurs, les interdits, les femmes mariées, dans les cas
» exprimés par la loi, et généralement tous ceux à qui la loi
» interdit certains contrats. (Voir Code civil, art. 215, 217, 489,
» 509, 513.)

» *Art. 1125.* — Le mineur, l'interdit et la femme mariée ne
» peuvent attaquer, pour cause d'incapacité, leurs engagements
» que dans les cas prévus par la loi. Les personnes capables de
» s'engager ne peuvent opposer l'incapacité du mineur, de
» l'interdit ou de la femme mariée, avec qui elles ont contracté. »

Il importe tout d'abord de fixer ici la différence qui existe entre l'assureur et l'assuré au point de vue de la capacité contractuelle.

D'une part, nous aurons *la capacité de l'assureur*, nécessaire pour *consentir* l'assurance, et de l'autre, la *capacité de l'assuré*, ou celle qui est nécessaire pour *souscrire* l'assurance.

Capacité de l'assureur

En principe, l'industrie des assurances est libre comme tout autre commerce, mais la réunion d'une quantité considérable de risques est une des conditions indispensables à la réussite de toute entreprise d'assurances. Un particulier qui ferait une ou quelques opérations isolées d'assurances, s'exposerait à la ruine en vue d'un bénéfice hors de proportion avec la perte éventuelle et ces opérations isolées d'assurances ne seraient même vraiment plus de l'assurance, puisque cette institution n'est au fond qu'un mécanisme destiné à opérer le partage des risques, une sorte de compensation mutuelle, au moyen de l'association, des chances favorables ou défavorables susceptibles d'influer sur le patrimoine de l'homme. Si riche que soit même ce particulier, il le serait rarement assez pour assumer la responsabilité d'une entreprise d'assurances, pour laquelle, au début surtout, un capital considérable est nécessaire, afin de garantir le paiement immédiat et intégral des sinistres.

Dans la pratique, c'est donc l'association seule qui réalise le problème de l'assurance, en créant une personne morale possédant des capitaux suffisants pour constituer un *assureur*.

Ces associations sont soumises à des réglementations spéciales par la loi. Il existe deux sortes d'associations anonymes d'assurances qui diffèrent complètement, tant au point de vue de leur organisation que des rapports qui existent entre l'assureur et l'assuré. Ce sont, comme nous l'avons déjà vu, les *Compagnies d'assurances à primes fixes*, et les *Sociétés d'assurances mutuelles*.

Les Compagnies d'assurances à primes fixes sont soumises, en ce qui concerne leur organisation intérieure, à la loi de 1867 et au règlement de 1868.

A la tête de la Compagnie est un conseil d'administration, composé d'un certain nombre des plus forts actionnaires.

Le conseil, qui se réunit au siége social, a en droit les pouvoirs les plus étendus pour diriger les intérêts de la Compagnie. Il réunit chaque année l'assemblée générale des actionnaires, afin de lui remettre un rapport sur la situation de la Société et de lui faire approuver les comptes de l'exercice passé.

Le conseil ou l'assemblée choisit un directeur qui, en fait, administre les affaires de la Compagnie. Il agit ordinairement sous la simple surveillance du conseil, et c'est lui qui, assisté, selon le cas, d'un administrateur, représente la Compagnie au siége social vis-à-vis des tiers.

Il a pleins pouvoirs pour passer les contrats d'assurance, à moins qu'il ne soit spécifié dans les statuts que la Société ne peut être engagée que par une délibération du conseil d'administration ou avec l'intervention d'un administrateur.

Il a été jugé que le directeur n'a capacité que si l'assurance est consentie en conformité des statuts. (Paris, 27 juillet 1888, Journal des assurances.)

Bien qu'aux termes des statuts d'une société, le directeur ne puisse signer aucun cas sans l'assistance d'un administrateur, la Société ne saurait exciper de son ignorance pour demander l'annulation d'une assurance souscrite par le directeur seul, lorsque le contrat existe depuis plus d'une année et que la première prime a été payée à l'assureur qui l'a acceptée. (Pandectes françaises, n° 271.)

Toute convention contraire aux statuts est radicalement nulle, parce que, en dehors de ses statuts qui déterminent les conditions mêmes de son existence, la Compagnie ou la Société est absolument *incapable* de contracter.

Ainsi, quand il s'agit d'un acte passé par l'agent en violation des statuts, la nullité de cet acte provient non-seulement de ce que cet agent a outrepassé ses pouvoirs, mais, avant tout, de ce que l'acte est passé par un *incapable*. Il a été jugé, dans cet ordre d'idées, qu'une Compagnie n'est pas liée par les engagements de son agent, lorsque ce dernier a consenti l'assurance des risques que les statuts n'autorisent pas à garantir. (Nîmes, 2 juillet 1879, Journal des assurances, 1880).

Mais, dans ce cas, le tiers *de bonne foi* peut évidemment exercer son recours contre l'agent et lui réclamer des dommages-intérêts. Les traités passés par le directeur d'une Compagnie d'assurance contrairement à ses statuts engagent le directeur seul. (Paris, 27 juillet 1888, Journal des assurances.)

Nous avons vu qu'au siége social, les Compagnies s'engageaient par l'intermédiaire de leur directeur, mais, hors du siége social, c'est par l'entremise de leurs agents régionaux. Ces agents ont en effet, le plus souvent, pouvoirs et qualité pour rédiger les contrats, percevoir les primes, régler certains sinistres, nommer des experts et généralement faire tout ce que comporte l'exécution de l'assurance. Ils obligent donc alors la Compagnie, conformément à l'art. 1998, Code civil, s'ils se sont renfermés dans les limites de leur mandat.

Nous ne nous occuperons ici des agents qu'au point de vue de leurs fonctions de représentants des sociétés dans la formation du contrat, nous réservant de traiter plus amplement de leurs attributions, lorsque nous exposerons l'organisation des sociétés d'assurance.

L'agent ne peut ni changer ni modifier un contrat originaire, ce droit appartenant seul au directeur de la Compagnie, à moins toutefois qu'il n'ait été autorisé à cet effet.

Si l'agent, tout en se conformant aux statuts de la Compagnie et même aux termes de sa procuration, a cependant fait un acte ou passé un engagement à lui interdit par des instructions spéciales, il est également certain que la Compagnie ne s'en trouve pas moins liée par son fait. En effet, les personnes qui traitent avec l'agent ne peuvent connaître les restrictions particulières qui lui sont imposées, restrictions qui n'ont d'effet qu'entre l'agent et la Compagnie. Celle-ci aurait évidemment une action contre son représentant s'il lui avait causé un préjudice quelconque, en outre passant ainsi son mandat. Ce mandat, en effet, que la loi n'assujettit à aucune forme spéciale, peut parfaitement résulter, *inter partes*, de la correspondance, des circulaires, des instructions générales aux agents, des tarifs, etc...

Mais que faut-il décider si l'agent, sans se mettre en opposition avec les statuts de la Compagnie, a transgressé non-seulement ses instructions particulières, mais les termes mêmes d'une procuration régulière (acte sous seing privé ou authentique), limitant expressément ses pouvoirs ? La Compagnie sera-t-elle encore engagée vis-à-vis des tiers, sauf son recours contre son mandataire, ou bien, au contraire, les tiers seront-ils sans action contre la Compagnie et auront-ils simplement leurs recours contre l'agent ? Il semble devoir être admis que dans ce cas, la Compagnie ne serait pas liée.

On dit, il est vrai, qu'en matière commerciale la représentation d'un mandat en forme, n'est pas indispensable ; que le mandataire doit être présumé avoir reçu tous les pouvoirs nécessaires pour remplir les actes de sa gestion, et que les tiers ne peuvent connaître les restrictions qui sont apportées à l'exercice de son mandat. Cela est vrai pour les restrictions qui résultent d'un ensemble d'instructions particulières, parce qu'alors les tiers se trouvent dans l'impossibilité absolue de connaître ces restrictions.

Mais il n'en est plus de même quand il s'agit d'actes passés contrairement à la teneur d'une procuration en règle que les tiers sont toujours à même de se faire représenter.

Cependant un tempérament est imposé par l'équité, si la Compagnie avait pris l'habitude de ratifier tacitement certains actes ainsi faits par ses agents en dehors des termes mêmes de leurs procurations, elle ne serait plus en droit d'en invoquer la nullité vis-à-vis des assurés. On pourrait voir dans ces agissements habituels une sorte d'extension tacite du mandat primitif. La preuve de cette ratification pourrait résulter de l'encaissement des primes de l'assuré par la Compagnie. (Voir Pandectes françaises, du n° 290 au n° 294.)

Les sous-agents sont des agents secondaires, qui, sous la responsabilité des agents, recherchent ou concluent les affaires : mais les sous-agents n'ont aucun rapport direct avec les sociétés qu'ils ne représentent pas et que, par suite, en principe, ils ne peuvent obliger.

Il en serait autrement toutefois pour la Compagnie qui aurait l'habitude de considérer et de traiter les sous-agents comme de véritables représentants, ou qui tout au moins par ses agissements se serait mise dans le cas d'induire elle-même le public en erreur à ce sujet.

Une Compagnie d'assurance ne peut pas être liée par les polices souscrites en son nom par un tiers qui ne prouve pas avoir reçu d'elle mandat à cet effet. Elle n'est pas dans ce cas tenue davantage en vertu des règles de la gestion d'affaires (Pandectes françaises, n° 305.)

Capacité de l'assuré — Nous avons vu par les articles 1123 et 1124, code civil, quels étaient ceux que la loi déclarait capables ou incapables de contracter.

Ces dispositions légales sont directement applicables aux assurés, mais il y a lieu, cependant, d'établir certaines distinctions dans leur application. L'assurance *passive* n'est, le plus souvent, qu'un acte purement civil et de simple administration. Il suffit donc en principe d'être capable d'administrer pour pouvoir souscrire valablement une assurance. Le mineur non émancipé ne peut contracter une assurance valable. C'est le tuteur qui est chargé de ce soin, comme administrateur du patrimoine ; par suite il n'a pas besoin de l'autorisation du conseil de famille.

Le mineur émancipé peut contracter une assurance sans l'assistance de son curateur, puisqu'il ne s'agit là que d'un acte d'administration.

Toutefois la règle qu'il suffit d'être capable d'administrer pour pouvoir faire une assurance comporte certaines restrictions : d'abord en ce qui concerne les assurances sur la vie, qui, selon les combinaisons et selon les circonstances, peuvent être souvent considérées plutôt comme des actes de disposition que comme des actes d'administration ; ensuite relativement aux autres assurances elles-mêmes, quand elles sont souscrites à des sociétés mutuelles qui n'ont pas le *maximum*.

Comme l'engagement du sociétaire est alors indéfini, on peut y voir certainement un acte dépassant les limites d'une administration ordinaire. Dans ces différents cas, l'assurance ne serait possible, pour le mineur émancipé, qu'avec l'assistance du curateur.

Les mêmes principes régissent l'assurance contractée par le prodigue : il peut faire seul les contrats qui ne sortent pas des limites de l'administration pure.

L'interdit est incapable de contracter une assurance sans qu'il y ait à distinguer entre l'interdit légal et l'interdit judiciaire : pour le premier l'incapacité résulte de l'art 1124 Code civil, et de l'art. 29 Code pénal, combiné avec l'art. 2 de la loi du 31 mai 1854 ; pour le second, de l'art. 502 et 1124 Code civil. (Voir Pandectes françaises, du n° 306 à 314.)

En principe, la femme mariée ne peut contracter une assurance sans l'autorisation de son mari ou, à défaut, sans l'autorisation de justice.

Mais la femme, qui, en vertu de son contrat de mariage, a conservé l'administration de ses biens, comme, par exemple, celle qui est mariée sous le régime de la séparation des biens, a le droit de contracter seule une assurance en ce qui touche ses biens personnels. Il en est de même pour la femme mariée sous le régime dotal, en ce qui concerne ses biens paraphernaux, mais pour les biens dotaux, évidemment ce droit appartient au mari qui en a l'administration.

L'assurance passive peut être contractée en raison du commerce exercé par l'assuré : seulement, une fois autorisé à faire le commerce, le mineur émancipé, ou la femme mariée, peut souscrire, à *raison de ce commerce*, toutes espèces d'assurances, y compris celles qui ne seraient pas de simples actes d'admininistration.

Toutefois la femme, marchande publique, ne pourrait pas contracter seule une assurance sur la vie. Une femme mariée ne pourrait non plus, ayant souscrit valablement un contrat d'assurance, plaider à l'occasion de ce contrat sans l'autorisation du mari ou de justice.

Le failli aurait le droit de contracter une assurance, sauf le droit pour ses créanciers de critiquer la police, s'ils la jugent désavantageuse. Il en est de même pour les individus en état de liquidation judiciaire.

Toute assurance contractée par un incapable, quoique nulle à l'origine, peut être ratifiée dans la suite, d'une façon expresse ou tacite : d'une façon expresse par un acte séparé ou la mention mise au bas de la police ; d'une façon tacite si un acte quelconque impliquant l'approbation de l'assurance a été fait par le mari, le tuteur etc... Le consentement tacite résulte même de la continuation de l'assurance, alors que les parties intéressées, n'ignorant pas l'existence du contrat, le laissent subsister et suivre son cours.

A côté de la capacité générale, une autre est encore indispensable à la validité du contrat : C'est la capacité spéciale d'assurer la personne ou la chose qui se trouve exposée au risque.

A cet égard, en matière d'assurances de choses, la règle est simple : est seul capable d'assurer celui qui court le risque.

La première personne qui puisse contracter une assurance est évidemment le propriétaire de la chose exposée au risque ; mais il n'est pas le seul.

Le copropriétaire peut notamment assurer soit sa part isolément, soit la totalité de l'objet, s'il déclare agir pour le compte de ses copropriétaires.

Les associés d'une société civile n'ayant pas la personnalité morale, étant considérés comme des copropriétaires, peuvent, en l'absence de stipulation contraire du pacte social, souscrire une assurance pour les objets communs, en ce qui concerne leur part, mais on conçoit aisément que ce droit est impraticable et c'est aux administrateurs ou gérants que, dans les sociétés, le pouvoir d'assurer incombe.

Peuvent aussi assurer : ceux qui, sans être propriétaires, ont un intérêt direct à la conservation de la chose ; tels : l'usufruitier pour la valeur des objets soumis à son droit, le nu-propriétaire pour la valeur des biens soumis à l'usufruit.

Si la nue-propriété et l'usufruit sont compris dans l'assurance, les intéressés doivent contribuer au paiement de la prime dans la proportion de leurs intérêts respectifs et ils ont droit à une part de l'indemnité dans la même proportion.

Le dépositaire et l'entrepositaire de marchandises étant responsables de leur dépôt peuvent faire assurer les marchandises.

Un entrepreneur de travaux en construction peut les faire assurer ; ainsi peut agir aussi l'ouvrier qui met en œuvre des matières à autrui, dont il est responsable.

Le locataire peut assurer les objets qui lui appartiennent en propre et le recours des voisins. Il peut également assurer des objets qui appartiennent au propriétaire et dont il a la jouissance.

Le locataire peut se faire assurer *contre le recours* du propriétaire des objets loués, qu'il s'agisse de meubles ou d'immeubles ; en cas d'incendie, le locataire n'a droit à indemnité que s'il est actionné par le propriétaire ; s'il en était autrement il ferait un bénéfice illicite.

Un locataire qui s'est réservé la faculté d'acheter à fin bail la maison qu'il occupe, peut valablement l'assurer en son nom personnel.

Un propriétaire peut contracter une assurance dans l'intérêt de son fermier, de même que ce dernier peut s'assurer lui-même.

Le propriétaire peut assurer son locataire à raison de ses risques locatifs, pourvu qu'il le déclare à l'assureur.

Le propriétaire peut se faire assurer contre les pertes dont il est passible envers son locataire, dans le cas où l'incendie a eu pour cause un vice de construction ou un défaut d'entretien. Cette assurance se nomme, dans la pratique, assurance du recours des locataires contre le propriétaire.

Le créancier, soit chirographaire, soit hypothécaire, peut, en principe, assurer les biens de son débiteur. Le créancier hypothécaire peut l'exiger dans son contrat du propriétaire de la chose en en faisant une condition *sine quâ non* de son prêt. Toutefois il devra exiger du débiteur à ce moment même la cession du droit éventuel à l'indemnité.

L'assurance faite par un tiers n'ayant aucun intérêt personnel dans le risque est en principe radicalement nulle. (Art. 1965, code civil).

Mais il va de soi que l'assurance est valable s'il est établi que le tiers a agi comme *gérant d'affaires* et pour le compte du véritable intéressé. Elle le serait egalement si elle était faite conformément à l'art. 1121, Code civil, c'est-à-dire par une personne stipulant à la fois tant en son propre nom, pour un risque personnel, qu'au nom d'un tiers exposé à un autre risque.

En matière d'assurances sur la vie, tout en maintenant le même principe, la jurisprudence a admis qu'il était suffisamment justifié de l'intérêt du bénéficiaire de l'assurance, à la prolongation de l'existence de l'assuré, par le consentement donné par ce dernier au contrat. En d'autres termes, on a admis que celui qui contracte une assurance sur la vie d'un tiers avec le consentement de la personne sur la tête de laquelle cette assurance est souscrite est toujours *présumé* par lui-même courir le risque. C'est là une dérogation aux règles ordinaires qu'il est assez difficile de justifier en théorie. Cette dérogation est sans doute fondée sur la difficulté pratique qu'il y aurait, en pareille matière, à reconnaître autrement si le bénéficiaire de l'assurance est bien la personne qui court le risque. (Voir Pandectes françaises, n° 362.)

L'assurance peut être souscrite soit directement par l'assuré lui-même, soit par l'intermédiaire d'un mandataire légal conventionnel. Exemples :

Le père peut faire assurer les biens personnels de son enfant mineur ;

Le tuteur ceux de son pupille ;

Le mari, ceux appartenant soit à la communauté, soit en propre à sa femme ;

Le maire, les biens communaux, avec l'autorisation du conseil municipal ;

Le préfet, les édifices départementaux, sauf l'approbation du conseil général ;

Le président de la commission administrative d'un hospice ou d'un bureau de bienfaisance, les biens de l'établissement, après avis de la commission et sauf approbation préfectorale.

Une question se pose au sujet du mandataire légal ou conventionnel, à savoir s'il est obligé, sous peine d'encourir une responsabilité pécuniaire en cas de sinistre, de faire assurer les biens dont il a l'administration ?

La question doit être résolue par une distinction. S'il s'agit d'une de ces assurances, qui sont absolument entrées dans les mœurs, auxquelles tout bon père de famille a recours aujourd'hui, comme l'assurance contre l'incendie par exemple ; nous n'hésitons pas à décider que le mandataire, le mandataire légal surtout, est absolument tenu de faire garantir les biens qui lui sont confiés. En ne le faisant pas il commet une *imprudence* dont il est responsable vis-à-vis de son mandant.

Mais, il s'agit, au contraire, d'une de ces assurances nouvelles, qui n'ont pas encore profondément pénétré dans le public et auxquelles les pères de famille, même les plus diligents, n'ont guère l'habitude de recourir, nous estimons que, en cas de sinistre, la responsabilité du mandataire ne serait pas engagée ; on ne pourrait plus alors soutenir sérieusement qu'il a commis une faute, une imprudence, en négligeant de contracter une assurance à laquelle songent bien peu de personnes. C'est, donc là avant tout et surtout une question de fait. (Voir Pandectes françaises, nᵒˢ 368 et 375.)

Il arrive qu'une assurance est souscrite par quelqu'un qui n'est pas directement intéressé dans le risque et qui agit non plus pour le compte de telle personne dénommée, comme mandataire où gérant d'affaires, mais bien *pour le compte de qui il appartiendra*. Cette assurance est parfaitement valable et d'une très grande utilité pratique dans le commerce, attendu qu'elle permet de faire garantir des marchandises destinées à changer à chaque instant de propriétaire, sans qu'il soit nécessaire de déclarer à l'assureur ces mutations successives. Elle est ordinairement contractée par des dépositaires de marchandises des entrepreneurs de transports des commissionnaires, des courtiers etc.

C'est l'assurance dite par *commissionnaire*.

Le commissionnaire, tout en contractant *pour le compte de qui il appartiendra*, stipule en son propre nom et doit déclarer sa qualité. Il se trouve, par suite, *personnellement* engagé et soumis aux obligations jusqu'à ce que son commettant, c'est-à-dire celui pour le compte duquel il a souscrit l'assurance, se révèle et se mette à sa place. Par suite, le commissionnaire est réputé comme le véritable assuré à l'égard de l'assureur, qui n'a pas d'action directe contre le contractant, si ce dernier déclare ne pas ratifier le contrat et en accepter les charges.

En cas de règlement de sinistre, l'assureur a toujours le droit d'exiger le concours à la quittance du véritable intéressé, de celui qui a été lésé par le sinistre, c'est-à-dire du commettant. C'est même certainement pour cela que l'art. 332 code comm. exige que le commissionnaire assuré, à la différence de ce qui a lieu pour les autres commissionnaires, déclare, à peine de nullité du contrat d'assurance, qu'il agit en *qualité de commissionnaire*. C'est afin que l'assureur sache bien que l'assureur nominal n'est pas, en définitive, le bénéficiaire éventuel de la police, mais uniquement le garant de son exécution.

L'assurance pouvant être contractée par un mandataire, en est-il de même pour un *negotiorum Gestor ?*

Les avis sont partagés. La plupart des auteurs pensent que l'assuré doit intervenir personnellement au contrat. Cependant il a été jugé que celui qui gère, en même temps que les siens propres, les intérêts du propriétaire d'un immeuble peut faire assurer cet immeuble comme gérant d'affaires. (Pandectes françaises. n° 387.)

Le consentement des parties est une des conditions essentielles de la validité du contrat.

Il n'y a point de consentement valable, dit l'art. 1109, Code civil, si le consentement n'a été donné que par erreur, ou s'il a été extorqué par violence ou surpris par dol.

L'erreur n'entraîne la nullité du contrat qu'autant qu'elle porte sur la substance même de la chose qui fait l'objet du contrat. (Art. 1110, Code civil.)

Le dol est une cause de nullité de la convention, lorsque les manœuvres pratiquées par l'une des parties sont telles, qu'il est évident que, sans ces manœuvres, l'autre partie n'aurait pas contracté. Il ne se présume pas et doit être prouvé. (Art. 1116 Code civil.)

Le consentement doit intervenir sur toutes les choses qui forment l'essence même du contrat et qui sont, comme nous l'avons déjà vu, le risque, la prime et l'indemnité.

L'assuré a pour but, en contractant l'assurance, de se décharger d'un risque qui lui est personnel, qu'il connaît par conséquent, ou du moins qu'il est censé connaître, sur l'assureur qui, au contraire, ne connaît pas le risque dont il s'agit et ne peut, le plus souvent, s'en faire une opinion qu'au moyen de renseignements fournis par l'assuré. C'est donc à ce dernier qu'incombe l'obligation de renseigner l'assureur, d'une façon exacte et complète sur l'étendue du risque qu'il lui propose. Il doit l'édifier sur toutes les circonstances de nature à l'éclairer sur la gravité de ce risque.

Le consentement de l'assureur sur le risque se trouve donc vicié toutes les fois que l'assuré lui a caché une circonstance aggravante du risque ou, à plus forte raison, lui a fait une déclaration fausse, susceptible d'en diminuer l'opinion. C'est le principe consacré en matière d'assurances maritimes par l'art. 348, Code comm.

« Toute réticence, toute fausse déclaration de la part de l'assuré,

» toute différence entre le contrat d'assurance et le connaissement, » qui diminueraient l'opinion du risque ou en changeraient le sujet, » annulent l'assurance. » Ce texte est certainement applicable à toutes les espèces d'assurances. (Voir Pandectes françaises, n°s 395-397.)

De même que le consentement de l'assureur doit être parfaitement éclairé en ce qui concerne le risque, qu'il prend à sa charge, de même celui de l'assuré doit être exempt d'erreur et, à plus forte raison de dol, relativement à la prime qu'il s'engage à payer.

Le paiement de l'indemnité, constituant l'obligation éventuelle de l'assureur, il importe que le consentement des parties sur ce point ne laisse place à aucun doute. L'indemnité, à la différence de la prime, ne peut pas être déterminée au moment du contrat, puisqu'elle ne doit consister que dans la réparation d'un dommage qui, à cette époque, n'existe pas encore. Mais les parties n'en ont pas moins à s'entendre dès la signature de la police sur les bases d'après lesquelles l'indemnité serait ultérieurement fixée, s'il y avait lieu. Il faut, en d'autres termes, et ce à peine de nullité, que la police présente les éléments nécessaires pour qu'il soit possible, le cas échéant, d'évaluer l'indemnité.

Il existe dans la pratique, trois procédés, pour arriver à ce résultat, le premier, le plus généralement adopté, consiste à assurer *une somme de* . . . sur les objets que l'on entend faire garantir. Le chiffre assuré est alors considéré comme le *maximum* de l'obligation éventuelle de l'assureur, c'est-à-dire qu'après le sinistre, *quels que soient les dommages*, l'assuré n'a jamais droit à une indemnité supérieure à la somme portée dans la police. Mais il faut toujours procéder à une expertise, car si cette somme dépasse le montant des dommages, l'indemnité doit être réduite au chiffre réel de la perte.

Afin de permettre de déterminer ultérieurement l'indemnité, on peut encore, au lieu d'assurer une somme fixe, assurer la chose, en estimant d'avance sa valeur. Cette estimation n'a rien de définitif, en ce sens qu'elle peut toujours être recommencée en cas de sinistre.

Enfin, un troisième et dernier procédé pour fixer les bases d'une indemnité éventuelle consiste à assurer tout simplement, soit la chose elle même, soit telle quotité de la chose, sans aucune estimation. Dans ce cas, si le sinistre se réalise, l'assureur doit évidemment, ou l'intégralité des dommages ou la quotité fixée par le contrat.

Ce que nous venons de dire n'est applicable qu'aux assurances de choses. Dans les assurances de personnes (assurances vie et accidents corporels), il est d'usage que les parties s'entendent à l'avance, au moment de la souscription de la police, sur le chiffre même de l'indemnité, chiffre qui se trouve alors définitivement fixé, *quelle que soit d'ailleurs l'importance réelle du dommage*; c'est-à-dire que, dans ces sortes d'assurances, par suite d'un tempérament apporté aux principes essentiels qui régissent les assurances en général, le chiffre des dommages est toujours *présumé* au moins égal à celui de l'indemnité fixée par la police. Cela tient à la nature spéciale de ces assurances dans lesquelles l'évaluation du préjudice vrai serait d'ordinaire à peu près impraticable. (Voir Pandectes françaises, nos 408 à 412.)

En ce qui concerne le consentement sur la personne du co-contractant, l'art 1110 du Code civil dit que l'erreur sur la personne avec laquelle on a l'intention de contracter ne vicie le contrat que si la considération de cette personne est la cause *principale* de cette convention.

Appliquant ce principe à l'assurance, nous distinguerons entre le cas où il s'agit de l'erreur de l'assureur sur la personne de l'assuré et celui, au contraire, où il s'agit de l'erreur de l'assuré sur la personne de l'assureur.

Dans la première hypothèse, *l'erreur à elle seule* est insuffisante à vicier le consentement de l'assureur. C'est qu'en effet, pour ledit assureur, la cause déterminante de la convention est moins la personne de l'assuré que la qualité du risque lui-même. Par conséquent, si la personne de l'assuré ne se confond pas avec le risque, comme cela arrive souvent, dans les assurances sur la vie, la simple erreur de l'assureur sur cette personne ne sera pas une cause de nullité du contrat.

Dans la seconde hypothèse, c'est-à-dire quand il s'agit d'une erreur de l'assuré sur la personne de l'assureur, nous admettons volontiers que le contrat, peut, suivant les circonstances, se trouver vicié par ce seul fait, en dehors de toutes manœuvres dolosives imputables audit assureur. Il arrive en effet, que la personnalité, le *crédit* de l'assureur avec lequel il a cru traiter et dont il a recherché la garantie, a été pour l'assuré la cause déterminante de la convention. Aussi la Cour de Paris n'a-t-elle pas hésité à annuler un contrat d'assurance contre l'incendie que l'assuré avait souscrit par erreur à une Compagnie, croyant traiter avec une autre. A plus forte raison, le contrat se trouve-t-il vicié par l'erreur de l'assuré sur la personne de l'assureur, quand le premier, croyant se faire garantir par une Compagnie à *primes fixes*, se trouve, au contraire, avoir traité avec une société *mutuelle* Dans ce cas, en effet, l'erreur porte non-seulement sur la personne du co-contractant, mais encore sur deux éléments essentiels du contrat : *la prime et l'indemnité*. Et on sait combien diffèrent l'engagement de l'assuré en ce qui concerne le paiement de la prime et celui de l'assureur en ce qui concerne le paiement de l'indemnité, suivant qu'il s'agit d'assurances à primes fixes ou d'assurances mutuelles. (Voir Pandectes françaises, n°s 414, 419, et 421, 422.)

Droits et obligations réciproques des parties contractantes

Les droits et obligations réciproques de l'assureur et de l'assuré diffèrent dans chaque contrat suivant la nature de l'assurance qui en fait l'objet. Il y a cependant des principes généraux applicables à toutes les assurances, dont nous allons nous occuper.

Il va sans dire que le contrat d'assurance étant synallagmatique, parler des droits de l'une des parties revient corrélativement à parler des obligations de l'autre, et réciproquement.

Droits de l'assureur Obligations de l'assuré Déclaration du risque et réticences

La première obligation de l'assuré, consiste dans l'exactitude de la déclaration du risque qu'il assure. Nous venons d'effleurer cette question au sujet du consentement des parties ; nous allons maintenant la développer.

La teneur de l'art. 348 du Code de commerce, étant formelle en ce qui concerne les fausses déclarations qui pourraient diminuer l'opinion du risque chez l'assureur, indique l'importance excessive attachée à l'exactitude des déclarations de l'assuré sur le risque qu'il propose à l'assurance. L'assureur a donc le droit de connaître entièrement toute l'étendue du risque qu'on lui propose, et ce serait le tromper que de lui dissimuler quelque circonstance qui pourrait changer en lui l'opinion du risque. Cependant il est admis que si, malgré ce qu'on lui a lu ou déclaré, l'assureur a connu la vérité en traitant, il ne peut pas, plus tard, faire annuler le contrat : les agissements dont il se plaint n'ont pu, dans ces conditions, diminuer chez lui l'opinion du risque, et l'on cherche vainement à quel titre il refuserait d'exécuter son obligation.

Il est de jurisprudence constante en matière d'assurances contre l'incendie, que l'assuré ne saurait être relevé des conséquences résultant de déclarations fausses ou insuffisantes, *par cela seul* que l'agent de la Compagnie aurait, avant la signature du contrat, fait l'inspection d'usage. Il n'en serait plus ainsi, si l'agent, non content de vérifier le risque, se substituait complètement à l'assuré en se chargeant de faire connaître à la Compagnie toutes les circonstances capables d'influer sur l'opinion du risque, ou s'il avait en lui-même personnellement connaissance d'un fait non déclaré ou enfin si l'erreur provenait d'une inexactitude matérielle, commise par lui dans la rédaction de la police.

Mais la réticence ou l'omission commise dans les déclarations de l'assuré ne peut être couverte par cette circonstance, que la police aurait été à la demande de l'assuré rédigée par un des agents de la Compagnie. L'agent est, dans la rédaction de la police, le préposé de l'assuré et non de la Compagnie.

En conséquence la police est frappée de nullité chaque fois que, par le fait de l'assuré, il a pu y avoir diminution dans l'opinion ou changement dans le sujet du risque. La réticence entraînant l'annulation du contrat, consiste toujours dans une déclaration fausse ou incomplète de l'étendue du risque, déclaration qui est faite de bonne ou de mauvaise foi.

Lorsqu'il y a à la fois inexactitude matérielle et intention frauduleuse de la part de l'assuré, la nullité ne peut faire doute, et il y a déchéance de droit pour lui. Mais la nullité doit être demandée en justice par l'assureur qui doit en faire la preuve.

Le contrat d'assurance est indivisible.

Par suite l'assuré qui se rend coupable d'une fausse déclaration, même sur une seule catégorie de risques, tous compris dans la même police et assurés, pour une seule prime, perd ses droits sur la totalité de l'indemnité.

L'assuré qui souscrit une police doit, sous peine de réticence faire la déclaration à l'assureur des propositions d'assurances qu'il a faites ou des assurances qu'il a constractées avec une autre Compagnie pour le même risque.

Il n'y aurait pas cependant réticence de sa part, dans le fait de n'avoir pas déclaré une assurance antérieurement souscrite à une autre Compagnie, alors qu'il serait prouvé que la Compagnie en avait connaissance.

Une Compagnie d'assurances peut valablement se réserver le droit de résilier la police, dans le cas où le risque assuré aura déjà été ou viendrait à être couvert par une autre Compagnie, et stipuler que le défaut de déclaration de toute assurance du même risque sera considéré comme une réticence.

La clause d'une police d'assurance par laquelle est déchu du bénéfice de l'assurance l'assuré qui, à l'appui de sa demande d'indemnité, produit des documents frauduleux et mensongers, est applicable, alors même que cette altération frauduleuse n'a pas été faite en vue du règlement de cette indemnité. (Paris, 1er juin 1865, Bonneville de Marsangy, 2me partie.)

Il n'y a pas exagération volontaire du dommage, ni emploi de moyens frauduleux et mensongers, dans le fait par l'assuré, qui, privé de ses livres détruits, produit des évaluations supérieures à celles fixées plus tard par les experts. Dès lors, la Compagnie d'assurances n'est pas fondée à opposer à la demande en réparation de dommage, la déchéance prévue par la police. (Trib. comm. Seine, 25 nov. 1881, Bonneville de Marsangy, 3me partie)

La déchéance ne peut pas davantage être encourue par l'assuré, s'il est prouvé que ses réticences résultant d'une omission involontaire ou d'une déclaration inexacte n'ont pu diminuer l'opinion du risque.

L'exagération de valeur donnée par l'assuré à la chose assurée, qui ne constitue pas seulement une opinion trop avantageuse entraîne la nullité de l'assurance contre lui. (Aix, 19 avril 1887, Pandectes françaises, n° 615.)

Les juges du fond ont un pouvoir souverain pour apprécier du caractère de la réticence ou de la fausse déclaration, et leur décision, qui constate que la réticence a eu pour but de diminuer l'opinion du risque dans l'esprit de l'assurance, échappe à la cour de cassation. (Divers jugements, Cassation. Voir Pandectes françaises, n°s 590 et 591.)

La nullité de l'assurance, en cas de réticence et de déclaration inexacte, peut être effacée par une confirmation expresse ou tacite; cette dernière se produit quand l'assureur exécute le contrat, par exemple, accepte le paiement d'une prime, pourvu que cette exécution soit volontaire et intervienne avec l'intention de faire disparaître le vice de l'engagement.

La nullité est encore couverte par la prescription de dix ans (Art. 1304, Code civil), qui court du jour de la découverte de l'erreur ou du vol.

Lorsqu'il n'y a eu ni prescription, ni confirmation, la Compagnie qui fait annuler le contrat doit-elle rembourser les primes touchées ? Dans beaucoup de polices, il est dit qu'elles lui demeurent acquises ; quelques conventions traitent les assurés moins durement et leur accordent la restitution de ce qu'ils ont payé, sauf la prime de la première année. Si le contrat est muet, que décider ?

On concevrait un système laissant les primes à l'assureur comme dommages-intérêts, quand il y aurait eu *mauvaise foi* de l'autre partie, et l'astreignant, dans le cas contraire, à les rembourser.

Mais rien de définitif ne ressort jusqu'à présent dans un sens ou dans l'autre des polices d'assurances ou de la jurisprudence.

En tout cas, il est admis que, malgré l'annulation du contrat, la Compagnie ne doit pas restituer à l'assuré les primes déjà payées, si elle a couru des risques jusqu'au moment de l'annulation du contrat. (Trib. Seine, 1er avril 1886, Gazette du Palais.)

Le risque peut n'être pas stationnaire, et se modifier au cours du contrat dans le sens d'une aggravation. Ainsi, en matière

Aggravation du risque

d'assurances sur la vie, l'assuré, simple particulier lors de la signature de la police, peut devenir militaire ou marin et, comme tel, partir en expédition ou s'embarquer pour un voyage au long cours ; en matière d'assurances contre l'incendie, un immeuble garanti comme maison ordinaire d'habitation peut être transformé en un établissement industriel éclairé au pétrole, renfermant des machines à vapeur, etc... Or, du moment où, pour une raison quelconque, le risque n'est plus le même qu'au jour de la souscription de la police, les conditions du contrat se trouvent changées. Par suite, pour que ce contrat puisse, le cas échéant, produire ses effets, il faut de toute nécessité que l'assureur, informé du nouvel état de choses, consente à continuer néanmoins sa garantie.

L'aggravation des risques peut provenir du fait de l'assuré ou alors d'un fait à lui étranger; mais, dans ce dernier cas, l'obligation de l'assuré est la même, c'est-à-dire qu'il doit immédiatement aviser l'assureur, dès qu'il a connaissance de l'aggravation dont-il s'agit.

Si l'aggravation du risque provient d'un fait étranger à l'assuré, il se peut qu'il l'ignore et qu'il soit absolument de bonne foi en gardant le silence à cet égard. Par exemple, il se peut qu'on élève dans le voisinage de sa maison, un bâtiment à toiture de chaume, caché par d'anciens murs qui empêchent l'assuré de l'apercevoir. Peut-on dans ces conditions lui faire un cas de déchéance de n'avoir point fait cette déclaration, alors qu'il est censé absolument ignorer cette circonstance?

La plupart des auteurs pensent que non.

L'assureur, lorsqu'il a reçu la déclaration des circonstances aggravant le risque, voit s'il peut ou non continuer l'assurance dans les conditions nouvelles. Au cas de l'affirmative, il établit une surprime que doit payer l'assuré, mais si ce dernier refuse, l'assureur ne saurait l'y contraindre, à moins cependant de convention contraire et, à défaut d'entente à ce sujet, l'assurance doit être forcément résiliée.

Maintenant une question peut se poser : quels sont les cas où il y a aggravation de risques? La jurisprudence n'est rien moins que fixée à cc sujet; aussi cette question est-elle regardée avant tout comme une question de fait et le juge du fond est, à cet égard, souverain appréciateur des circonstances. (Voir, pour jurisprudence, Pandectes françaises, n° 780.)

La déchéance à toute indemnité est formelle en cas de la non-déclaration d'aggravation du risque.

L'assuré peut faire cette déclaration tant que le sinistre n'est pas survenu, à moins que la police ne fixe un délai pour faire la déclaration sous peine de déchéance. Dans ce cas, la Compagnie qui a reçu sans protester une déclaration faite après ce délai et qui l'a acceptée, quoique tardive est considérée comme consentant la continuation des risques. (Trib. comm., Marseille, 1er mai 1885, Pandectes françaises, n° 790.)

Il a été jugé que, dans le cas où l'aggravation n'est qu'accidentelle et passagère, l'effet du contrat est seulement suspendu et que la police reprend son cours du moment où a cessé l'augmentation du risque qui en avait motivé l'interruption. (Colmar, 3 février 1863, Bonneville de Marsangy, 2me partie.)

Si l'aggravation du risque a été déclarée par erreur, il y a lieu de solliciter de la Compagnie un avenant qu'elle ne pourrait refuser sans mauvaise foi. (De Lalande et Couturier, n° 325, Pandectes françaises, n° 787.)

Primes. — La police souscrite ne produit son effet qu'après le paiement de la première prime. Cette dernière est donc payable d'avance, et c'est là un principe indiscutablement admis dans les assurances.

Cependant, cette règle rigoureuse n'est pas sans exceptions, les unes établies par l'usage, les autres, conséquences forcées de certaine nature d'assurances.

En assurance maritime, en effet, le paiement de la première prime peut ne pas s'effectuer immédiatement en espèces, mais par un billet souscrit pour une échéance postérieure.

Ce billet, du reste, n'établit pas novation.

Dans les assurances contre les accidents, dites collectives sur déclaration, le paiement de la première prime ne peut encore s'effectuer qu'à terme échu après le premier trimestre. Et c'est là une conséquence forcée de la nature de cette assurance, puisque la prime ne peut être calculée que sur le salaire des ouvriers payé au bout du trimestre ou sur le nombre de journées qu'ils ont employé au travail durant ce même laps de temps.

Mais, à part ces exceptions, l'assurance est suspendue dans ses effets et l'assuré n'a droit à aucune indemnité, tant que la première prime n'a pas été acquittée. Ordinairement, du reste, le contrat n'étant remis à l'assuré qu'après paiement de la première prime, celui-ci ne pourrait se prévaloir d'une assurance, car il n'aurait pas le contrat en mains si la prime n'avait pas été payée.

Aux termes du contrat, le premier semestre de la première prime, étant payable d'avance, est exigible à partir de la signature du contrat. Dans le cas où cette première prime a été payée par l'agent de la Compagnie, qui a agi comme mandataire de l'assuré, le contrat a reçu son exécution et l'agent est fondé à demander le remboursement des avances par lui faites. (Trib. comm., Épernay, 6 septembre 1871, Journal des assurances, 1872.)

Il peut être dérogé à la clause de la police stipulant que l'assurance n'aura d'effet que par le paiement de la prime de première année. Cette dérogation peut résulter tant des agissements du représentant de la Compagnie que de l'indication, mise en tête de la police, que l'assurance aura son effet à partir d'une époque déterminée. (Rouen, 6 juillet 1878, Journal des assurances, 1879.)

De même, un contrat d'assurance doit être considéré comme ayant eu son effet contre l'assureur immédiatement après la signature de la police et, dès lors, avant le paiement de la première prime lorsque cette dérogation résulte des termes de la quittance. (Lyon, 15 mars 1883, Gazette du palais.)

Est licite et obligatoire la convention par laquelle une Compagnie d'assurances stipule le paiement anticipé des droits de commissions calculés à raison de 5 0/0 sur la durée totale du contrat. (Trib. Vendôme, 24 décembre 1887, Pandectes françaises, n° 636.)

Le refus par l'assuré d'acquitter en même temps que la prime, la taxe de 8 0/0, établie par la loi du 23 août 1871, n'entraîne pas la déchéance du droit à l'indemnité, dans le cas de sinistre survenu depuis ce refus. Il en serait autrement si la police stipulait que le non-paiement de cette taxe serait soumis à la même sanction que le non-paiement de la prime. (Toulouse, 20 mai 1872, Pandectes françaises, 639 et 640.)

Le paiement des primes est une des principales obligations de l'assuré ; sans le paiement de la prime, l'assurance n'a plus cours et peut être résiliée. Les héritiers de l'assuré à titre universel, sont tenus au paiement du prix de l'assurance. Quant aux successeurs à titre particulier, ils ne le sont qu'autant que la police continue à avoir son effet à leur profit. Pour eux, l'obligation de payer la prime est corrélative de l'existence de la convention.

Le paiement de la prime s'effectue par l'assuré contre la remise d'une quittance signée du directeur de la Compagnie ou de l'agent de son endroit, cela varie suivant les sociétés. Mais toute autre signature n'est pas valable. L'assuré qui, malgré les stipulations prohibitives de la police, paie sa prime entre les mains d'un agent de la Compagnie, paie mal et n'est pas libéré si les fonds sont détournés par cet agent. Il ne peut, en pareil cas, invoquer la disposition de l'art. 1384, Code civil ; car si le patron, est en principe, responsable des faits de son employé, sa responsabilité cesse d'être en jeu, lorsqu'il a pris les précautions nécessaires et suffisantes pour éviter aux tiers le préjudice dont ils se plaignent.

La prime peut être payable par l'assuré au siége social de la Compagnie, ou chez son agent ; elle est dite alors *portable*.

La Société ou son agent peut au contraire, faire présenter la quittance au paiement en domicile de l'assuré, elle est alors *quérable*. En principe, les polices d'assurances stipulent ordinairement que les primes sont portables ; mais l'usage que prennent les Compagnies et souvent les agents de les faire présenter chez les assurés les rendent quérables de portables qu'elles étaient. Au reste, toute une jurisprudence a été établie à ce sujet et nous allons tâcher de la résumer ici.

Il est admis d'une façon constante par les tribunaux que la

Compagnie d'assurances qui fait toucher habituellement la prime au domicile de l'assuré n'est plus recevable à invoquer la clause suivant laquelle la prime devait être à peine de déchéance payée au siége de cette Société. Il en est ainsi surtout lors qu'il résulte des circonstances de la cause que la Compagnie, malgré le retard apporté par l'assuré dans le paiement de la prime a eu la volonté de maintenir le contrat. (Grenoble, 2 mars 1887, Pandectes françaises, n° 600.)

En conséquence, dans ce cas, lorsqu'un sinistre est arrivé après l'échéance de la prime, la Compagnie d'assurances ne peut encore, bien que la police stipule qu'à défaut de paiement de la prime, l'assuré perd tout droit à l'indemnité, se refuser à payer l'indemnité sous prétexte que la prime échue n'a pas été payée (Paris, 15 novembre 1854, Journal des assurances, 1855.)

Comme, d'après le droit commun, les primes sont portables, l'assuré qui prétendrait être libéré faute de paiement de sa prime, se ferait un titre *sua negligentiâ et dolo*. Il faudrait donc qu'il prouve que les primes étaient devenues quérables par l'usage de la Compagnie. (Voir renvois aux jugements, Pandectes françaises, n°s 664 et 665.)

Il y aurait déchéance pour l'assuré qui n'aurait pas payé sa prime, sa police stipulant qu'elle était portable, s'il ne prouvait pas d'une manière indubitable que l'agent avait l'habitude de la percevoir à domicile. (Pandectes françaises, n° 608.)

Une Compagnie ne pourrait arguer de ce qu'un article des polices dispose formellement que le recouvrement des primes antérieures qu'elle aurait fait opérer officieusement à domicile ne pourra lui être opposé comme dérogation au principe de portabilité de la prime.

Une telle stipulation ne peut s'appliquer qu'à l'hypothèse de recouvrements accidentels, mais non à celle d'une habitude prise de recouvrer à domicile. (Nîmes, 27 avril 1888, voir Pandectes françaises, n° 669.)

Il s'ensuit que la déchéance est toujours encourue par l'assuré, quand la prime en souffrance est celle de la deuxième année, car il ne peut alors arguer d'une dérogation au contrat. (Voir pour jurisprudence, Pandectes françaises, nᵒ 670.)

Lorsque les primes présentées au domicile de l'assuré sont impayées, il reste à mettre ce dernier en demeure de s'exécuter et à le prévenir que par suite de son refus, il sera déchu de tous droits en cas de sinistre.

La question de la *mise en demeure* est restée longtemps douteuse en jurisprudence. Plusieurs arrêts ont d'abord déclaré qu'il suffisait pour que la déchéance fût opposable que la Compagnie rapportât la preuve d'une façon quelconque, qu'une réclamation catégorique avait été adressée à l'assuré retardataire, et que, par conséquent, celui-ci avait bien été averti du danger auquel il s'exposait en ne payant pas sa prime.

D'après d'autres décisions, une lettre chargée constituait une mise en demeure nécessaire, mais suffisante.

Enfin la majorité des jugements rendus en dernier lieu exige une mise en demeure régulière, c'est-à-dire, dans les termes de l'art. 1139, Code civil, sommation ou autre acte équivalent.

Il en est ainsi même lorsqu'il s'agit de fractions de primes.

Un billet d'avertissement adressé par le greffier de la justice de paix à l'assuré et l'invitant à comparaître devant le juge pour être entendu contradictoirement avec la Compagnie, ne constituerait même pas une sommation pouvant opérer la mise en demeure de l'assuré, à moins cependant qu'il n'y ait dans la police une clause déclarant expressément qu'un pareil acte équivaudra à une mise en demeure régulière, en présence de la stipulation relative à la généralité des primes. (Voir, pour jurisprudence, Pandectes françaises, nᵒˢ 684 et 685.)

Aussi les Compagnies stipulent-elles expressément qu'en cas de non-paiement à l'échéance par dérogation à l'art. 1139, Code civil, la mise en demeure résultera suffisamment d'une lettre recommandée adressée à l'assuré retardataire. Cette nouvelle stipulation paraît inattaquable, l'art. 1139, Code civil, n'est pas d'ordre public, et rien n'empêche les parties d'y déroger dans leurs conventions. (Voir Pandectes françaises, nᵒ 710, pour la jurisprudence.)

Il a été même jugé par plusieurs cours, que la clause par laquelle, dans une police d'assurance, il a été stipulé qu'à défaut de paiement par l'assuré, de sa prime dans le délai de grâce de quinze jours, sans qu'il soit besoin d'aucune demande, d'aucune mise en demeure, l'assuré, en cas de sinistre, n'aurait droit à aucune indemnité, et que la Compagnie pourrait à son gré, ou résilier la police par une simple notification ou la maintenir, et en poursuivre l'exécution, est légale et obligatoire. (Voir Pandectes françaises, n° 711, pour ind. des jugements.)

Lorsqu'il n'est pas stipulé dans une police d'assurance que la prime est portable, elle est quérable conformément au droit commun, et c'est la Compagnie qui doit réclamer le paiement au domicile du débiteur et faire, le cas échéant, constater le refus ou l'impossibilité de payer, si elle veut plus tard se faire une arme du défaut de paiement. Cette présentation de la quittance peut même constituer une mise en demeure suffisante lorsqu'il est constant qu'en fait, la quittance a été présentée vainement par l'assureur au domicile de l'assuré. (Voir pour jurisprudence, Pandectes françaises, n°s 687, 688 et 689.)

La prime étant devenue quérable, la Compagnie n'est pas tenue de rechercher le nouveau domicile de l'assuré ; c'est à celui-ci à le faire connaître. (Pandectes françaises, n° 693.)

La Cour de Paris, par un arrêt du 5 novembre 1840, a décidé que la clause portant que les primes d'assurance seront payées d'avance et comptant d'année en année au bureau de la Compagnie ou de ses agents receveurs, sans qu'il soit besoin de mettre l'accusé en demeure, ne cesse pas d'être obligatoire, lorsque la Compagnie a, depuis la signature de la police, changé la résidence de son agent receveur, et cela bien que cet agent ait touché une des primes au domicile de l'assuré, si les autres primes, notamment celle échue depuis le sinistre, ont été portées par l'assuré au nouveau bureau.

Mais la déchéance d'une assurance pour paiement de la prime ailleurs qu'au domicile convenu de la Compagnie d'assurance et en d'autres mains que celles de son directeur ou pour défaut de paiement de la prime dans les délais ne peut être opposée par la

Compagnie lorsque dans l'exécution donnée à la police, elle a consenti à déroger aux clauses relatives au paiement de la prime, soit en acceptant les paiements faits ailleurs qu'au domicile indiqué, soit en présentant la quittance des primes au domicile de l'assuré après leur échéance, soit en acceptant en paiement les règlements de compte à faire avec l'assuré, dont elle était débitrice. (Cassation, 3 mai et 15 juin 1852 et autres, etc.., Pandectes françaises, n° 651.)

La clause insérée dans une police d'assurance et portant que le paiement des primes sera effectué au domicile de la Compagnie ou de ses agents et que l'assuré ne pourra se prévaloir de l'usage où pourrait être la Compagnie de faire réclamer officieusement la prime par ses agents, ni du défaut de mise en demeure, est licite et obligatoire pour les parties. L'assuré qui s'est soumis, sans protestation ni réserve, à une pareille clause ne saurait pour se soustraire à son application être admis à prouver que la Compagnie a cherché à percevoir la prime à son domicile.

L'accord tacite qui a pu se faire à cet égard ne saurait annuler l'effet de la stipulation, qui a eu précisément pour objet d'empêcher toute interprétation défavorable des facilités qu'il plaît à la Compagnie d'accorder à ses assurés ; et l'assuré qui, dans ce cas, reconnaît n'avoir pas acquitté la prime échue antérieurement au sinistre, est déchu de tout droit à indemnité et ne peut invoquer la jurisprudence relative à la quérabilité. (Toulouse, 11 mars 1885 et Nancy, 17 octobre 1889. Voir Pandectes françaises, n°s 690 et 691.)

S'il a été stipulé dans la police, qu'à défaut du paiement des primes dans un délai déterminé, l'effet du contrat sera suspendu sans qu'il soit besoin d'aucune mise en demeure, cette clause est licite et doit recevoir son exécution, alors même que la prime, stipulée portable, est devenu quérable par les agissements postérieurs de l'assureur. (Cassat., 1er décembre 1880, Pandectes françaises, n° 700)

Lorsque dans une police d'assurance, la prime d'assurance a été stipulée portable et que, dans l'exécution, il n'a pas été dérogé à cette clause, la déchéance résultant du non-paiement à l'échéance est encourue sans qu'il soit nécessaire de mettre l'assuré en demeure par un acte extra-judiciaire. (Trib. Seine, 1er mars 1882. Bonneville de Marsangy, 3me partie.)

Il en est encore ainsi, lorsqu'il a été stipulé que la prime serait payable au domicile de l'agent de la Compagnie.

Mais ces clauses ne peuvent être opposées à l'assuré lorsque l'assureur a dérogé à la convention en faisant recouvrer les primes à domicile, sans se préoccuper des échéances fixées par la police, de telle sorte que son propre usage les a rendues *quérables*, de *portables* qu'elles étaient. (Montpellier, 30 novembre 1866, et Toulouse, 20 mai 1872, Pandectes françaises, n° 767.)

Si les juges du fond sont souverains pour interpréter les conventions des parties, ils ne peuvent sous prétexte d'interprétation, dénaturer le sens des dispositions claires et précises : ils méconnaissent alors la loi du contrat et violent l'art. 1134, Code civil. La clause d'une police d'assurance portant que, à défaut de paiement de la prime, dans la quinzaine de l'échéance, l'effet de l'assurance sera, jusqu'au paiement, suspendu de plein droit et sans qu'il soit besoin que ce paiement soit demandé, ni que l'assuré ait été mis en demeure de l'effectuer, est valable, la faculté accordée à la Compagnie, par une telle clause, de résilier à son gré la police ou d'en exiger le maintien, n'enlevant pas au contrat son caractère synallagmatique. (Cass , 20 janvier 1885, Pandectes françaises, n° 708.)

Il est admis d'une manière générale, par la jurisprudence, qu'en cas d'insertion d'une clause de déchéance, la Compagnie a toujours le choix de demander la résiliation du contrat ou d'en poursuivre l'exécution.

La Compagnie a de même seule le droit de se prévaloir de la clause de résiliation de plein droit en cas de retard de paiement de la prime ; ce droit ne peut être invoqué par l'assuré.

Le contrat revit il par ce seul fait que la Compagnie accepte la prime une fois la déchéance encourue ?

Il y a eu décision des tribunaux pour et contre.

Il a été jugé que la Compagnie qui ne reçoit le paiement de la prime d'assurance qu'après le sinistre n'est cependant pas recevable à invoquer la déchéance stipulée pour ce cas dans la police, si ayant reçu ce paiement en connaissance de cause, elle n'a fait aucune réserve et a fait au contraire procéder à la nomination d'experts chargés d'apprécier le dommage du sinistre.

Toutefois d'autres jugements ont déclaré que le paiement des primes arriérées, effectué après le sinistre, ne relève pas l'assuré de la déchéance encourue.

Mais la Compagnie agira prudemment et en faisant des réserves lors de l'encaissement des primes. En effet, si l'assuré prouvait qu'elle avait dès cette époque, connaissance du sinistre, on pourrait considérer ce fait comme impliquant une renonciation à se prévaloir de la déchéance et contraindre l'assureur à exécuter ses engagements. (Voir, pour jurisprudence, Pandectes françaises, nᵒˢ 715, 716, 717 et 718.)

Pour assurer le respect de cette clause, il est nécessaire de préciser la date et même l'heure du paiement, sur la quittance, lorsqu'elle est réclamée par un assuré qui a laissé expirer le délai de grâce. Il serait possible que des retardataires vinssent se présenter spontanément au bureau de l'agence, puis après avoir retiré le reçu de la prime arriérée, ils déclareraient un sinistre antérieur au paiement. Comme la quittance est préparée d'avance et porte généralement la date même de l'échéance de la prime, si la précaution que nous indiquons n'a pas été prise, la Compagnie pourra être victime d'une fraude dont il serait difficile de faire la preuve. (De Lalande et Couturier, page 237, Pandectes françaises, nᵒ 719.)

En assurance maritime, la loi stipule (art. 191, Code comm.) que l'assureur a un privilége pour le paiement de ses primes sur les objets garantis ; mais ce privilége n'est pas étendu jusqu'aux assurances terrestres par la jurisprudence, qui spécifie que le paiement des primes d'assurance ne peut être considéré comme représentant les frais faits pour la conservation de la chose et n'est point, en conséquence, garanti par le privilége de l'art. 2102, § 3, Code civil. (Voir, pour jurisprudence, Pandectes françaises, nᵒ 766.)

Privilége pour le paiement des primes

L'assurance n'a pas pour objet, ni pour effet de *conserver* la chose assurée ; c'est uniquement un contrat d'indemnité ; or, comme les priviléges sont essentiellement de droit étroit, on ne peut, *sous quelque prétexte que ce soit,* les étendre d'un cas prévu à un autre non prévu. Il n'en est pas moins vrai qu'en fait l'assurance est toute dans l'intérêt des créanciers de l'assuré, puisqu'elle est appelée, le cas échéant, à combler le déficit qu'un sinistre produirait dans le patrimoine de leur débiteur, c'est-à-dire, en d'autres termes, à rétablir leur gage dans son intégrité primitive. Cela est si vrai, que, après la faillite de l'assuré, le syndic se croit obligé le plus souvent de continuer directement les assurances du failli au nom de la masse des créanciers. Un privilége sur les choses assurées, pour les primes échues avant la faillite serait donc de toute justice.

Dans le cas de faillite de l'assuré, l'assureur a d'ailleurs le droit d'exiger une caution ou la résiliation du contrat.

Il est admis par la jurisprudence que les primes échues depuis la faillite constituent une créance privilégiée, et que le failli concordataire doit les acquitter intégralement, sans pouvoir opposer à l'assureur les conditions de son concordat.

La prime d'assurance,. échue pendant l'administration du séquestre nommé à l'assuré et avant la vente des objets couverts par l'assurance, est une dette de la liquidation et. à ce titre, elle n'est pas sujette à la réduction qu'impose l'état de déconfiture, ou de faillite aux créanciers antérieurs. (Voir Pandectes françaises, nᵒˢ 767, 769 et 770)

Le premier devoir de l'assuré lorsque le sinistre se produit, est d'en atténuer les effets autant qu'il est en son pouvoir et, le sinistre produit, il doit ensuite veiller soigneusement au sauvetage, s'il en existe.

Il est en effet, après comme avant le sinistre, le seul propriétaire des objets sauvés : lui seul a donc le droit et le devoir de prendre à l'égard de ces objets toutes les mesures conservatoires qui sont nécessaires.

Même dans les assurances maritimes où la loi lui réserve dans certain cas, la faculté du délaissement, l'assuré, tant que le délaissement n'est pas opéré, demeure propriétaire des objets sauvés. (Art 381, Code comm.)

Le délaissement n'existe que dans les assurances maritimes ; aussi l'assureur ne s'occupe-t-il pas de sauvetage dans les autres assurances.

La jurisprudence appuie absolument ce que nous venons de dire au sujet des obligations de l'assuré au moment du sinistre.

C'est ainsi qu'il a été jugé que l'assuré qui ne faisait pas toutes diligences pour conjurer le sinistre peut se voir déchu de son droit à l'assurance et même condamné à une indemnité envers l'assureur.

Et si l'assuré dirigeant lui-même le sauvetage commet des négligences préjudiciables aux intérêts de l'assureur, il en est rendu responsable. (Voir, pour jurisprudence, Pandectes françaises, nos 799, 800 et 801.)

Lorsque le sinistre a eu lieu, l'assuré se trouve en droit de réclamer l'indemnité à laquelle il peut prétendre en vertu de son contrat d'assurance, à moins que le sinistre ne se soit produit par sa faute, auquel cas il incombe à l'assureur d'en faire la preuve ; mais c'est aussi à l'assuré de prouver au besoin, puisqu'il est demandeur, la réalité du sinistre. (Art. 383, Code comm.)

Une fois cette preuve rapportée, après avoir établi que la qualité par lui prise dans la police lui appartient bien toujours, il a à justifier de l'étendue des dommages par tous les moyens en son pouvoir. Il doit, en procédant contradictoirement avec l'assureur à l'évaluation dont il s'agit apporter la plus grande bonne foi et se garder de toute exagération qui pourrait être ensuite opposée comme moyen de déchéance. Dans l'assurance sur la vie, et en cas de sinistre total dans les assurances maritimes, le chiffre de l'indemnité étant fixé d'avance par la police, il n'y a lieu à aucune expertise.

L'assuré doit donc faire la déclaration des dommages qu'il a encourus ; mais cette déclaration doit être absolument exacte et dénuée de toute exagération, et l'assuré qui essaierait de tromper l'assureur sur la véritable valeur du dommage subi par lui, soit en exagérant cette valeur, soit en faussant sa déclaration et en l'appuyant sur des documents altérés et mensongers, soit en se servant de moyens frauduleux quelconques, serait absolument déchu de tous droits à l'indemnité. C'est là un principe reconnu d'une façon absolue par la jurisprudence. et lorsque le contrat est indivisible, la déchéance encourue pour exagération dans les déclarations, atteint le contrat tout entier et non pas seulement les parties majorées.

Mais la déchéance du droit à l'indemnité établie par une police d'assurance contre l'assuré qui aura dissimulé ou détourné une partie des objets sauvés n'est pas encourue au cas d'une simple tentative de dissimulation ou de détournement, lorsque cette tentative a été spontanément abandonnée par son auteur, alors que les choses étaient encore entières, quelle que soit la pensée à laquelle il ait pu obéir d'abord. (Trib. Seine, 24 janvier 1889. Voir, pour jurisprudence, Pandectes françaises, nos 806 à 809.)

La déclaration du sinistre doit être faite immédiatement par l'assuré ou tout au moins dans le plus bref délai possible. Il importe, en effet, que l'assureur puisse, de son côté, prendre sans le moindre retard, toutes les mesures que la situation peut comporter.

La jurisprudence a déclaré licite et obligatoire la clause de police d'assurance prescrivant le délai de quarante-huit heures pour une déclaration de sinistre, sous peine de déchéance à l'indemnité faute par l'assuré de n'avoir pas fait la déclaration dans ce laps de temps.

L'assuré peut toutefois être relevé de sa déchéance s'il excipe d'un cas de force majeure, ou à moins qu'il ne résulte des agissements de la Compagnie qu'elle ait renoncé à se prévaloir de cette clause.

Il a été encore reconnu qu'une clause qui exige l'exercice de l'action en paiement du dommage dans les six mois à partir du jour du sinistre ou des dernières poursuites et qui déclare déchu de tous droits à une indemnité quelconque l'assuré en cas de non-exercice de l'action en paiement en temps utile, n'offre rien de contraire à la loi, aux mœurs, à l'essence du contrat synallagmatique ; elle est donc licite et obligatoire. (Voir Pandectes françaises, pour jurisprudence, nos 120 à 824.)

Les tribunaux ont un droit souverain d'appréciation pour proroger, dans les limites jugées par eux nécessaires, les délais impartis par les polices d'assurance pour l'accomplissement des formalités exigées des assurés, notamment la déclaration du sinistre avec envoi de pièces à l'appui, alors surtout que le délai assigné par la police pour faire parvenir les pièces et déclarations exigées est insuffisant et impraticable. (Douai, 23 août 1883, Pandectes françaises, n⁰ˢ 829 et 830.)

Les polices ne fixant pas ordinairement de forme particulière pour la demande en paiement de l'indemnité, celle-ci est régulièrement constituée par une lettre missive adressée à la Compagnie assureur.

Elle peut être faite par une autre personne que l'assuré, mais en son nom, à moins que la police n'exige le contraire.

Dans les assurances pour le compte de qui il appartiendra, en cas de sinistre, les tiers non dénommés pour le compte desquels l'assurance a été contractée peuvent exercer directement leur action contre les sociétés d'assurances.

Toutefois celui qui a été personnellement étranger à un contrat d'assurance terrestre ne peut en réclamer le bénéfice, s'il ne prouve au moins à l'aide d'un commencement de preuve par écrit, complété par des témoignages ou des présomptions, que c'est pour lui même, au su et du consentement de la Compagnie, que l'assurance a été conclue, ou bien que le bénéfice de l'assurance lui a été transporté par le premier assuré, avec le concours ou l'assentiment de la Compagnie. (Voir, pour jurisprudence, Pandectes françaises du n⁰ 832 à 836.)

En principe, l'assurance qui est un contrat d'indemnité ne peut donner naissance à un bénéfice pour l'assuré ; il résulte de là que deux assurances ne peuvent coïncider pour couvrir exactement le même risque : si l'une suffit à procurer l'indemnité, la seconde ne peut que constituer un bénéfice. (Agnel et de Corny, n⁰ 32.)

Déclarations de nouvelles assurances dans le cours du contrat

Bien que ce principe paraisse très simple, ses applications sont souvent délicates.

Tout d'abord il est reconnu de tous que la multiplicité des

assurances n'est prohibée par aucune loi pourvu qu'elles soient constatées sans fraude. Ce principe a été formellement consacré, en matière d'assurances maritimes, par un arrêt de la Cour de cassation, dont les considérants ont une portée tout à fait générale. (Cassat., 22 décembre 1874.)

La règle est cependant que la seconde assurance doit être déclarée nulle lorsque l'assuré avait déjà fait garantir les mêmes risques par une autre Compagnie. (Voir pour jurisprudence, Pandectes françaises, n° 723.)

A moins que le second contrat ne soit d'une durée plus longue, auquel cas il est valable pour le temps restant à courir après la fin du premier. (Douai, 5 février 1877.)

Il y a d'ailleurs là, disent les auteurs, une question d'interprétation qui domine tout, et c'est ce qui explique la confusion apparente qui règne dans la jurisprudence.

Les juges doivent se rendre compte de l'intention des parties contractantes. La Compagnie avec laquelle la seconde police a été contractée a-t-elle entendu couvrir l'intégralité du risque, sans se préoccuper de savoir s'il y aura bien plus tard une réduction proportionnelle de son obligation, ou n'a-t elle seulement voulu se garantir, en toute hypothèse, qu'une fraction proportionnelle de ce risque? Dans le premier cas, la seconde Compagnie est tenue de couvrir l'intégralité du risque si la première assurance est annulée ou résolue. Il en est autrement dans le second cas, la Compagnie à tout événement ne doit la garantie que de la fraction proportionnelle du risque par elle assurée. Il faut donc avant tout, consulter les clauses des polices et, en cas de doute, les tribunaux ont un pouvoir d'interprétation très étendu. (De Lalande et Couturier, n° 138.)

En pratique, il arrive fréquemment que les Compagnies conviennent que toutes les assurances produiront effet et que chaque assureur sera tenu proportionnellement à la somme qu'il aura garantie, sans que l'indemnité totale puisse excéder la valeur de l'objet assuré.

Nous savons que l'assuré a le droit de faire reprendre son assurance, c'est-à-dire de faire garantir la solvabilité du premier assureur, par un second : c'est là la reprise d'assurance.

Il a été jugé à cet égard que la police contractée sur les risques déjà assurés par une autre Compagnie pour leur valeur intégrale ne constitue pas une assurance cumulative, mais bien une reprise d'assurance ou assurance de cautionnement pour garantir la solvabilité du premier assureur. (Amiens, 22 février 1845, Bonneville de Marsangy, 2me partie.)

L'ordonnance de 1681, autorisait formellement l'assurance de solvabilité et, quoique le Code de commerce actuel n'en parle pas, on est d'accord pour la considérer comme valable.

L'exercice de l'action contre le second assureur est subordonné à la preuve de l'insolvabilité du premier ; mais cette preuve peut être fournie par tous les moyens ; ainsi, elle peut résulter d'une mise en demeure de payer restée sans effet. La déclaration de reprise d'assurance faite par lettre au premier assureur est valable si aucune forme particulière n'est prescrite pour cette déclaration par les statuts de cette Compagnie.

Le défaut de mention de la reprise d'assurance sur la police du premier assureur, bien que cette mention soit exigée par les statuts, ne pourrait être considéré comme entraînant la résiliation du contrat, alors que, malgré l'omission de cette formalité, le premier assureur aurait continué à toucher la prime. (Trib. Bordeaux, 18 janvier 1858, Bonneville de Marsangy, 2me partie.)

La jurisprudence admet que l'assuré encourt la déchéance de ses droits toutes les fois qu'il est prescrit dans la police que toute assurance nouvellement contractée sur le même risque devra être déclarée à l'assureur.

Celui-ci peut, en outre, se réserver de résilier la police à ce moment-là, et la clause s'applique non-seulement aux assurances nouvelles, mais encore aux assurances préexistantes qui viendraient à être renouvelées au cours du contrat.

Il a même été jugé que l'assuré qui ne déclare pas au second assureur une précédente assurance contractée sur les mêmes objets commet une réticence de nature à entraîner la déchéance. (Voir, pour jurisprudence, Pandectes françaises, nos 740 à 744.)

Lorsqu'aux termes d'une clause insérée dans la police, l'assuré est obligé de déclarer toute assurance postérieure sur les mêmes risques, cette déclaration doit être faite immédiatement par lui, au premier assureur, sous peine de déchéance. Il est également admis par la jurisprudence, que toute reprise d'assurance doit être déclarée par l'assuré à son premier assureur, sous peine de déchéance à l'indemnité en cas de sinistre.

Si la police s'applique à des objets distincts, le défaut de déclaration de la deuxième assurance de l'une des choses assurées, n'entraîne la déchéance de l'assurance que relativement à cette chose elle-même.

La déchéance prévue par la police est à bon droit écartée par le juge, qui constate que ces nouvelles assurances portent sur des objets non prévus par le précédent contrat et ne faisant pas partie des mêmes risques.

Un assuré qui, en contractant avec une deuxième Compagnie, déclare une assurance antérieure, ne prend pas l'engagement de maintenir l'assurance déclarée; d'où il suit que, si cette assurance antérieure est résiliée, la deuxième Compagnie est tenue, si la chose a péri, de la totalité de la valeur de son engagement. (Voir, pour jurisprudence, Pandectes françaises, n°ˢ 748 à 759.)

Droits de l'assuré et obligations de l'assureur — Il est d'obligation expresse pour l'assureur, lors de la souscription du contrat, de faire connaître exactement à l'assuré la Compagnie avec laquelle il traite. Une simple erreur sur la personne de l'assureur peut, du reste, suffire à vicier le contrat, à plus forte raison s'il y a dol ou manœuvres mensongères, de la part dudit assureur.

Il est d'obligation expresse aussi pour l'assureur d'exposer, avant la signature de la police, les conditions du contrat à l'assuré.

Les Compagnies ne sauraient trop insister sur ce point auprès de leurs agents.

Combien de déboires et de procès seraient ainsi évités, et que la réputation des Compagnies d'assurances ne s'en trouverait que meilleure !

Les Compagnies sont responsables des agissements de leurs agents : aussi sont-elles engagées par eux vis-à-vis des assurés dans les stipulations qu'ils introduisent au contrat ; elles ne peuvent encore être recevables à se prévaloir d'une omission faite dans la déclaration insérée à la police, lorsque c'est leur préposé qui a rédigé le contrat. (Cassat. 25 juin 1889, Gazette du palais 1889.)

Nous avons vu en nous occupant des obligations de l'assuré, qu'il était formellement tenu de déclarer toute aggravation du risque dans le cours du contrat ; mais les risques, au lieu de s'aggraver, peuvent diminuer ou même dans certains cas disparaître totalement.

Si le risque disparaît, l'assurance cesse naturellement d'exister faute d'aliment, et l'assureur ne saurait alors se refuser à constater dans un avenant, dit de résiliement, cette cessation du contrat. Seulement il est à remarquer que, par suite de l'indivisibilité du risque, s'il s'agit d'une assurance à prime unique, cette prime n'en est pas moins acquise en totalité à l'assureur.

S'il s'agit d'une assurance à prime fractionnée, comme il y a autant d'obligations successives que de primes stipulées, le principe de l'indivisibilité ne s'applique qu'à la prime afférente à la période en cours au moment de la disparition du risque. Cette prime seule est acquise à l'assureur ; les autres, au contraire, cessent de lui être dues, du moins en tant que *primes* : elles peuvent cependant lui être accordées, en tout ou en partie, à titre de dommages-intérêts.

On doit appliquer les mêmes principes, quand le risque, au lieu de disparaître complètement vient simplement à diminuer pendant la durée du contrat. Du reste, ici encore, on peut dire que l'aliment de l'assurance cesse d'exister, en partie du moins.

Lorsqu'il existe dans la police une clause qui donne à l'assureur le droit de réduire en tout temps le montant de l'assurance et de résilier la police, faute par l'assuré d'accepter la réduction, la Compagnie peut réduire le montant jusqu'à une somme minime ; toutefois elle ne peut, malgré cette clause, imposer à l'assuré une réduction telle qu'elle soit équivalente à une résiliation *de plano* et prétendre faire résulter de la non-acceptation par l'assuré une résiliation stipulée au contrat ; une telle prétention doit être considérée comme non admissible, et ne pouvant donner ouverture à la résiliation stipulée. (Trib. comm., Toulouse, 19 mars 1884, Gazette du palais, 1884.)

L'assuré peut obtenir, en justifiant que l'objet assuré est d'une valeur moindre que le chiffre de la police, la réduction de ce chiffre à sa véritable valeur. (Trib. comm., Marseille, 13 juin 1887.)

Le contrat d'assurance étant un contrat synallagmatique et la position des deux parties contractantes devant être égale, lorsque dans une police un supplément de prime est stipulé pour un cas déterminé, la Compagnie ne saurait, arrivant à l'hypothèse prévue, imposer à l'assuré un tarif qui n'a pas été annexé à la police, et l'assuré est en droit, pour ne pas subir ce tarif, de demander la résiliation du contrat. (Lyon, 18 décembre 1877, Pandectes françaises, n° 856.)

Dans les assurances à primes fractionnées, il est juste de réduire le taux des primes à venir en proportion de la diminution du risque.

Quant à la prime échue, au moment de cette diminution, elle demeure acquise intégralement à l'assureur, toujours en vertu du principe de l'indivisibilité du risque.

La diminution du risque peut provenir soit de la disparition d'une partie des choses assurées, soit de l'abaissement de la valeur desdites choses, soit enfin de la diminution du danger ayant motivé l'assurance, c'est-à-dire du risque proprement dit.

Dans ce dernier cas, la diminution du risque se confond avec *l'amélioration du risque*.

La disparition ou la diminution du risque peut provenir soit du fait de l'assuré lui-même, soit d'un fait qui lui est étranger. Dans ce dernier cas, pas de difficulté : il y a là, pour l'assuré, un cas de force majeure, dont chacun doit subir les conséquences. (Art. 1148, Code civil.)

Mais si, au contraire, le risque a disparu ou a diminué par suite d'un fait volontaire de l'assuré, ce dernier, tout en ayant le droit de demander la résiliation ou la réduction de l'assurance, peut se voir, selon les cas, condamné à payer tout ou partie des primes à échoir à titre de *dommages-intérêts*. (Art. 1149, Code civil.)

L'assurance a pour but de procurer à l'assuré une garantie *certaine et complète*. Aussi, en cas de faillite de l'assureur, la loi oblige-t-elle celui-ci à fournir une caution et, faute de ce faire, à résilier purement et simplement le contrat. (Art. 346, Code comm.)

Ce texte relatif aux assurances maritimes est certainement applicable à toutes les autres assurances, puisqu'il y a identité des motifs. (Voir Pandectes françaises, n°s 859, 862, 863 et 864.)

Lorsque le sinistre a eu lieu, l'assureur doit indemniser l'assuré en tout ou en partie, suivant la convention, des dommages occasionnés par ledit sinistre. C'est là son obligation principale.

Dans l'assurance sur la vie ou contre les accidents corporels, l'indemnité étant une somme convenue d'avance, laquelle est présumée représenter exactement le chiffre de la perte, le règlement s'en opère sans difficulté.

Mais dans les assurances terrestres, au contraire, l'indemnité prévue dans la police est censée représenter un *maximum* et non un *quantum*, car la valeur due par l'assureur n'est que celle qu'avait la chose réellement au jour du sinistre, et non pas au jour du contrat. Il y a donc lieu de procéder à une évaluation des dommages, afin de rechercher la valeur *au jour du sinistre* des objets garantis, sauf à en déduire celle du sauvetage, quand il y en a un. L'indemnité est alors immédiatement exigible par l'assuré, alors que la liquidation du sinistre a été ainsi faite.

En assurance maritime, les principes ne sont pas les mêmes. Dans cette sorte d'assurance, on distingue d'abord entre le sinistre *mineur* donnant lieu uniquement à l'action *d'avarie* et le sinistre *majeur*, qui assimilé à la perte totale, permet à l'assuré d'exercer l'action en *délaissement*. L'action d'avarie tend simplement à la réparation des dommages. Mais ces dommages sont calculés d'après le prix-courant des choses assurées, non pas au jour du sinistre, mais *au temps et au lieu du chargement*. (Code commercial, art. 339, 358, 383 et 384.)

Ensuite, les indemnités dues pour avaries ne sont exigibles qu'après l'époque déterminée par le contrat pour la cessation des risques. Quant à l'action en délaissement, elle permet à l'assuré d'abandonner à l'assureur tous ses droits sur le sauvetage et de lui réclamer, par suite, la valeur totale des objets assurés, (art. 369, Code comm.). Cette valeur est d'ailleurs calculée de la même façon que quand il s'agit seulement de l'action d'avaries.

L'assureur, une fois averti du sinistre, est tenu de payer, à moins toutefois qu'il n'ait des fins de non-recevoir, résultant de violations du contrat à opposer à l'assuré.

Les fins de non-recevoir peuvent, d'après Messieurs Agnel et de Corny, se grouper de la manière suivante. L'assureur peut : 1° contester soit l'existence même du sinistre qui motive la demande de l'assuré, soit l'importance de ce sinistre ; 2° prétendre que, à raison de sa nature ou des stipulations particulières de la police, le dommage ne saurait être mis à sa charge ; 3° prouver qu'une faute de l'assuré, la perte de la qualité dans laquelle il avait contracté, ou un changement apporté par lui aux conventions contradictoirement arrêtées, a mis fin aux risques ; 4° établir que l'assuré a encouru la déchéance de ses droits, soit pour n'avoir pas formé dans le délai fixé par la police ou par la loi, soit pour n'avoir pas payé la prime aux époques convenues ; 5° enfin, justifier qu'il y a lieu à *ristourne*, c'est-à-dire à l'annulation du contrat.

Il est admis, en thèse générale, que les cas de déchéance prévus dans les polices, ne sont pas applicables à l'assuré, toutes les fois que la chose provient du fait de la Compagnie ou de celui de son agent en tant qu'il est dans les fonctions de son mandat.

La tardivité de la dénonciation du sinistre par la Compagnie réassurée à la Compagnie réassureur n'est pas une cause de déchéance lorsqu'aucun délai n'a été fixé par la convention et que le retard dont il s'agit, s'expliquant par des circonstances non reprochables à la première Compagnie, n'a causé aucun préjudice à la seconde. (Paris, 9 novembre 1888, Journal des assurances, 1889.)

Les conséquences d'un sinistre sont dues par la Compagnie, alors même que la police est expirée, lorsqu'il est constant que le sinistre a eu lieu avant l'expiration du contrat. (Cassation, 25 janvier 1888, Pandectes françaises, n° 881.)

L'obligation de l'assureur naît donc le jour même du sinistre.

La clause d'une police d'assurance qui interdit à l'assuré la mise en cause ou l'appel en garantie de la Compagnie d'assurances, n'a rien de contraire à l'ordre public et est en soi parfaitement licite ; mais elle devient potestative, dans le sens de l'art. 1174, Code civil, lorsque la Compagnie d'assurance veut en faire usage pour faire rejeter en justice la demande d'un assuré qui lui a régulièrement notifié le sinistre subi par lui, et au règlement duquel elle se refuse. On peut dire, en effet, que c'est par sa seule volonté et par son refus de procéder au règlement du sinistre que la Compagnie a rendu nécessaire le procès qui lui est fait par son assuré. (Trib. comm., Bordeaux, 11 août 1887, Pandectes françaises, n° 884.)

Il a été encore jugé que la Compagnie, qui sous le nom de l'assuré, a défendu devant toutes les juridictions au procès en dommages-intérêts intentés contre lui, n'est plus recevable à lui opposer sa prétendue faute. (Lyon, 17 février 1882, Gazette du palais, 1882.)

Nous savons que, sauf dans certaines assurances, la somme assurée ne constitue que la limite maxima des engagements de l'assureur.

La police, dans ces conditions, fixe ordinairement la marche à suivre pour opérer l'évaluation de l'indemnité, en cas de sinistre.

Cela paraît logique, car, d'une part, on prend pour la fixation de la prime, la déclaration de l'assuré qui est libre de l'exagérer et manque rarement de le faire. D'autre part, il est de principe que le contrat d'assurance n'a pour but que de couvrir une perte et jamais de procurer un bénéfice à l'assuré. Si l'on admettait que l'assurance dût payer la valeur fixée dans le contrat, il arriverait presque toujours que l'objet assuré ayant dépéri, l'assuré ferait un gain important. (Voir, pour jurisprudence, Pandectes françaises, n° 886.)

C'est à l'assuré à faire la preuve de l'étendue du sinistre, et ce par tous les moyens possibles.

Le règlement du sinistre peut s'opérer à l'amiable ou alors à la suite d'un procès par décision d'un tribunal. Aussi les parties contractantes, prévoyant souvent la possibilité de pareilles éventualités, conviennent-elles au jour du contrat de s'en rapporter, afin d'éviter un procès, à des arbitres ou à des experts. Les arbitres n'ont pas le droit de statuer sur l'exécution des clauses du contrat; ils ne peuvent qu'évaluer le dommage et non prononcer une condamnation.

Les frais d'expertise se partagent ordinairement par moitié, à moins toutefois qu'il ne s'agisse d'expertise judiciaire ordonnée par suite de procès, auquel cas les frais sont supportés par la partie qui succombe, surtout s'il est prouvé que c'est par suite de ses injustes contestations que le litige a eu lieu.

Ne doivent pas être confondus avec les frais d'expertise, ceux qu'entraînerait une vérification requise par l'assureur dans son propre intérêt, notamment pour démontrer la possibilité d'un rétablissement par réparation. (Rouen, 20 avril 1853, Pandectes françaises, n° 905.)

Lorsque l'assuré a encouru certaines déchéances stipulées dans la police, à raison de l'inobservation de certaines formalités, l'assureur ne peut plus lui opposer ces déchéances, dès lors qu'il a manifestement renoncé au droit de s'en prévaloir. Aussi peuvent être considérés comme une renonciation à ce droit : le fait par l'assureur de faire faire des propositions de transaction par l'un de ses inspecteurs chargé d'ordinaire d'instruire les affaires, de les conduire, de les terminer, en ayant les instructions et pouvoirs nécessaires pour traiter ; ou encore lorsque la Compagnie assureur a envoyé ses agents sur les lieux, après le sinistre, et a fait proposer à l'assuré une indemnité qu'il a refusée comme insuffisante. (Voir, pour jurisprudence, Pandectes françaises, n°s 909, 910 et 911.)

Cependant une jurisprudence nombreuse a fait plus généralement admettre que le concours à l'expertise de la Compagnie ne pouvait être considéré comme une renonciation à opposer plus tard les déchéances que l'assuré aurait encourues. (Voir, pour jurisprudence, Pandectes françaises, n° 913.)

L'expertise se fait contradictoirement suivant les règles ordinaires fixées par le code de procédure civile. (Art. 302 à 323.)

Elle n'a rien de définitif et ne lie pas les parties qui peuvent s'adresser aux tribunaux si elles ne l'admettent pas. (Voir, pour jurisprudence, Pandectes françaises, nº 915.)

C'est l'assuré qui en principe doit toucher lui-même l'indemnité ou alors ses représentants légaux ou conventionnels.

Dans certaines assurances, comme l'incendie et les assurances agricoles, depuis la loi du 19 février 1889, l'indemnité peut être payée, sans qu'il y ait besoin de délégation expresse aux créanciers privilégiés ou hypothécaires suivant leur rang.

L'acquéreur de la chose assurée se trouve subrogée de plein droit au bénéfice de l'assurance contractée par l'ancien propriétaire de cette chose.

Une Compagnie n'est pas recevable à se prévaloir de ce que l'assurance n'a pas été transférée au nom de la veuve, lorsqu'elle a eu connaissance du décès du titulaire et qu'elle a tacitement dispensé la veuve de toute déclaration en lui délivrant des quittances de primes établies en son nom. (Riom, 2 juin 1887, Rec. périod. des assurances, 1887.)

Le droit à l'indemnité est un droit personnel attaché à la personne du contractant, et non transmissible aux successeurs, à titre particulier. Dès lors l'indemnité du sinistre n'est due qu'à celui qui est tenu de payer la prime. Et il en est ainsi, à plus forte raison, quand la Compagnie d'assurances s'est réservé dans la police d'accepter ou de répudier la continuation de l'assurance, après la déclaration du nouvel acquéreur. Et il serait vainement argué d'un prétendu acquiescement de la Compagnie résultant de la délivrance des quittances des primes au nom de l'acquéreur, si l'on ne peut justifier d'aucun fait démontrant que la Compagnie a connu et accepté la substitution de ce dernier à l'ancien propriétaire et qu'un lien de droit quelconque s'est formé entre lui et la Compagnie. (Trib. Lyon, 22 juin 1883, Pandectes françaises, nº 925.)

Les fraudes et les déclarations mensongères commises par le souscripteur de l'assurance, après le sinistre, ne sont pas opposables aux tiers bénéficiaires du contrat, dès lors qu'ils y sont demeurés personnellement étrangers. En effet, du moment que les polices étaient en vigueur au jour du sinistre, le droit des tiers à l'indemnité est ouvert à leur profit, distinctement de celui pouvant appartenir au souscripteur, et ne peut plus dès lors être compromis que par leurs agissements personnels. (Amiens, 10 juin 1887, Rec. périod. des assurances, 1887.)

La circonstance que le bénéficiaire d'une assurance ne pourrait représenter à la Compagnie le double de la police ne saurait suspendre indéfiniment l'exécution du contrat, et en l'absence d'une stipulation formelle, constituer une fin de non-recevoir contre l'action du bénéficiaire. Toutefois la résistance de la Compagnie dans ces conditions ne peut être considérée comme une faute de nature à entraîner contre elle la condamnation aux dépens. (Trib. Seine, 24 juillet 1883, Gazette Palais, 1883, 2me partie.)

Les créanciers peuvent frapper d'opposition les sommes dues à l'assuré par l'assureur. Ce dernier cependant n'est pas tenu de faire des démarches pour arriver à connaître les créanciers.

La procédure à suivre, en cas d'opposition par les rentiers, est la procédure ordinaire.

L'indemnité doit être payée par l'assureur immédiatement après le règlement du sinistre, à moins qu'il n'y ait un délai convenu dans la police.

La jurisprudence est unanime à reconnaître que, faute de ce faire par l'assureur, ce dernier doit payer à l'assuré les intérêts de l'indemnité. La question est partagée au regard du taux ; quelques arrêts indiquent 5 0/0, d'autres 6 0/0. (Voir, pour jurisprudence, Pandectes françaises, du n° 935 à 944.)

En dehors des intérêts à payer en cas de retard à s'exécuter, l'assureur peut être encore condamné à payer les dommages et intérêts à l'assuré, lorsqu'il est prouvé que le retard apporté au paiement de cette indemnité provient de sa faute ou est employé par lui comme moyen dilatoire pour se soustraire à ses engagements et obtenir d'une façon déloyale la résiliation du contrat qui le lie avec l'assuré.

La jurisprudence est très étendue à ce sujet. (Voir Pandectes françaises, du n° 945 à 955.)

Le délaissement n'existe absolument que dans l'assurance

maritime. Toutefois les Compagnies d'assurance terrestre, dans la pratique, se réservent la *faculté* de reprendre, en totalité ou en partie, les *objets* avariés pour le montant de leur estimation.

La déchéance est la perte que fait l'assuré de tout droit à indemnité en cas de sinistre.

La déchéance ne met pas fin au contrat d'assurance, comme le fait la résiliation; elle est la conséquence prévue d'un manquement par l'assuré à certaines prescriptions du contrat, mais elle ne rompt pas et laisse l'assuré astreint à toutes ses obligations.

Messieurs Agnel et de Corny [1] distinguent deux sortes de déchéances : les déchéances de droit et les déchéances conventionnelles.

Les premières résultent de la nature même du contrat et se produisent lorsque l'assuré a accompli un acte en désaccord avec ses obligations ; les déchéances conventionnelles résultent seulement des stipulations des parties.

Tout assuré qui ne paie pas sa prime d'assurance est déchu de tout droit à une indemnité en cas de sinistre, à plus forte raison lorsqu'il a laissé écouler plusieurs années sans payer les primes dues par lui à une Compagnie d'assurances.

Les poursuites dirigées contre l'assuré en paiement de ses primes ne peuvent mettre obstacle à la déchéance qu'il a encourue. (Paris, 1860, Journal des assurances, 1861.)

Mais lorsque l'assuré, par suite d'un cas de force majeure (guerre de 1870), n'a pu acquitter une prime dont la quittance a été présentée à son domicile et en son absence, il ne saurait y avoir déchéance. (Trib. Seine, 22 nov. 1873, Bonneville de Marsangy, 2ᵐᵉ partie.)

La quittance de la dernière prime donnée sous réserve ne suffit pas à elle seule pour fournir la preuve du paiement des primes antérieures ; mais elle établit une grave présomption en faveur de ce paiement et c'est à l'assureur qui le nie à prouver qu'il n'a pas été fait. (Trib. comm., Nantes, 1888, voir Pandectes françaises, n° 1073.)

---

(1). Agnel et de Corny. *Manuel des assurances.*

La déchéance du bénéfice de l'assurance pour non-paiement des primes dans les délais fixés par la police ne peut être opposée par l'assureur, lorsqu'il a reçu des primes après ce terme, et qu'il en a donné une quittance portant la date de l'échéance. (Limoges, décembre 1836, Bonneville de Marsangy, 2me partie.)

Dans le cas où une Compagnie d'assurances accepte par erreur le paiement des primes arriérées ou d'un à-compte contre quittance contenant des réserves, ce paiement postérieur à la déchéance est sans effet pour faire revivre le contrat. (Trib. Seine, 4 décembre 1873, Journal des assurances, 1874.)

L'acceptation par la Compagnie d'un payement partiel n'implique pas la modification du contrat primitif ni le consentement de la Compagnie de garantir l'assuré pour une période correspondante à la portion de prime acquittée. (Paris 18 novembre 1874, Journal des assurances, 1875.)

Il va sans dire que l'offre de la prime, faite après le sinistre par l'assuré, ne saurait le relever de la déchéance qu'il a encourue pour ne pas l'avoir acquittée auparavant à l'époque de son échéance.

La renonciation par l'assureur au bénéfice d'une déchéance encourue, lorsqu'elle se manifeste après le sinistre par l'exécution volontaire du contrat, n'est point soumise à des formalités spéciales ni à des conditions exceptionnelles.

Mais l'assuré, pour repousser une déchéance invoquée par la Compagnie, ne saurait lui opposer l'exécution du contrat, s'il ne prouve pas que la Compagnie, au moment de cette prétendue exécution, avait connaissance des faits entraînant la déchéance. (Voir Pandectes françaises pour jurisprudence, nos 1076 et 1077.)

La déchéance prévue par une police pour le cas où l'assuré n'observerait pas certaines conditions, doit être appliquée, sans qu'il y ait lieu de distinguer si l'inobservation de ces conditions a exercé une influence sur le sinistre. (Cassat., 27 août 1878, Pandectes françaises, no 1057.)

La question a été fréquemment soulevée de savoir si le fait par l'assureur de prendre part à l'expertise, sans faire de réserves doit être considéré comme une renonciation à la déchéance. La majorité de la jurisprudence s'est prononcée pour ce cas, dans un sens favorable à l'assureur.

Le fait par une Compagnie d'assurances de suivre un procès sous le nom de son assuré, comme la police lui en fait une obligation, ne constitue pas un forfait qui modifie les conditions de cette police et par suite duquel la Compagnie perdrait le droit d'invoquer les causes de déchéance, qui lui seraient révélées au cours du procès. (Paris, 22 janv. 1887, Pandectes françaises, nᵒ 1087.)

L'assurance peut comprendre diverses catégories d'objets désignés séparément, susceptibles d'être considérés comme des parties distinctes d'un même risque ; la question se soulève alors de savoir si la déchéance est indivisible, c'est-à-dire si l'assuré est déchu de tout droit à l'indemnité, ou seulement de la portion d'indemnité afférente à tel ou tel objet.

Il est généralement admis en jurisprudence que les clauses des polices ne faisant aucune distinction, l'assuré est déchu de tous ses droits et ne peut réclamer aucune portion d'indemnité. (Voir Pandectes françaises, nʳˢ 1089 et 1091.)

Le contrat d'assurance, comme tous les contrats, peut prendre fin de trois façons différentes. D'abord il peut être *annulé*, s'il manque *ab initio* d'un des éléments essentiels à son existence, ou, tout au moins, d'une des conditions indispensables à sa validité. Ensuite, bien que valable à l'origine, il peut être *résolu* ou *résilié*, soit à l'amiable, soit parce que l'une des parties manque à ses engagements ou n'est plus à même de les remplir complètement (art. 1184, Code civil, et 344, Code comm.) ; soit encore parce qu'il se présente certaines circonstances formellement prévues par la police comme devant entraîner la rupture du contrat.

Enfin il peut s'éteindre naturellement ou d'une façon prématurée, lorsque la période de temps pour laquelle il a été souscrit est expirée, ou lorsqu'il a produit tous ses effets normaux, ou encore lorsque, après sa formation, un des éléments essentiels à son existence vient à disparaître. (Ruben de Couderc, nᵒ 295.

Extrait des Pandectes françaises, au mot assurances en général, n° 958.)

De la nullité du contrat

Le contrat d'assurance est radicalement nul lorsqu'il manque d'un des éléments essentiels à son existence. Il est relativement nul ou plutôt *annulable* lorsque c'est seulement une des conditions nécessaires à la validité qui fait défaut.

Contrat radicalement nul

Nous savons que trois éléments sont essentiels à l'existence du contrat d'assurance : le risque, la prime et l'indemnité.

L'un de ces éléments manquant, toute prétendue assurance est radicalement nulle.

Il est évidemment impossible d'imaginer une assurance sans risque, puisque c'est là l'objet même du contrat, mais il peut arriver que l'un des contractants a trompé l'autre en lui faisant croire à un risque ou purement imaginaire, ou ayant déjà cessé d'exister, ou enfin n'existant pas relativement à l'assuré.

Si le contrat a été souscrit de bonne foi par les parties contractantes, on admet généralement que chacun des contractants peut en faire prononcer la nullité aussitôt que l'erreur est découverte. Quand, au contraire, les deux parties ont traité sciemment à propos d'un risque n'incombant pas à l'assuré, on ne peut voir dans ce prétendu contrat qu'une sorte de gageure tombant sous le coup de l'art. 1965 Code civil, et ne pouvant donner naissance à aucune action.

Si l'assuré a été de mauvaise foi en faisant garantir un risque qu'il savait ne pas exister ou être déjà suffisamment couvert par une autre assurance, les auteurs déclarent que la nullité du contrat ne peut alors être invoquée que par l'assureur.

La question des dommages-intérêts est réglée suivant le droit commun dans tout ce qui concerne les questions de nullité radicale absolue du contrat, soit par la faute de l'assuré, soit par celle de l'assureur.

Quant à l'omission de la prime ou de l'indemnité dans le contrat, cela ne s'est jamais vu ; tout au plus peut-on faire la supposition d'une stipulation tellement vague qu'il y aurait impossibilité de déterminer le chiffre de la prime ou celui de l'indemnité. Dans ces deux cas, l'assurance serait encore évidemment entachée d'une nullité radicale, qui pourrait être invoquée par tous les intéressés.

En dehors des éléments essentiels à l'existence du contrat d'assurance, il faut encore, pour que ce contrat soit valable, qu'il soit consenti par des personnes capables et que le consentement de ces personnes ne soit pas vicié par la violence, le dol ou l'erreur.

Si l'une ou l'autre de ces conditions fait défaut, le contrat d'assurance se trouve entaché d'une nullité, qualifié, également de radicale, mais qui cependant n'est pas aussi absolue que celle dont il vient d'être question. Ainsi, lorsque la nullité provient de l'incapacité ou du vice du consentement de l'une des parties contractantes, cette nullité ne peut, en général, être opposée que par celle des parties au profit de laquelle elle a été établie. Elle est, de plus, susceptible d'être couverte par une ratification.

Lorsque l'assurance est annulée pour une cause d'incapacité de l'assuré, celui-ci ne peut pas demander le remboursement des primes qu'il a payées : elles sont, l'équivalent des risques que la Compagnie a courus.

Si le contrat d'assurance se trouve entaché de nullité parce que le consentement de l'une des parties a été vicié par l'erreur, le vol ou la violence, art. 1109, Code civil), cette partie seule a le droit d'invoquer la nullité dont il s'agit. Cette nullité, comme celle provenant de l'incapacité de l'un des contractants, est, d'ailleurs, susceptible d'être couverte par la ratification. (Art. 1338, Code civil.)

Conformément au droit commun, l'exécution volontaire d'un contrat entaché de nullité n'emporte ratification qu'autant que cette exécution volontaire a eu lieu en connaissance du vice dont le contrat était entaché, avec l'intention de le réparer. (Cassat., 5 mars 1889, Journal des assurances, 1889.)

Enfin, qu'il s'agisse de l'incapacité ou du vice du consentement de l'une des parties contractantes, l'action en nullité, dans les deux cas, se trouve soumise à la prescription de dix ans, édictée par l'art. 1304, Code civil.

Pour qu'il y ait lieu à la résiliation du contrat d'assurance, il faut que ce contrat ait été valablement formé à l'origine et qu'il ait conservé tous les éléments essentiels à son existence.

Si les engagements, quoique parfaitement valables au moment où s'est formé la convention, cessent par la suite de pouvoir-être exécuté parce qu'un des éléments essentiels à l'existence du contrat vient à disparaître, il n'y a pas lieu à résolution du contrat, car celui-ci s'éteint de plein droit, faute de pouvoir être exécuté.

La résolution et l'extinction du contrat ne doivent donc pas être confondues ensemble. On emploie indifféremment le terme résolution ou résiliation : quelques auteurs ont voulu cependant voir là une différence : «Le mot *résolution* devrait, disent-ils, s'appliquer spécialement à l'annulation provoquée par un manquement aux obligations qui dérivent du contrat, tandis que le mot *résiliation* convient mieux à la rupture de la convention par l'effet de la volonté des parties. Ils reconnaissent que c'est là d'ailleurs une distinction purement théorique.

Le contrat d'assurance est, en outre, anéanti, soit par une déchéance que l'assuré a encourue, soit par la faillite ou la mise en liquidation de l'une des deux parties, soit par la cession de portefeuille consentie par une Compagnie, ou sa fusion avec une autre Compagnie. (Pandectes françaises, n°ˢ 981 à 985.)

Le contrat d'assurance peut être résolu si l'une des deux parties n'exécute pas ses engagements. C'est là une application de principe général posé dans l'art. 1184, Code civil, d'après lequel la condition résolutoire est toujours entendue dans les contrats synallagmatiques, pour le cas où l'une des parties ne remplirait pas ses obligations.

Ce texte est certainement applicable au contrat d'assurance.

Dans la plupart des cas, la résolution est provoquée par la violation d'une clause formelle de la police. Il peut se faire, cependant, que celle-ci ne prévoie pas telle ou telle circonstance de nature à modifier les conditions dans lesquelles les parties se sont liées vis-à-vis l'une de l'autre. Dans ce cas, les tribunaux ont le pouvoir d'apprécier si le fait non prévu par les contractants est de nature à entraîner la rupture de leurs engagements.

Cette appréciation est souveraine, à moins que, par suite de circonstances particulières, la décision des juges ne vienne à violer un principe juridique. (De Lalande et Couturier, n° 837.)

La première question qui se pose est celle de savoir quels sont les faits qui constituent une violation de la police et peuvent entraîner la résolution du contrat. D'une manière générale, toute inexécution de la convention en entraînera la nullité. (Voir Pandectes françaises, n°⁵ 986 à 988.)

Mais la résolution n'a pas lieu de plein droit, même lorsqu'elle a été stipulée dans la police en cas de non-paiement de prime, par exemple ; il a été jugé qu'elle devait être préalablement demandée en justice. (Voir, pour jurisprudence, Pandectes françaises, n°ˢ 994 et 996.)

La clause des polices portant qu'à défaut de paiement, si la Compagnie n'a dirigé aucune poursuite contre l'assuré retardataire dans le délai d'un an à partir de l'échéance de la prime, la police est résiliée de plein droit, doit s'entendre en ce sens que la résiliation est facultative pour la Compagnie et non pour l'assuré qui n'a pas rempli ses obligations.

De même la clause des polices qui dit que si la prime n'a pas été payée dans le délai d'un an à dater de son échéance, la police est et demeure résiliée de plein droit pour le temps à courir et sans qu'il soit besoin d'aucune notification, et encore qu'en cas de poursuites, la police n'est résiliée de plein droit qu'un an seulement après le dernier acte, ne peut être invoquée par l'assuré dans le sens qu'il ait le droit de ne point payer sa prime, pendant le délai d'un an pour obtenir le bénéfice de la résiliation. (Justice de paix de Marseille, octobre 1851, Justice de paix de Vincennes, octobre 1852, Journal des assurances, 1852.)

La clause de la police qui prononce la déchéance lorsque la prime n'est pas payée à l'époque fixée ou, au plus tard, dans les trente jours qui suivent, comprend aussi bien le cas où il s'agit de la prime d'une année entière, que celui où il ne s'agit que d'une fraction de la prime annuelle. (Paris, 10 mars 1874, Journal des assurances, 1874.)

La clause d'une police suivant laquelle, faute de paiement de la prime aux époques convenues, le contrat d'assurance peut, au gré de la Compagnie, ou bien être résilié, avec privation pour l'assuré de toute indemnité, en cas de sinistre, ou bien être maintenu, est parfaitement licite et obligatoire (Code civil, art. 1108 et 1134.)

L'assuré qui a souscrit un contrat d'assurance pour une période déterminée, sans réserver à son profit aucune faculté de résiliation, n'est pas fondé à demander la résiliation de son engagement, en offrant de payer le montant d'une prime à titre d'indemnité. (Trib. comm. Seine, 8 mai 1885, voir Pandectes françaises, n° 1017.)

Lorsque l'assuré a refusé de payer la prime, bien que la quittance lui ait été présentée à domicile, le contrat doit être réputé résolu par la volonté de l'assuré.

Mais la responsabilité de la résiliation d'un contrat d'assurance incombe à la Compagnie seule, quand le défaut de paiement de la prime, qui en a été la cause, est imputable à cette dernière. (Trib. Seine 1873 et de Bourg 1881, voir Pandectes françaises, n°s 1021 et 1022.)

Le retard apporté par une Compagnie d'assurance à réclamer le montant des primes n'autorise pas l'assuré à se considérer comme délié de tout engagement.

Un contrat d'assurance ne peut se rompre que du commun accord des parties, et la règle générale, en matière d'assurances, est que le contrat se modifie ou s'annule par des avenants signés par les parties, dont un double reste entre les mains de chacune d'elles.

Le contrat d'assurance est valablement résilié lorsque, conformément aux clauses de la police, l'assuré a prévenu le directeur, par lettre chargée, trois mois avant l'expiration d'une période.

Lorsqu'une police d'assurance a été volontairement résiliée par un avenant signé par les parties, la présentation ultérieure d'une quittance à l'assuré et le paiement qu'il effectuerait d'une nouvelle prime ne peuvent suffire ni pour faire revivre le contrat résilié, ni pour créer un contrat nouveau ; toutefois si ce paiement, reçu par la Compagnie d'assurances, a donné lieu à croire à celui qui l'a effectué qu'il était encore assuré, la Compagnie est responsable vis-à-vis de lui des suites de cette erreur.

Elle doit, par conséquent, en cas de sinistre, lui compter une indemnité égale au sinistre qu'il a éprouvé. (Voir pour jurisprudence, Pandectes françaises, nᵒˢ 1037, 1034, 1035 et 1036.)

Le droit de résiliation est réservé aux Compagnies après chaque sinistre.

Lorsqu'une police d'assurance stipule que l'assureur aura la faculté de résilier le contrat en cas de sinistre, quelle qu'en soit l'importance, cette clause est inapplicable, dans le cas où l'assuré n'a pas demandé l'indemnité afférente au dommage qui lui a été causé. (Trib. Seine, 25 janvier 1888, Rec. périod. des assurances, 1888.)

La clause d'une police d'assurance, aux termes de laquelle l'assureur, qui a résilié l'assurance après un sinistre, stipule qu'il conservera les primes perçues, est licite.

Elle doit recevoir son exécution, même en cas de faillite de l'assuré. Elle est obligatoire pour les tribunaux, qui ne peuvent, sans violer la loi des parties et sous prétexte d'équité, condamner l'assureur à lui restituer le montant des primes que la police déclare acquises à son profit, nonobstant la résiliation. (Voir, pour jurisprudence, Pandectes françaises, nᵒˢ 1023, 1024 et 1025.)

Le fait par une Compagnie de ne pas avoir opposé la résiliation de plein droit à l'assuré et d'avoir encaissé des primes arriérées après le sinistre, sans réserves, l'oblige à l'exécution du contrat, à moins qu'elle ne prouve que l'assuré a agi de mauvaise foi. (Paris, 7 avril 1875, Journal des assurances 1876.)

Il est admis en jurisprudence que la résiliation doit être manifestée par un acte exprès entre les parties contractantes, soit qu'elle émane de l'une ou de l'autre, par suite de clauses réservant spécialement ce droit à l'assureur, dans certains cas, et donnant, dans d'autres, cette faculté à l'assuré, sauf l'obligation pour ce dernier de s'y prendre un certain laps de temps à l'avance.

L'art. 346, Code comm., dit que l'assureur a le droit de demander caution ou la résiliation du contrat en cas de faillite de l'assuré.

Faillite ou mise en liquidation de l'assuré

Par extension, cet article est applicable en dehors de l'assurance maritime à tous les autres genres d'assurance.

Le contrat d'assurance prévoit ordinairement le cas où l'assuré est mis en faillite ou encore en liquidation.

Si la caution est offerte, le contrat n'est plus résiliable par l'assureur. En effet, si la demande en résiliation est autorisée, c'est uniquement parce que la faillite compromet l'exécution du contrat. Par conséquent, cette résiliation devient sans motif du moment où l'exécution du contrat est assurée au moyen d'une caution parfaitement solvable. Le choix entre la résiliation et la caution appartient donc exclusivement au failli : L'autre partie ne peut demander que la résiliation, et elle est sans droit à l'obtenir, si on lui offre une caution. (Paris, 10 mars 1825. Bonneville-de Marsangy, 2me partie.)

Les contrats spécifient que, dès que l'assuré est en état de faillite, il doit immédiatement en prévenir l'assureur, sous peine par lui de se voir déchu de tout droit à l'indemnité en cas de sinistre.

La jurisprudence admet unanimement la validité de cette clause, et il a été jugé, en outre, que cette clause est applicable alors même que la faillite était de notoriété publique et que l'assureur était présumé en avoir eu connaissance par suite de la publication du jugement déclaratif. (Voir, pour jurisprudence, Pandectes françaises, n° 1099.)

L'assuré qui a payé des primes depuis la déclaration de sa faillite n'est pas moins déchu de ses droits s'il n'établit pas que l'assureur avait connaissance de l'état de faillite ; de même en est-il si l'assuré déclaré en faillite antérieurement au sinistre voit rapporter dans la suite la déclaration de faillite dont il avait été l'objet. C'est, en effet, à l'époque qui précède le sinistre, qu'il convient de se placer pour apprécier la gêne qui peut constituer, dans le sens prévu par le contrat d'assurance, l'état de cessation des paiements. (Voir, pour jurisprudence, Pandectes françaises, nos 1101 et 1103.)

Lorsqu'il est stipulé dans la police qu'en cas de faillite de l'assuré, déclaration en sera faite immédiatement à la Compagnie, à peine de suspension de l'assurance, on accorde cependant au syndic un délai moral nécessaire pour faire cette déclaration, et cette clause ne peut s'appliquer au sinistre survenu après la déclaration de faillite, mais avant que le syndic ait été mis en possession. Il était impossible à celui-ci de connaître la police et d'en apprécier les clauses, les scellés apposés n'ayant pas encore été levés.

S'il arrive que la police ne contienne aucune clause concernant la déclaration de faillite, l'effet de cet événement sur le contrat présente plusieurs cas. D'abord si la faillite de l'assuré est antérieure à la passation du contrat, celui-ci est nul sans aucune difficulté ; si la faillite est postérieure, l'assureur exerce son droit, soit de demander caution, soit de poursuivre la résiliation.

Le refus ou l'impossibilité de donner caution entraînera l'annulation de la police ; une simple négligence même à fournir la caution pourrait amener la nullité. (Voir, pour jurisprudence, Pandectes françaises, nᵒˢ 1103, 1107, 1108 et 1109.)

Lorsqu'une police d'assurance stipule qu'en cas de faillite de l'assuré, ses représentants ou ayant cause n'auront droit à aucune indemnité, s'il n'ont pas déclaré à l'assureur cet état de faillite avant le sinistre, l'assureur de son côté n'a droit au paiement des primes échues depuis la déclaration de faillite, que s'il a fait connaître au syndic son intention de maintenir l'assurance. (Trib. comm., Seine, Pandectes françaises, nᵒ 1111.)

Si l'assureur, après avoir eu connaissance de la mise en liquidation de son contractant, a continué à exécuter le contrat, il n'est pas recevable à exciper plus tard de la mise en liquidation, alors surtout que, depuis ce changement, la Compagnie d'assurance a touché la prime du liquidateur même. (Voir, pour jurisprudence, Pandectes françaises, nᵒˢ 1118 et 1119.)

En cas de faillite de l'assureur, l'assuré a réciproquement les mêmes droits, c'est-à-dire qu'il peut demander une caution ou la résiliation du contrat.

En aucun cas l'assureur failli ne peut s'opposer à la résiliation du contrat, même en offrant des garanties. C'est l'assuré qui seul a la faculté d'en demander le maintien avec des garanties s'il le juge à propos.

Le contrat subsiste tant que la résiliation n'en a pas été demandée, et c'est en justice que cette demande doit être faite, et la résolution du contrat prononcée, car la prime ne cesse d'être due par l'assuré qu'en vertu de cette résolution. C'est devant le tribunal du domicile du failli, ou du domicile élu, s'il y en a un, que doit être portée la demande en résiliation.

L'assuré peut ne pas accepter la réassurance de sa police effectuée sans son concours par la Compagnie en liquidation, à une autre société, et, par suite, il peut se refuser à la continuation du paiement de sa prime.

La prime n'est due que jusqu'au jour de la demande de la résiliation du contrat.

La résiliation de la police peut encore être tacite ; ainsi l'assuré qui n'acquitte point sa prime aux mains du syndic de la Compagnie d'assurance est censé renoncer à réclamer l'exécution de son contrat. (Voir Pandectes françaises, pour jurisprudence, du n° 1121 au n° 1134.)

Liquidation — Pour se rendre compte des effets que produit la mise en liquidation de l'assureur, il faut distinguer, suivant que la liquidation est volontaire ou forcée. La mise en liquidation volontaire ne saurait être assimilée à la faillite.

Une Compagnie en liquidation ne disparaît pas.

Elle continue à exister pour les besoins de la liquidation, et jusqu'à ce que les opérations de cette liquidation soient complètement terminées.

Elle est alors représentée par des liquidateurs, et si ceux-ci ne souscrivent pas de nouveaux contrats ils ont au moins pour mission d'exécuter tous les engagements de la Société jusqu'à l'expiration de la dernière police en cours. Les actionnaires de leur côté sont tenus tant que les comptes ne sont pas définitivement réglés, de sorte que le gage des créanciers ne subit aucune atteinte, par suite de la mise en liquidation de la Compagnie.

Cette mise en liquidation, qui a simplement pour effet d'empêcher la Compagnie de contracter de nouvelles assurances, ne constitue certainement pas, au regard des assurances anciennes, une inexécution des contrats et, par conséquent, ne suffit pas pour justifier une demande en résiliation des polices, d'autant plus que la jurisprudence admet que l'art. 346, Code comm., est de droit étroit, et ne peut être opposé en dehors du cas de faillite, par exemple, dans le cas de liquidation de la Compagnie assureur. (Voir Pandectes françaises, n°s 1136 et 1137, pour jurisprudence.)

S'il y a lieu à la liquidation judiciaire par suite du mauvais état des affaires de la Société, l'assuré est en droit cependant de demander la résiliation du contrat. C'est là un fait admis en jurisprudence.

Mais la résiliation du contrat ne saurait être poursuivie avant la mise en liquidation, sous le prétexte que l'assureur ne serait pas en état, en cas de sinistre, de faire face à ses obligations. (Paris, 11 mai 1850, Bonneville de Marsangy, 2me partie.)

La réduction de son capital social par une société anonyme ne peut permettre aux assurés de demander la résiliation de leur contrat, la jurisprudence admettant que les actionnaires de cette Société demeurent responsables à concurrence de l'intégralité des sommes restant à verser sur le capital primitif, vis-à-vis des assurés qui ont traité avec la Société antérieurement à la réduction de son capital. (Pandectes françaises, voir n° 1149 pour jurisprudence.)

Nous savons qu'une Compagnie en liquidation peut exiger le maintien de toutes ses polices, en fournissant une caution solvable à ses assurés. Mais, soit en cas de liquidation, soit en cas de faillite, il est rare que le syndic puisse trouver en temps utile une caution suffisante, lui permettant de continuer l'encaissement des primes et, par suite, de *réaliser* le portefeuille.

Cession de portefeuille et fusion de la Compagnie assureur

Cette caution, du reste, ne peut être donnée que par une autre Compagnie qui, on le comprend, ne saurait accepter ce rôle de caution, à titre purement gracieux. Elle ne s'en chargera qu'à la condition de reprendre le portefeuille de la Compagnie en faillite, c'est-à-dire de continuer ses opérations.

Or, ces reprises de portefeuilles sont choses assez délicates ; elles exigent l'examen de nombreuses questions, des études préparatoires et des formalités qui demandent un temps considérable. Aussi, dans la pratique, une fois la faillite déclarée ou la liquidation ouverte, le syndic se borne-t il la plupart du temps à régler les sinistrés comme les autres dettes de la Compagnie, c'est-à-dire en monnaie de dividende, en laissant les assurés libres de se faire garantir immédiatement par d'autres Compagnies. Le portefeuille, quelque considérable qu'il soit, se trouve donc immédiatement anéanti par suite de la faillite ou de la liquidation.

Aussi, afin d'éviter un semblable désastre, bon nombre de Compagnies se voyant forcées de cesser leurs opérations, ont-elles cherché dans ces dernières années à tirer au moins un certain parti de leurs portefeuilles, en le cédant, quand il était temps encore, à d'autres Compagnies plus solides. La forme des traités qui ont été ainsi passés a nécessairement varié, mais le fond en a toujours été le même. La Compagnie qui se retire cède en bloc toutes ses primes à échoir à la Compagnie cessionnaire, et celle-ci, par contre, s'engage à payer à sa place tous les sinistres à venir, et même à lui verser une somme plus ou moins forte, selon la valeur du portefeuille cédé. (De Lalande et Couturier, n° 852, et Pandectes françaises, n°s 1157 et 1158.)

La jurisprudence est unanime à reconnaître que des traités de ce genre sont parfaitement licites, à la condition qu'ils soient passés dans les formes voulues. Des Compagnies, même prospères, peuvent avoir intérêt, à raison des circonstances, à y recourir, pour céder telles ou telles catégories de leurs risques, par exemple, en conservant le surplus, ou encore dans une foule d'autres cas.

De nombreuses difficultés se soulèvent toutefois aussi bien sur la nature du contrat et sur ses caractères distinctifs que sur les effets qu'il produit. La première provient de ce que, souvent dans les traités, on emploie indifféremment les mots *réassurance générale, fusion* ou *juxtaposition*, au lieu du mot *cession*. Ces termes peuvent-ils se remplacer les uns les autres, ou désignent-ils des opérations différentes? En d'autres termes, quand y a-t-il cession de portefeuille ?

Il est d'abord certain qu'il ne faut pas confondre la réassurance avec la cession. Dans cette dernière, la Compagnie cédante transmet la police à une autre Compagnie, qui assume toutes ses charges et bénéficie de tous ses avantages. Au contraire, dans la réassurance, il s'agit d'une simple convention passée entre deux Compagnies, en dehors de l'assuré. (Badon Pascal, Journal des assurances, 1886, p. 104, Emérigeon, chapitre VIII, section XIV).

La cession du portefeuille se confond avec la réassurance générale, lorsqu'elle ne s'applique qu'aux risques et aux primes; elle s'en distingue, au contraire, quant aux droits de l'assuré, lorsqu'elle comporte la cession de l'actif en tout ou en partie. (Agen, 24 novembre 1885, Pandectes françaises, n° 1105.)

La jurisprudence admet que la cession du portefeuille donne le droit à l'assuré de reprendre sa liberté. Il arrive dans ces conditions que des sociétés cherchent à déguiser la cession sous les apparences d'une réassurance; les juges du fond, ont pleins pouvoirs pour décider à cet effet. Mais lorsque l'assuré allègue de ce motif pour reprendre sa liberté, il doit en faire la preuve.

Pour parer à ces inconvénients, les Sociétés s'appuyant sur l'art. 1689, Code civil, conviennent que c'est la Compagnie qui reprendra le portefeuille de l'autre qui encaissera elle-même les primes, en agissant ainsi comme mandataire de la Compagnie cédante, *pour le compte* de laquelle elle règlera également les indemnités des sinistres; car une obligation est toujours susceptible d'être appliquée par un tiers, du moment où elle n'est pas de celles que le créancier a intérêt à voir remplir par le débiteur lui-même. (Art. 1236 et 1237, Code civil.)

Aussi, bien que théoriquement, la cession ne soit pas opposable aux assurés de la Compagnie cédante, en fait, le but proposé n'en sera pas moins atteint; les affaires seront reprises et continuées par la Compagnie cessionnaire.

Mais, pour que ce résultat soit possible, une condition est nécessaire: c'est que la Compagnie cédante continue à subsister et conserve une existence distincte de celle de la Compagnie cessionnaire.

En conséquence, les tribunaux ont jugé que lorsqu'une Compagnie d'assurances a cédé son portefeuille à une autre

Compagnie, et ce même par suite de liquidation, en stipulant expressément comme condition du traité de cession, que pour assurer l'exécution de ses polices, elle conservera son existence légale, les assurés de cette Compagnie cédante sont tenus d'exécuter les obligations et de payer les primes jusqu'à l'expiration de leurs polices. Les assurés conservent en effet toutes les garanties acquises, indépendamment des garanties nouvelles apportées par la Compagnie cessionnaire, alors surtout qu'il est démontré, en fait, que la Compagnie cédante a continué de fonctionner avec son capital et de régler les sinistres survenus depuis la cession. (Voir, pour jurisprudence, Pandectes françaises, nos 1192 et 1193.)

Mais lorsqu'une Compagnie d'assurance a perdu son existence propre, l'assuré a le droit de demander la résiliation de son contrat.

Lorsque dans une convention intervenue entre deux sociétés, il a été stipulé que la première société cédait à la seconde la totalité de ses primes à recouvrer, à la condition que celle-ci paiera désormais tous les sinistres à venir, si, par suite d'un événement quelconque, le contrat dont il s'agit est résolu, la seconde Compagnie n'en est pas moins tenue vis-à-vis des sinistrés, sauf à se faire rembourser, s'il y a lieu, par la première Compagnie.

Il est vrai que la jurisprudence a donné des solutions en sens contraire. (Voir Pandectes françaises, n° 1204.)

Dans le cas d'annulation d'un traité de cession de portefeuille, par suite de la nullité de l'une des sociétés, c'est la société frappée de nullité qui supporte les charges de cette interruption.

Quoiqu'il soit admis que la cession d'un portefeuille anéantisse le contrat, ce dernier peut cependant être continué par le consentement exprès ou tacite des assurés. Lors de la cession, l'assuré a la faculté d'accepter ou de refuser la substitution. Mais s'il paie la prime sur la quittance de la nouvelle société, il en résulte une acceptation tacite de la substitution ; par suite, cette dernière société est dans l'obligation de payer les indemnités en cas de sinistre.

Toutes ces règles sont applicables à la fusion de deux portefeuilles en un seul nouveau.

L'assuré a toujours la libre faculté de demander la résiliation ou la continuation de son contrat avec la nouvelle Compagnie.

Le contrat d'assurance régulièrement formé peut prendre fin, d'une façon normale, de deux façons :

Lorsque la période de temps pour laquelle il avait été souscrit vient à expirer, ou alors lorsque avant l'expiration de ladite période de temps un sinistre total a lieu.

En ce qui concerne le premier cas, dans la pratique, il est ordinairement stipulé dans les contrats que, faute par l'assuré de prévenir six mois à l'avance la société de son intention formelle de bénéficier de l'expiration de la police, il se trouve lié avec ladite société pour une nouvelle période de temps égale à celle qui vient de s'écouler.

C'est là ce qu'on appelle la clause de tacite reconduction.

Dans les assurances à primes fixes, les contrats sont ordinairement souscrits pour une durée ferme de dix ans et dans les sociétés mutuelles pour la durée de la société, mais avec faculté par l'assuré d'user du droit de résiliation tous les cinq ans ordinairement en prévenant plusieurs mois à l'avance, bien entendu.

La clause de tacite reconduction est parfaitement reconnue comme licite et obligatoire par les tribunaux (Voir pour jurisprudence, Pandectes françaises n° 1280)

Le désistement est l'acte par lequel l'assuré fait connaître à temps à la société la volonté de ne pas continuer l'assurance.

Les formes dans lesquelles le désistement doit être fait sont ordinairement prescrites par les polices ou les statuts, et l'assuré doit s'y conformer, sous peine par lui de voir continuer son assurance ou tout au moins d'avoir à payer une ou plusieurs primes d'indemnité.

Si les statuts ou les polices ne s'expliquent pas suffisamment sur le mode de désistement, c'est aux tribunaux qu'il appartient souverainement d'apprécier si le désistement a été ou non valablement signifié. (Cassat. 23 février 1869, Bonneville de Marsangy, 1re partie, page 115.)

Le contrat d'assurance prend encore fin naturellement, quand un sinistre total a eu lieu.

Le contrat a produit alors tous ses effets normaux.

Le risque disparaissant, il n'y a plus matière à assurance. Il en est ainsi, bien entendu, dans tous les cas où, pour une cause quelconque, le risque cesse d'exister, soit d'une façon absolue, soit tout au moins relativement à l'assuré

De même que ce contrat ne se peut former sans risque, de même ne peut-il subsister après la disparition du risque.

Si la disparition du risque provient d'un fait volontaire de l'assuré, les tribunaux, tout en déclarant l'assurance éteinte, peuvent condamner cet assuré à payer tout ou partie des primes convenues à titre de dommages-intérêts.

L'assurance est, en effet, un contrat synallagmatique, sur la durée duquel chacune des parties a légitimement le droit de compter et il ne saurait, en conséquence, dépendre absolument de l'une d'elles de supprimer l'aliment du contrat. (Art. 1147 et suivant, Code civil.)

Cette observation s'applique également aux cas où l'assurance est déclarée nulle, annulée ou résolue par le fait volontaire de l'un des contractants. Les dommages-intérêts sont arbitrés plus ou moins rigoureusement, selon que le fait en question constitue ou non un acte frauduleux. (Art. 1149, Code civil, 357 et suivants, Code comm.)

Le contrat peut encore s'éteindre par la prescription accomplie : mais la perte de la police et la mort de l'assuré (sauf dans l'assurance-vie) ne sont pas une cause d'extinction.

Quand il s'agit de l'extinction de l'assurance, le juge n'a plus comme en cas de résolution ou d'annulation aucun pouvoir d'appréciation. Il n'a qu'à constater si, en fait, le contrat est ou non éteint. Il y a donc intérêt à distinguer entre les cas où le contrat d'assurance peut être résolu et ceux où il est nécessairement éteint. (Voir Pandectes françaises, nos 1298 à 1304.)

Des avenants. — L'avenant est une pièce qui constate un changement quelconque survenu pendant le cours du contrat, susceptible d'en modifier les conditions en certains points seulement, sans attaquer son essence même.

Il y a deux sortes d'avenants :

L'avenant proprement dit, qui a pour objet les changements se produisant quant à la nature des risques, et l'avenant d'ordre constatant le transport des objets assurés d'un lieu dans un autre, mais surtout les mutations de propriété de ces objets.

L'avenant d'après la définition que nous en avons donnée se rattache intimement à la police ; cependant les avenants peuvent déroger à la police, et ce par une clause expresse, sans qu'il soit besoin de recourir à d'autres formules. (Bordeaux, mars 1889, Pandectes françaises, n°. 563.)

Il est soumis aux mêmes conditions de forme que la police : il doit être signé par chacune des parties et rédigé en autant d'originaux qu'il y a de contractants ayant un intérêt distinct.

Il porte en titre la date et le numéro de la police à laquelle il se rattache, ainsi que le nom de l'assuré ; il énonce les motifs et les effets du changement.

On peut faire plusieurs avenants pour la même assurance et il est alors d'usage de les désigner par des numéros d'ordre.

Inversement un seul avenant ne peut pas s'appliquer à plusieurs polices. (Agnel et de Corny, de Lalande et Couturier, (Pandectes françaises, n°ˢ 560, 561 et 562.)

La légalité de l'avenant est expressément reconnue dans le jugement suivant, rendu par le tribunal de Caen, le 17 mars 1876.

Quels que soient les termes d'une police d'assurance, dit ce jugement, par rapport aux obligations respectives de l'assureur et de l'assuré, pour arriver à la régularisation du contrat, il est permis aux parties contractantes d'y déroger par des conventions particulières.

La jurisprudence admet que la cession du portefeuille donne le droit à l'assuré de reprendre sa liberté. Il arrive dans ces conditions que des sociétés cherchent à déguiser la cession sous les apparences d'une réassurance ; les juges du fond ont pleins pouvoirs pour décider à cet effet. Mais lorsque l'assuré allègue de ce motif pour reprendre sa liberté, il doit en faire la preuve.

Pour parer à ces inconvénients, les sociétés s'appuyant sur l'art. 1689, Code civil, conviennent que c'est la Compagnie qui reprendra le portefeuille de l'autre, qui encaissera elle-même les primes, en agissant ainsi comme mandataire de la Compagnie cédante, *pour le compte* de laquelle elle règlera également les indemnités des sinistres, car une obligation est toujours susceptible d'être appliquée par un tiers, du moment où elle n'est pas de celles que le créancier a intérêt à voir remplir par le débiteur lui-même. (Art. 1236-1237, Code civil.)

Ainsi, bien que théoriquement, la cession ne soit pas opposable aux assurés de la Compagnie cédante, en fait, le but proposé n'en sera pas moins atteint ; les affaires seront reprises et continuées par la Compagnie cessionnaire.

Mais, pour que ce résultat soit possible, une condition est nécessaire ; c'est que la Compagnie cédante continue à subsister et conserve une existence distincte de celle de la Compagnie cessionnaire.

En conséquence, les tribunaux ont jugé que lorsqu'une Compagnie d'assurances a cédé son portefeuille à une autre Compagnie, et ce même par suite de liquidation, en stipulant expressément comme condition du traité de cession que, pour assurer l'exécution de ses polices, elle conservera son existence légale, les assurés de cette Compagnie cédante sont tenus d'exécuter les obligations et de payer les primes jusqu'à l'expiration de leurs polices. Les assurés conservent en effet toutes les garanties acquises, indépendamment des garanties nouvelles apportées par la Compagnie cessionnaire, alors surtout qu'il est démontré en fait que la Compagnie cédante a continué de fonctionner avec son capital et de régler les sinistres survenus depuis la cession. (Voir pour jurisprudence, Pandectes françaises, n⁰ˢ 1192, 1193).

Mais lorsqu'une Compagnie d'assurance a perdu son existence propre, l'assuré a le droit de demander la résiliation de son contrat.

DE L'ASSURANCE EN GÉNÉRAL

DEUXIÈME PARTIE

CHAPITRE IV.

Du contrat d'assurance dans les assurances à primes fixes (suite)

De la réassurance et de la reprise d'assurance

La réassurance, au point de vue qui nous occupe actuellement, est cette opération par laquelle l'assureur fait assurer de nouveau en tout ou en partie, à un ou à plusieurs autres assureurs, le risque dont il vient d'accepter la garantie.

Le nouvel assureur se nomme réassureur, de même qu'il est entendu que réassurer est faire la division du risque avec un ou plusieurs réassureurs.

La réassurance ordinaire ne comporte qu'une ou plusieurs parties du risque : la réassurance complète du risque ne s'opère généralement que dans le cas de réassurance du portefeuille. La réassurance est formellement reconnue licite par l'art. 342 du Code comm.

C'est une opération avantageuse à tous les points de vue : elle divise les risques et soulage l'assureur, augmentant ainsi sa solvabilité et fournissant une garantie de plus à l'assuré.

Ce dernier reste absolument étranger au contrat de réassurance, qu'il ignore toujours du reste. Aucun lien de droit n'est créé entre l'assuré et le réassureur, d'où il suit que les Compagnies d'assurances ont le droit de réassurer leur portefeuille, à l'insu de leurs assurés, sans perdre aucun de leurs droits contre eux.

Le réassureur n'est également pas soumis aux conditions du contrat primitif passé entre l'assureur et l'assuré. Le contrat de réassurance est basé sur les règles ordinaires de l'assurance et sa date d'effet est celle qui est portée comme telle sur le traité.

Les conditions peuvent varier suivant la volonté des contractants, et d'après l'art. 342 Code comm., la prime peut être plus ou moins forte que celle de l'assurance même.

La réassurance d'un portefeuille est une opération délicate qui souvent peut cacher sous sa forme, au moyen de certaines combinaisons, des contrats d'un caractère douteux ou du moins différent.

C'est là une chose qu'il importe de bien préciser.

Réassurer un portefeuille, c'est se charger de la garantie de tous les risques qui le composent, moyennant une prime de. C'est donc la Compagnie réassurée qui doit payer une prime à la Compagnie qui s'engage à la garantie ; dans la cession du portefeuille, c'est la Compagnie cessionnaire qui, au contraire, doit payer le prix de la cession.

La condition capitale pour toute société qui réassure son portefeuille est de conserver son existence propre, c'est-à-dire sa direction, son conseil d'administration, son capital social et payer ses sinistres, sinon, il n'y aurait plus réassurance et, dès lors, tous ses assurés seraient déliés vis-à-vis d'elle.

Une Compagnie d'assurance peut valablement céder son portefeuille à une autre Compagnie par un traité de réassurance générale, et ce traité est le seul procédé par lequel une société puisse arriver à une cession de ce genre, sans préjudice pour les tiers envers lesquels elle continue de remplir les garanties de leur créance éventuelle, puisque la cession pure et simple est prohibée par l'art. 1275, Code civil. (Trib. Chaumont, 1er décembre 1885, Rec. périod. des assurances, 1886, page 37, Rouen, trib. comm., 26 octobre 1885, Journal des assurances, 1886, page 106.)

Il a été jugé, dans une espèce, que l'assemblée générale, en prononçant la dissolution et la reconstitution de la société, a eu en vue la réorganisation de l'ancienne société et non la création d'une société nouvelle. Il n'y a donc pas novation, suivant les termes des art. 1273 et 1275, Code civil, mais une sorte de réassurance, cautionnant et garantissant les engagements de l'ancienne société. (Trib. paix, Paris, 12 mai 1882, Journal des assurances, 1882.)

Il ne faut pas confondre la réassurance avec la reprise d'assurance. Dans cette dernière, l'assuré s'engage à payer une prime à un nouvel assureur, qui, de son côté, promet de l'indemniser des pertes que peut lui faire subir le premier assureur.

Ici, contrairement à ce qui a lieu dans la réassurance, le contrat est passé par l'assuré lui-même. (Agnel et de Corny, 33.)

Lorsque, par un second contrat d'assurance, une Compagnie se substitue à une première Compagnie qui avait déjà assuré les mêmes risques, et lorsque cette seconde Compagnie s'engage à payer les cotisations ou primes du premier assureur, il n'y a pas double assurance, mais reprise d'assurance. En conséquence, la Compagnie, premier assureur est seule tenue à payer le sinistre qui arrive avant l'expiration de son contrat, et avant que la reprise d'assurance effectuée par le second assureur puisse produire effet (Orléans, 20 août 1880, Bonneville de Marsangy, page 618. Voir Pandectes françaises, n° 1271.)

DE L'ASSURANCE EN GÉNÉRAL

DEUXIÈME PARTIE

CHAPITRE V

Du contrat d'assurances dans les assurances à primes fixes (suite).

De la procédure ; De la compétence ; De la prescription.

La procédure suivie dans les contestations qui s'élèvent entre l'assureur et l'assuré comporte tout d'abord les actes extrajudiciaires de la mise en demeure, puis ensuite le recours aux tribunaux pour trancher définitivement le litige.

De la mise en demeure
La mise en demeure, telle que l'entend la loi (Code civil, art. 1139) [1], doit être régulièrement faite par l'assureur à l'assuré qui ne remplit pas les conditions de son contrat, comme par le non-paiement de ses primes par exemple, avant que l'assureur puisse s'adresser à la justice pour obtenir satisfaction.

La notification par un huissier d'un acte extra-judiciaire semble le moyen le plus sûr à employer vis-à-vis de l'assuré comme mise

---

(1) Art. 1139 Le débiteur est constitué en demeure, soit par une sommation ou par un autre acte équivalent, soit par l'effet de la convention, lorsqu'elle porte que, sans qu'il soit besoin d'acte et par la seule échéance du terme, le débiteur sera en demeure.

en demeure, et la jurisprudence tend à l'exiger, mais c'est là cependant, dans la pratique, un moyen que les Compagnies n'emploient que rarement vis-à-vis de leurs assurés, du moins tant qu'il ne s'agit que d'irrégularités dans le paiement de leurs primes. L'envoi d'une lettre recommandée à l'assuré, outre que le procédé est moins coûteux, est admis comme suffisant par les tribunaux, et c'est la mise en demeure couramment employée par les sociétés d'assurances. Il est nécessaire toutefois que ce genre de mise en demeure soit prévu par la police pour qu'il soit valable. (Voir, pour jurisprudence, Pandectes françaises, n° 1312.)

Il va sans dire qu'il n'est pas loisible à l'assuré de se soustraire au résiliement de la police en refusant la lettre recommandée, alors qu'il ne peut en ignorer l'origine. (Besançon, 14 mai 1889, Journal des assurances, 1889.)

La preuve de la mise en demeure doit être faite par la Compagnie. Ainsi, même lorsque la police stipule que, en cas de non-paiement de la prime à l'échéance, l'effet de l'assurance sera suspendu sans qu'il soit besoin d'aucune demande ou mise en demeure, néanmoins la Compagnie doit prouver qu'elle a mis l'assuré en demeure de s'acquitter, sinon par un acte extra-judiciaire dûment signifié, au moins par un avertissement judicieux. Faute·par la Compagnie d'établir que l'assuré a eu l'intention de refuser le paiement de la prime, sa demande en déchéance doit être rejetée. (Besançon, 16 novembre 1872, Bonneville de Marsangy, 2ᵐᵉ partie, page 447. Paris, 17 janvier 1889, Journal des assurances, 1889, page 247.)

Les règles de la procédure à suivre devant les tribunaux sont les mêmes en assurance qu'en matière ordinaire. La question de compétence offre cependant certaines difficultés, comme nous allons le voir. Avant d'y arriver, disons d'abord que la Compagnie d'assurances qui a indemnisé l'assuré est subrogée dans tous les droits et actions que celui-ci était fondé à exercer contre l'auteur ou les personnes responsables du sinistre et que c'est par action principale, et non par voie d'appel en garantie, que la Compagnie doit, en ce cas, exercer ses droits. (Paris, 30 mai 1884, Journal Trib comm., voir Pandectes françaises, n° 1327.)

Dès lors, les règles de compétence entre l'assureur et l'assuré, bien que l'assurance porte sur des cas de responsabilité de l'assuré envers les tiers, ne sont pas celles qui régissent spécialement l'obligation de garantie, mais bien celles auxquelles le contrat d'assurance est soumis, à raison de sa nature ou de la convention des parties. (Voir, pour jurisprudence, Pandectes françaises, nᵒ 1328.)

Les contestations qui s'élèvent entre l'assureur et l'assuré ne pouvant même dès l'abord être réglées par arbitrage, le nom des arbitres pas plus que l'objet des litiges n'étant désignés d'avance dans la police d'assurance, et ne pouvant l'être, sont forcément portées aussitôt devant les tribunaux. C'est alors que se pose la question de compétence. Cette question est complexe. Il y a d'abord lieu de rechercher à quel ordre de juridiction il convient de s'adresser, juridiction civile, commerciale, administrative ou criminelle. L'ordre de juridiction une fois connu, il faut se demander quel est le juge compétent dans cet ordre. Par exemple, s'il s'agit d'une affaire du ressort de la juridiction civile, doit-elle être portée devant le juge de paix ou devant le tribunal de première instance? Enfin, lorsqu'on est fixé à ce double point de vue, il faut encore rechercher quel est, relativement au territoire, le juge devant lequel l'affaire doitêtre portée : sera-ce celui du domicile du défendeur? celui du lieu où la convention a été faite? Pour plus de clarté nous étudierons séparément, après avoir exposé les règles générales, *la compétence d'attribution* et *la compétence territoriale*.

Nous ne nous occuperons pas ici des cas où il y aurait lieu de porter la demande devant la juridiction administrative ou criminelle. C'est très exceptionnellement qu'ils se présentent et ce qu'il nous importe surtout ici est de savoir dans quels cas, en matière d'assurances, les parties ont à s'adresser aux tribunaux civils et dans quels cas elles doivent recourir aux tribunaux de commerce.

L'art 631 du Code comm. dit que les tribunaux de commerce connaissent des contestations relatives aux *engagements* et *transactions* entre négociants, et de celles relatives aux *actes de commerce* entre toutes personnes. La compétence du tribunal de commerce ne s'exerce donc que lorsqu'il s'agit *d'affaires commerciales*, mais que ce soit du reste entre commerçants ou toutes autres personnes.

Il y a donc lieu de rechercher avant tout quel est le caractère de l'assurance. Est-ce un acte civil ou un acte de commerce ?

En ce qui concerne l'assureur, la distinction s'établit suivant que l'assurance est consentie par une Société à primes fixes ou une Société mutuelle. La Société à primes fixes étant réputée commerciale, l'assurance est, par suite, un acte commercial, et les Compagnies à primes fixes sont justiciables du tribunal de commerce ; les Sociétés mutuelles, au contraire, réputées comme Sociétés civiles, sont justiciables des tribunaux civils, et les assurances consenties par elles deviennent des actes civils.

En ce qui concerne l'assuré, l'assurance, s'il n'est pas commerçant, ne constitue jamais un acte de commerce, et la jurisprudence actuelle admet que, même lorsque l'assuré est commerçant, l'assurance pour constituer un acte commercial doit porter sur des objets ou des choses faisant partie du commerce. Ainsi l'assurance conclue par un commerçant contre l'incendie de marchandises lui appartenant est un acte de commerce.

Mais qu'arrivera t-il, comme cela se présente souvent, si l'assurance souscrite par un commerçant comprend à la fois des choses dépendant de son commerce et des choses qui y sont étrangères ?

Les tribunaux ont décidé dans ce cas que le contrat ne devient commercial que si les choses faisant partie du commerce en constituent l'objet principal. (Voir, pour jurisprudence, Pandectes françaises, n° 1347.)

Nulle difficulté n'existe en ce qui concerne la compétence, lorsque l'assurance constitue soit un acte civil, soit un acte commercial, à *l'égard des deux parties*

Mais l'assurance est le plus ordinairement, comme nous venons de le voir, un acte de commerce, à *l'égard de l'assureur* et en même temps un acte civil à *l'égard de l'assuré*. La compétence dépend alors dans ce cas de la qualité du demandeur, si c'est l'assureur qui est demandeur, il ne peut saisir que la juridiction civile : la question varie, au contraire, si c'est l'assuré. Les uns ont prétendu que l'assuré devait nécessairement s'adresser au tribunal de commerce, mais la jurisprudence actuelle n'a pas consacré cette opinion. Elle admet que l'assuré qui n'a pas fait acte de commerce en contractant l'assurance, peut, à *son choix*, lors même qu'il a traité avec une Compagnie à primes fixes, assigner celle-ci devant le tribunal civil ou le tribunal de commerce. (Voir, pour jurisprudence, Pandectes françaises, n° 1353.)

Jusqu'à quel moment l'exception d'incompétence est-elle opposable? Il faut distinguer. Si l'affaire est commerciale et qu'elle soit portée devant le tribunal civil, l'exception d'incompétence doit être opposée avant toute défense au fond, sinon elle est couverte.

Mais dans l'hypothèse inverse, c'est-à-dire s'il s'agit d'une affaire purement civile portée à tort devant le tribunal de commerce, l'exception d'incompétence pourra être opposée en tout état de cause, même en appel ou en cassation. Le tribunal de commerce doit d'ailleurs se déclarer d'office incompétent.

Cette différence tient à ce que ledit tribunal, qui est un tribunal d'exception, n'a pas, comme le tribunal civil, plénitude de juridiction. (Voir Pandectes françaises, n°s 1354 et 1355)

Compétence d'attribution La juridiction compétente étant déterminée, il reste à savoir à quel juge de cette juridiction il faut s'adresser. Lorsqu'il s'agit d'une affaire civile, le juge de paix est compétent, si la demande ne dépasse pas 200 francs, mais il ne tranche qu'à charge d'appel les questions d'un intérêt supérieur à 100 francs. Au-dessus de 200 francs, l'affaire doit être portée devant le tribunal civil qui juge en dernier ressort jusqu'à 1500 francs, et à charge d'appel, les demandes supérieures.

S'il s'agit d'une affaire commerciale, c'est le tribunal de commerce qui est compétent, en premier ressort, à quelque chiffre que s'élève l'affaire et, en dernier ressort, c'est-à-dire sans appel, jusqu'à 1500 francs de principal. (Art. 639, Code de comm.)

La compétence du juge de paix s'exerce surtout en matière de paiements de primes d'assurances. Il est rare, en effet, que le chiffre des primes à payer réclamé dépasse 200 francs à la fois. Il faut toutefois dire que ce n'est pas là une raison déterminante de la compétence du juge de paix.

Même lorsqu'il s'agit d'une somme inférieure à 200 francs, le juge de paix peut ne pas être compétent si, par exemple, une question d'interprétation du contrat est soulevée. (Voir, pour jurisprudence, art. 1358, Pandectes françaises.)

Toutes les fois que le litige présente un caractère commercial, le juge de paix doit évidemment se déclarer incompétent.

La clause d'une police d'assurance, aux termes de laquelle les poursuites relatives au paiement des primes, quelle que soit l'importance du litige, doivent être jugées par le juge de paix, est considérée comme de nul effet, comme étant contraire à l'art. 7 du Code procéd. civil. (Trib. Seine, 2 février 1889, Journal des assurances, 1889.)

La compétence territoriale se détermine ordinairement dans le contrat d'assurance par l'élection de domicile faite du commun accord des parties contractantes, en vertu de l'art. 3, Code civil, et contenue dans une des clauses de la police.

Cette clause est valable et l'assuré, bien que n'ayant pas son domicile dans le ressort du tribunal d'élection, ne peut demander son renvoi devant ses juges naturels. (Trib. comm., Seine, 5 décembre 1885, Pandectes françaises, n° 1375.)

Toutefois l'élection de domicile n'ayant lieu la plupart du temps que dans l'intérêt exclusif de l'une des parties, l'assureur, ce dernier peut y renoncer à son gré et, dès lors, assigner l'assuré à son domicile réel. (Cass., 12 août 1868, Pandectes françaises, n° 1380.)

Les polices d'assurances portent, le plus généralement, que les parties font élection de domicile au siége de la société, à Paris, et que, par suite, elles sont attributives de juridiction des tribunaux du département de la Seine.

Les polices incendie, toutefois, font exception à cette habitude, qui domine dans les autres branches. Elles stipulent ordinairement que les contestations seront portées devant les tribunaux de l'agence générale où la police a été souscrite ou encore devant les tribunaux du domicile de l'assuré.

En assurance maritime, la question de compétence territoriale est exclusivement variable, et ce n'est pas ici le lieu pour nous de l'examiner.

Si la police d'assurance ne contient aucune élection de domicile, l'assuré, conformément au droit commun, doit en thèse générale être assigné à son domicile. (Art. 59 et 420, Code procéd. civ.)

Il en est ainsi pour les Sociétés qui doivent être assignées devant le tribunal de l'endroit où est leur siége social, lorsque c'est contre elles que sont dirigées les demandes ; la jurisprudence admet cependant que les Compagnies peuvent être censées domiciliées dans leurs agences considérées comme de véritables succursales, et que, par suite, on peut valablement les assigner devant les tribunaux desdites agences exclusivement, il est vrai, au sujet des contrats souscrits dans l'agence seulement. (Voir, pour jurisprudence, Pandectes françaises, n° 398.)

En matière d'assurances immobilières, le tribunal de chaque localité dans laquelle sont établies ces succursales èst seul compétent pour connaître de la demande formée par la Société contre un assuré qui a traité dans le lieu même avec des préposés de la Compagnie, à raison d'immeubles situés dans la circonscription, bien que le siége social soit établi à Paris. (Cassat., 18 avril 1854.)

De la prescription — La prescription peut être légale ou conventionnelle suivant que les parties s'en tiennent aux termes de la loi ou les modifient dans leurs conventions.

Prescription légale — L'art. 432 du Code de commerce indique que toute action dérivant d'une police d'assurance est prescrite par cinq ans à compter de la date du contrat. Mais cet article, absolument spécial aux assurances maritimes, ne saurait s'appliquer à aucune autre sorte d'assurances, d'abord parce que tout ce qui touche à la prescription est de droit étroit et ne saurait être étendu d'un cas prévu à un cas non prévu, même sous prétexte d'analogie, ensuite parce qu'il s'agit ici d'un texte qui contient une dérogation aux principes ordinaires en matière de prescription.

Il faut donc, pour toutes les autres assurances, recourir aux règles tracées par le Code civil en ce qui concerne la prescription en général. Par conséquent, relativement à l'indemnité, la prescription de trente ans est en principe seul, applicable.

Quant aux primes dues aux Compagnies à primes fixes, comme elles sont payables par année, elles doivent se prescrire par cinq ans. (Voir Pandectes françaises, nᵒˢ 1410, 1411 et 1412.)

L'application des délais ordinaires de prescription à l'indemnité entraînerait de nombreux inconvénients pour les Compagnies. Aussi ont-elles soin de stipuler dans les polices une prescription particulière assez courte, trois mois, quelquefois, six mois ou un an, le plus ordinairement, à partir du sinistre.

A l'origine, on a essayé de repousser l'application de cette clause et de soutenir qu'elle n'était pas valable. On se fondait à cet effet, sur l'art. 2220, Code civil, qui défend de renoncer d'avance à la prescription; sans doute, l'art. 2220 est bien d'ordre public, mais il défend uniquement de renoncer à la prescription, et nullement de rendre la prescription plus rigoureuse en en abrégeant les délais.

Aussi la jurisprudence, d'accord avec presque tous les auteurs, est-elle fixée depuis longtemps dans le sens de la validité de la clause dont il s'agit.

Si la validité de la clause réduisant le délai de la prescription pour les indemnités de sinistres est aujourd'hui consacrée par de nombreuses décisions judiciaires, l'application de cette clause n'est pas sans soulever certaines difficultés dans la pratique, notamment lorsqu'il s'agit de déterminer quels sont les actes interruptifs de la prescription ainsi réduite.

Nous pensons qu'il convient de revenir ici aux principes du droit commun, et d'appliquer l'art. 2244, Code civil, aux termes duquel une citation en justice, un commandement ou une saisie signifiée à celui que l'on veut empêcher de prescrire, forment seuls l'interruption civile.

Il est admis, en général, que la prescription de l'indemnité court du jour du sinistre. Il faut cependant, à notre avis, faire une exception pour les assurances *de garantie*, c'est-à-dire pour ces assurances qui, en cas de sinistre, donnent à l'assuré le droit, non pas de réclamer directement une indemnité à l'assureur, mais seulement d'obtenir de lui garantie contre toutes actions intentées par des tiers à propos du sinistre (assurances de garantie contre les accidents de voitures, occasionnés à des tiers, assurances de responsabilité locative, de recours de voisinage en cas d'incendie, etc.). Dans ces différents cas, il nous paraît certain que la prescription de l'indemnité court, non plus du jour du sinistre lui-même, mais seulement du jour où la demande principale a été formée contre l'assuré. Jusque-là, celui-ci n'a pas d'action contre son assureur. (Voir, pour jurisprudence, Pandectes françaises, n°s 1416 à 1440.)

DE L'ASSURANCE EN GÉNÉRAL

DEUXIÈME PARTIE

CHAPITRE VI

Du contrat d'assurance dans les assurances mutuelles.

Formation du contrat d'assurances mutuelles. — De l'acte d'adhésion, de la police. — Procédure, compétence et prescription.

Ce que nous avons déjà exposé à ce sujet dans le contrat d'assurance à prime fixe est applicable au contrat d'assurance mutuelle. Dans l'assurance mutuelle, comme dans toutes les autres, les deux conditions de la capacité des parties et de leur consentement sont essentielles à la validité du contrat.

L'assureur est, ici, la Société d'assurance mutuelle. Sa capacité n'existe qu'autant qu'elle a été régulièrement constituée. Il faut, en outre, au point de vue de la validité des opérations, que la Société se conforme aux règles particulières qui lui sont tracées dans les statuts. Par exemple, toute assurance d'une nature autre que celles prévues dans les statuts serait nulle.

C'est ainsi qu'on ne saurait reconnaître la validité d'une assurance contre l'incendie consentie par une Association d'assurance mutuelle contre les accidents.

Les conditions de capacité de l'assuré sont aussi en général les mêmes en matière d'assurance mutuelle qu'en matière d'assurances à prime fixe. Nous rappelons ici un arrêt important.

Il a été jugé que le consentement est vicié et, par suite, la police nulle, si les conditions et la nature de la Société ont été dissimulées aux souscripteurs, notamment si l'assuré a dû croire qu'il s'engageait envers une Compagnie à primes fixes, alors qu'il s'agissait d'une assurance mutuelle. (Voir, pour jurisprudence, n° 316, Pandectes françaises, au mot Assurance mutuelle.)

Des différences essentielles séparent, au point de vue de la forme, le contrat d'assurance mutuelle du contrat d'assurance à prime.

Ces différences tiennent à la nature même des obligations de l'assuré en mutualité ; il fait partie d'une Société, il est associé. Le lien qui unit l'assuré à la Société, c'est-à-dire à ses co-associés, ce sont les statuts, c'est le pacte social auquel il doit adhérer, tandis que, dans l'assurance à prime, l'unique lien de droit qui existe entre l'assureur et l'assuré, c'est la police, acte qui constate les conventions des parties.

C'est pourquoi, dans l'assurance mutuelle, il n'est pas, à proprement parler, besoin de rédiger une police ; toutefois, on donne ce nom dans la pratique à l'acte qui, admettant l'assuré dans l'Association, constate ses déclarations, ainsi que les diverses conditions du contrat.

Celui-ci se forme par la réunion de trois faits : l'offre qui est contenue dans les statuts, l'adhésion donnée à cette offre par l'acceptation des statuts ; enfin l'agrément donné à cette acceptation par le Conseil général.

Le décret du 22 janvier 1868, qui réglemente l'organisation des Sociétés d'assurance mutuelle, ne contient aucune disposition sur ce point et se borne à dire, dans son article 25, que les statuts déterminent le mode et les conditions générales suivant lesquelles sont contractés les engagements entre la Société et les sociétaires.

La forme de l'admission dans ces Sociétés n'a donc rien de

fixe ; elle varie suivant les statuts des diverses Sociétés d'assurance mutuelle.

Voici quelle est en général la façon dont on procède :

Il est souscrit par le proposant un acte d'adhésion aux statuts comprenant : 1° ses nom, prénoms, profession et domicile ; 2° la qualité en laquelle il agit ; 3° son domicile élu (pour le cas où quelque contestation viendrait à surgir) ; 4° la nature, la position et la valeur de l'objet proposé à l'assurance ; 5° le classement de l'objet assuré, d'après le tableau de classification ou les décisions du conseil d'administration ; 6° la durée de l'assurance, son point de départ, la somme assurée, le chiffre de la cotisation.

L'acte d'adhésion est transmis au Conseil d'administration de la Société, qui, sur l'avis du directeur, décide si le proposant doit être admis dans l'Association ; il n'est pas tenu de motiver son refus. En cas d'admission, l'acte signé par l'assuré est inscrit sur un journal destiné à cet usage ; immédiatement après, le directeur signe une police et la délivre à l'assuré. C'est ainsi que l'assuré devient en même temps sociétaire.

Ordinairement l'adhésion est pure et simple, elle s'étend à tous les articles des statuts. Elle peut cependant quelquefois contenir des conditions spéciales. Ainsi les assurances peuvent être contractées pour une période inférieure à celle de cinq ans, prévue habituellement dans les statuts. Le conseil d'administration prononce sur les assurances ainsi proposées.

Lorsque l'admission est prononcée, le directeur ou le mandataire chargé de ce soin souscrit, au nom de l'Association, une police d'assurance ; celles-ci ne ressemblent pas à celles qui sont délivrées par les Compagnies d'assurances à primes fixes. Elle ne contiennent qu'une signature, celle du mandataire de l'Association. La formule couramment employée dans les polices renferme une véritable inexactitude. Aux termes de cette formule, le nouvel adhérent devient membre de la Société à la date de son acte d'adhésion ; or, nous savons qu'il ne devient assuré mutualiste qu'au moment de l'admission de son assurance.

D'après l'article 28 du décret de 1868, les polices remises aux assurés doivent contenir les conditions spéciales de l'engagement, sa durée, ainsi que les clauses de résiliation et de tacite reconduction, s'il en existe dans les statuts.

La police doit, en outre, constater qu'il a été remis aux sociétaires un exemplaire des statuts complets ; l'omission de cette mention entraîne la nullité de la police. (Trib. Seine, 2 juin 1875, Bonneville de Marsangy, et Journal des Assurances).

On se conforme à cet article, en pratique, en donnant au bas de la police un extrait des statuts.

On s'est demandé si le contrat d'assurance mutuelle pourrait être valablement fait par deux écrits successifs, l'adhésion et la police, alors que l'art. 1325 Code civil, exige, pour les conventions synallagmatiques, autant d'originaux simultanés qu'il y a de parties contractantes.

Dans la pratique, en effet, il arrive souvent que l'assuré signe un acte d'adhésion qui est soumis à l'acceptation de la Société et demeure dans ses archives ; l'admission est constatée dans une police signée par les fondés de pouvoirs de la Société, qui est remise aux sociétaires. L'adhésion et l'admission résultent, dans ce cas, de deux actes unilatéraux. Ce raisonnement est loin d'être exact. L'adhésion aux statuts s'étend à toutes les clauses, à celles qui énoncent les droits du mutualiste, comme à celles qui énoncent ses obligations ; l'acte qui en est dressé contient les conditions spéciales de l'assurance, et notamment l'évaluation des valeurs assurées, qui devra servir de base à la fixation de l'indemnité. De même, l'association ne se borne pas à énoncer dans les polices les obligations dont elle est tenue comme assureur ; elle y exprime aussi les obligations de l'assuré. Ces deux actes ne se réfèrent qu'à une seule et même convention : le contrat synallagmatique d'assurance mutuelle.

Du reste, la jurisprudence paraît avoir admis la régularité de l'acte d'adhésion, suivi de la délivrance d'une police.

Quelques Compagnies emploient un deuxième mode de procéder plus conforme aux prescriptions de l'art. 1325. L'assuré signe un acte d'adhésion ou proposition d'assurance et, en cas d'admission, il est rédigé par la Société un contrat-police constatant l'adhésion par le sociétaire aux statuts et l'admission par la Société du nouveau sociétaire, ainsi que le détail et la valeur de sommes soumises à l'assurance ; ce contrat est signé par les deux parties, qui en conservent chacune un original.

Les règles, sur ce point, sont les mêmes qu'en matière d'assurances à primes fixes, et nous les avons déjà longuement exposées ; nous n'y reviendrons donc pas ici. Mentionnons seulement le jugement suivant.

Preuve du contrat

L'acte d'adhésion aux statuts d'une Société d'assurance mutuelle constitue, de la part de l'assuré, un acte purement civil, qui ne peut donner lieu à la preuve testimoniale que dans les cas où elle est permise en matière civile.

Cette preuve ne saurait donc être admise contre et outre le contenu de cet acte. (Voir, pour jurisprudence et consult., Pandectes Françaises, au mot : Assurance mutuelle, du n° 319 au n° 340.)

Le sociétaire, qui n'est autre que l'assuré dans les mutuelles, est tenu de satisfaire en premier lieu au paiement de la prestation annuelle stipulée dans la police. Cette contribution prend ici le nom de cotisation et nous avons déjà vu, dans le chapitre I de cette partie que la cotisation se distinguait en cotisation pure ou nette, ou contribution des sinistres, et en cotisation brute ou chargée, ou contribution aux frais de gestion.

Droits de la société mutuelle et obligations de l'assuré

La contribution aux sinistres déterminée par l'art. 29 du décret, qui dispose que les tarifs annexés aux statuts doivent fixer par degrés de risques le maximum de la contribution annuelle, dont chaque sociétaire est passible pour le paiement des sinistres, et que ce maximum constitue le fonds de garantie, est fixé d'après plusieurs combinaisons, suivant les statuts des différentes sociétés.

Contribution aux sinistres

D'après certaines sociétés, chaque sociétaire verse d'avance au fonds de prévoyance une cotisation dont la quotité ne peut dépasser les deux cinquièmes du maximum de garantie, et dont le chiffre est déterminé chaque année par l'assemblée générale. Indépendamment de ce versement, chaque sociétaire paie annuellement, selon la date de son assurance, sa contribution qui est réglée à partir du premier mois dans lequel sa police est enregistrée.

D'après les statuts d'autres sociétés, l'assuré est garant des sinistres que peuvent éprouver les cosociétaires, dans la proportion de son assurance et du risque dans lequel elle est classée ; mais la contribution de chaque sociétaire pour le paiement des sinistres ne peut excéder chaque année 20 centimes pour mille francs, sauf l'effet de l'augmentation progressive, résultant du classement. Tous les sociétaires contribuent chacun en proportion de son assurance et des risques qu'elle présente au paiement : 1º des sinistres et des indemnités de toute nature relatives aux sinistres ; 2º des frais d'expertises et d'actions judiciaires ; 3º des non-valeurs régulièrement constatées. A cet effet, le directeur établit, s'il y a lieu, à la fin de chaque exercice et dans les trois mois qui suivent son expiration, le compte de la contribution des sociétaires.

Les sommes nécessaires pour solder les indemnités de sinistres et les charges et dépenses susmentionnées sont d'abord imputées sur le fonds de prévoyance dont il vient d'être parlé. En cas d'insuffisance de ce fonds, il y est pourvu, ou par le fonds de réserve, ou par des versements supplémentaires, sur la contribution annuelle. Ces appels supplémentaires sont proportionnés aux indemnités à payer et ne peuvent, en aucun cas, dépasser le maximum de la contribution.

Si, au contraire, le fonds de prévoyance est plus que suffisant pour subvenir aux charges sociales d'un exercice, la partie non absorbée est acquise au fonds de réserve.

Le compte qui détermine s'il y a lieu de faire ou non des appels supplémentaires ou un emprunt au fond de réserve est le fait de l'Association et non des mutualistes.

Mais ceux-ci ont un moyen de vérifier par eux-mêmes la sincérité de ce compte. Quinze jours avant la réunion de l'assemblée générale, tout sociétaire peut prendre, par lui ou par un fondé de pouvoirs, communication de l'inventaire. (Art. 24, décret 1868.) D'ailleurs, à toute époque, on serait tenu de donner communication des livres et autres documents au mutualiste qui aurait obtenu une autorisation de justice. Cette autorisation doit être accordée en présence d'un intérêt sérieux. (Cassation, 3 décembre 1872.)

Le solde du compte annuel de répartition peut être débiteur ou créditeur. Par suite, il y a lieu à partage entre les associés de cet actif ou de ce passif. C'est ce que nous avons déjà examiné dans le chapitre Ier de cette partie, au paragraphe répartition, où nos lecteurs voudront bien se reporter.

En assurance mutuelle, les cotisations sont quérables, car une dette ne peut être portable qu'à la condition d'être auparavant certaine et devenue liquide. Or les primes ou cotisations, dues à une Société d'assurances mutuelles, sont essentiellement variables annuellement, suivant l'importance des sinistres, et il peut même se faire qu'à la fin d'une année, aucune cotisation ne soit due, si dans ladite année aucun sinistre ne s'est produit. (Cassat., 17 décembre 1887, Journal des assurances, 1888.)

La clause suivante, insérée en général dans les statuts des Sociétés mutuelles, prévoit le cas de non-paiement de la cotisation. Les charges sociales annuelles, contributions pour sinistres et cotisations pour frais d'administration, se paient le 1er janvier de chaque année et par avance ; les douzièmes pour les mois restant à courir de l'année dans laquelle l'adhésion est admise sont exigibles au moment de la délivrance de la police. En cas de non-paiement des charges sociales, la direction avertit le retardataire au moyen, soit d'un acte extrajudiciaire, soit d'une lettre chargée ou recommandée, dont la remise constatée à la personne de l'assuré ou à son domicile vaut mise en demeure. Si, dans le mois de mise en demeure, l'assuré ne s'est pas libéré, l'effet de son assurance est suspendu de plein droit jusqu'au paiement, sans préjudice du droit qui appartient au Conseil d'administration de prononcer, à la fin de l'année, la résiliation définitive du contrat dans le cas de non-paiement. En cas de suspension, le paiement pendant ou après l'incendie ne donne droit à aucune indemnité que pour les sinistres postérieurs à cette libération, l'assurance ne reprenant son effet qu'à partir du paiement intégral.

Le règlement des indemnités et le paiement des primes par exercice ne font point obstacle aux déchéances encourues, alors surtout que les statuts portent que le sociétaire qui aura induit la Société en erreur, par réticence ou fausse déclaration, pourra être exclu et n'aura droit à aucune indemnité. (Rouen, 15 mars 1880, Journal des assurances, 1883.)

Nous renvoyons encore ici le lecteur au paragraphe du chapitre I, qui traite de la cotisation et où la question de la contribution aux frais de gestion est exposée tout au long.

Les Sociétés mutuelles, n'ayant pas de capital, ne peuvent à leurs débuts, faire face au paiement des sinistres et doivent recourir à des emprunts qui ne sont contractés qu'à des conditions onéreuses et dont il faut payer les intérêts et le capital à l'aide de cotisations ou contributions. Il y a donc obligation pour les mutualistes de contribuer à ces cotisations qui doivent amener l'amortissement des emprunts et de leurs intérêts.

La clause suivante est généralement contenue dans les polices des Sociétés mutuelles : « La totalité des droits de commission est exigible au moment de la signature de la présente police et ces droits demeurent irrévocablement acquis à la Compagnie, alors même que, pour une cause quelconque, le souscripteur ne donnerait pas suite au présent engagement. »

La jurisprudence est partagée au sujet de cette clause, mais elle semble lui être favorable dans la majorité des cas et tout au moins dans les plus récents. (Voir Pandectes françaises, nᵒˢ 361 et 362.)

La clause des statuts d'une assurance mutuelle, qui déclare que tout sinistre appartient à l'exercice pendant lequel il a été réglé, et que les indemnités non réclamées dans le délai d'un an, à partir du jour de leur exigibilité, sont prescrites au bénéfice de la Société, se justifie par le caractère mutuel de l'assurance et les mutations rapides et fréquentes qui doivent s'opérer dans le personnel des associés assurés.

Toutefois, un contrat d'assurance mutuelle contre les accidents du travail n'est point annuel et successif par cela seul que le droit de se retirer avant la fin de l'année courante est réservé à l'assuré ; sa durée est égale à celle de la Société elle-même. (Rouen, 15 mars 1880, Journal des assurances, 1883.)

Lorsqu'une Société a été déclarée nulle comme société légale, les associés n'en sont pas moins tenus envers elle à leurs obligations, car elle constitue, en réalité, une Société de fait, et les sociétaires, par exemple, d'une Société d'assurance mutuelle déclarée nulle pour défaut d'autorisation du gouvernement, sont astreints aux obligations qu'ils ont contractées, jusqu'au jour où ils manifestent l'intention de vouloir résilier leur engagement.

En effet, tous ceux qui ont adhéré aux statuts de cette Société, en souscrivant des polices, se sont essentiellement obligés à payer les primes pour réparer les désastres que des incendies pourraient occasionner à leurs bâtiments assurés. C'est la convention légalement formée qui a reçu son exécution et qui doit continuer à la recevoir pour chaque adhérent, jusqu'à la manifestation d'une intention contraire.

La jurisprudence d'ailleurs est constante sur ce point, que la nullité d'une Société, par défaut des formalités prescrites par la loi, ne saurait rétroagir sur les faits accomplis constituant une Société de fait. (Voir, pour jurisprudence, Pandectes françaises, n° 376.)

L'assurance mutuelle peut être contractée au profit d'autrui, mais cette assurance, à la différence de ce qui a lieu dans les assurances à primes fixes, ne crée pas au profit du bénéficiaire une action directe contre la Société mutuelle. (Rouen, 25 juillet 1881, Pandectes françaises, n° 184.)

La jurisprudence admet que, même en mutualité, l'assurance pour compte de qui il appartiendra est valable aux termes de l'art. 1121, Code civil, et des principes de la gestion d'affaires, que durant l'assurance la Société n'a de rapports qu'avec l'assuré nominal pour le paiement des primes et qu'après le sinistre, les tiers non dénommés pour le compte desquels l'assurance a été contractée peuvent exercer directement leur action contre la Société. Et principalement, lorsque les termes de la police indiquent que c'est en ce sens que les Compagnies ont traité et que l'assuré nominal n'assurait pas seulement son risque personnel, mais les objets eux-mêmes. (Voir, pour jurisprudence, Pandectes françaises, nos 181 et 182.)

La prohibition faite par les statuts d'une Compagnie d'assurance mutuelle aux assurés de se faire assurer par une autre Compagnie, ne s'étend pas à l'assurance de la contribution ou cotisation annuelle, ni à une assurance des objets assurés qui ne doit avoir effet qu'après l'expiration de l'assurance mutuelle. (Cassat., 12 janvier 1842.)

Bien que les fonds versés dans une Association d'assurance mutuelle sur la vie deviennent la propriété éventuelle des divers sociétaires, leur conversion en rentes sur l'Etat les rend insaisissables, et une saisie-arrêt ne peut être mise sur le tontinier, aux mains de la Société. (Trib. Seine, 17 mai 1866 et 10 août 1852, Bonneville de Marsangy, 3me partie.)

Le droit du sociétaire dans une mutuelle, sur la vie, n'est pas non plus saisissable; le sociétaire ne peut même donner sa police en gage et, s'il l'a donnée, il a le droit d'en exiger la restitution. (Paris, 25 janvier 1862, Bonneville de Marsangy, 3me partie)

Le sociétaire qui a adhéré aux statuts est lié par toutes les clauses desdits statuts indistinctement, lorsqu'elles n'ont rien de contraire à l'ordre public et à la morale. Mais, d'un autre côté, les actes qu'une Société a passés en violation de ses statuts n'obligent pas les sociétaires; ceux-ci sont fondés à se prévaloir de cette violation pour refuser d'exécuter les engagements qui en résultent pour eux. (Voir, pour jurisprudence Pandectes françaises, nos 385 et 386.)

La Société n'est pas recevable à opposer la nullité d'une assurance signée par le directeur seul, lorsque le contrat existe depuis plus d'une année; en effet, l'inscription du paiement de la prime, aux écritures sociales a nécessairement porté le fait de l'assurance à la connaissance de la Compagnie, qui est censée avoir ratifié les contrats. (Paris, 30 avril 1887, Rev. périodique des assurances, 1887.).

Droits de l'assuré et obligations de la société mutuelle — Comme dans l'assurance à primes fixes, la principale obligation de l'association mutuelle consiste à indemniser les associés en cas de sinistre. Seulement, dans l'assurance à primes fixes, le sinistre est intégralement réparé, tandis que dans l'assurance mutuelle son règlement se trouve subordonné aux fonds disponibles de l'exercice courant.

En principe, les mutualistes ne sont pas complètement garantis; les paiements sont subordonnés aux comptes arrêtés, à la fin de l'année, par les directeurs qui gèrent la mutualité. Mais plusieurs Sociétés mutuelles ont des capitaux qui leur permettent de payer l'intégralité des sinistres et de faire des avances, sans attendre les règlements de fin d'année.

Le décret du 22 janvier 1868 prévoit, d'une manière générale, que le règlement des sinistres se fait après la clôture de l'exercice.

L'art. 36 dispose que, dans les trois mois qui suivent l'expiration de chaque année, il est fait un règlement général des sinistres à la charge de l'assuré et que chaque ayant droit perçoit, s'il y a lieu, le solde de l'indemnité réglée à son profit.

Dans la pratique, les Sociétés mutuelles, au lieu d'attendre la clôture de l'exercice pour réclamer le montant de la cotisation due pour chaque assuré, perçoivent par anticipation, sous la dénomination de fonds de prévoyance ou cotisation, une fraction de la prime, de façon à pouvoir régler et payer au cours même de l'exercice les sinistres qui atteindraient les membres de l'Association. Si, à la fin de l'année, le fond de prévoyance ainsi versé est insuffisant pour faire face au paiement des sinistres, la Société fait un appel supplémentaire, ainsi que nous l'avons vu précédemment.

La Société mutuelle ne peut, avons-nous dit, régler ses sinistres qu'en proportion de ses ressources ; par suite il a été jugé que la Société n'est tenue qu'à la répartition au marc le franc, entre les associés qui ont payé leurs primes, du résultat définitif des opérations sociales, malgré une clause des statuts qui promettrait le remboursement intégral du sinistre. Cette clause ne peut, en vertu du principe même de la mutualité, s'entendre que du cas où la réalisation des ressources provenant des associés eux-mêmes permettrait ce remboursement intégral.

Par la même raison, si cette clause des statuts promet comme à-compte sur le remboursement intégral, le paiement immédiat d'une indemnité de 50 0/0 sur chaque sinistre, il résulte nécessairement de la mutualité que ce premier paiement lui-même est subordonné à la réalisation desdites ressources, la Société n'ayant aucun capital indépendant de la mutualité. (Paris, 5 mars 1890, Gazette du palais, 1890.)

Si les Compagnies d'assurances mutuelles ne sont pas tenues de payer les indemnités dépassant leurs ressources statutaires, elles doivent néanmoins faire spontanément la preuve de l'insuffisance de ces ressources, sans attendre même une mise en demeure qu'il est toutefois prudent de leur adresser.

La délibération prise par les membres d'une Société d'assurance mutuelle, conformément aux statuts, et décidant, en présence de l'épuisement du fonds de prévoyance, d'appeler le maximum du fonds de garantie, est valable et lie les assurés. (Trib. Bordeaux, 28 mai 1883, Pandectes françaises, n° 415.)

Lorsque, par suite de l'insuffisance des fonds, les sinistrés n'ont reçu qu'une indemnité partielle, ont-ils un droit sur les fonds des exercices suivants ?

Si les statuts disposent que jamais un déficit ne peut être rejeté d'une année sur l'autre, l'adhésion des sinistrés aux statuts les rend non recevables à réclamer quelque chose sur les fonds des exercices suivants, alors même que l'arrêté du compte accuserait un excédant et donnerait lieu à une répartition du reliquat ou à un versement du fonds de réserve.

Si les statuts sont muets, les opinions sont partagées dans la décision à prendre, mais la plupart des auteurs, et la pratique est là pour leur donner raison, pensent que les mutualistes insuffisamment indemnisés ont un droit sur les fonds disponibles des exercices futurs.

Quoique la police d'assurance mutuelle contienne une évaluation, on procède, comme dans l'assurance à prime, à une estimation du sinistre, avant le règlement de l'indemnité, et la jurisprudence consacre cette manière d'opérer.

D'après l'art. 37 du décret de 1868, l'estimation est faite par un agent de la Société ou tout autre expert désigné par elle, contradictoirement avec le sociétaire ou avec un expert choisi par lui ; en cas de dissidence, il en est référé à un tiers expert désigné, à défaut d'accord entre les parties, par le président du tribunal de première instance de l'arrondissement, ou, si les statuts l'ont ainsi décidé, par le juge de paix du canton où le sinistre a eu lieu. Les statuts disposent généralement que les frais de l'expertise seront partagés entre les deux parties.

Il arrive qu'une société mutuelle fait garantir ses opérations par une autre Compagnie, et il a été jugé que, dans ce cas, la Compagnie garantie fût-elle même étrangère, sa solvabilité étant incontestable, les assurés étaient tenus de payer leurs primes annuelles jusqu'à l'expiration de la période décennale de la police. (Trib. Troyes, 7 juillet 1887, Rev. périodique des Assurances, 1887.)

Le contrat d'assurance mutuelle prend fin : 1º par l'expiration du délai fixé pour sa durée, selon les dispositions du décret de 1868 ; 2º par la disparition de l'intérêt en vue duquel l'assurance a été contractée ; 3º par l'anéantissement du risque garanti ; 4º par la résolution pour inexécution de ces engagements par l'une des parties ; 5º par suite de circonstances qui font présumer que les engagements jusqu'alors exécutés ne pourront plus l'être dans l'avenir ; 6º par l'exercice du droit de résiliation accordé à chacun des contractants par le décret de 1868, et par les statuts de chaque société.

Le contrat d'assurance mutuelle peut, en outre, être annulé pour les causes de droit commun comme nous l'avons exposé plus haut, en nous occupant du contrat d'assurance à primes fixes.

La durée de l'engagement doit être indiquée dans la police qui est remise au sociétaire.

Cette durée, conformément à l'art. 25 du décret de 1868, est déterminée par les statuts. Dans les assurances à primes fixes, on stipule généralement que le contrat cessera un certain nombre d'années après sa formation. En mutualité, les assurances sont généralement faites pour toute la durée de la Société, qui peut du reste être prorogée par une décision de l'assemblée générale. Toutefois les engagements ne sont pas indéfinis ;

la loi dispose expressément que, nonobstant toutes dispositions contraires des statuts, les associés ont le droit de se retirer tous les cinq ans en prévenant la Société six mois d'avance, dans la forme indiquée par l'art. 25 ; le droit est réciproque au profit de l'Association.

Quelquefois l'assurance cesse de plein droit à des dates fixées par le contrat et, pour qu'elle soit continuée, il faut que l'assuré signe un nouvel acte d'adhésion. Dans ce cas, lorsque l'assurance a été faite pour un temps déterminé, l'assuré ne peut être tenu au-delà du terme fixé.

Mais ordinairement il n'est pas dit que le contrat cesse de plein droit, et alors la clause de la police, par laquelle la Société stipule que, si l'assuré ne prévient pas l'assureur un certain temps avant l'expiration du contrat, l'assurance continue de plein droit pour une nouvelle période, est licite et obligatoire. (Voir, pour jurisprudence, Pandectes françaises, nᵒˢ 437 et 438)

Lorsque la police déclare que l'année pendant laquelle le contrat a été formé ne compte pas dans la première période quinquennale et que pour l'année du contrat, les charges sociales se divisent par douzièmes, à partir du premier mois de la date de la police, la période quinquennale commence au premier janvier qui suit la date de la police, et non à la date même de la police. (Tribunal Seine, 31 janvier 1888, Pandectes françaises, nᵒ 443)

Le souscripteur d'une Société, de dix, de quinze ou vingt années, avec faculté de retrait quinquennal, qui a payé d'avance les frais de commission, frais de gestion pour la période entière, doit obtenir la restitution des droits perçus pour le temps qui excède la période quinquennale à la fin de laquelle il s'est retiré de la Société. (Tribunal Seine 18 juillet 1849, Journal des assurances, 1850.)

Disparition de l'intérêt de l'assurance

Ce cas se présente notamment dans la transmission de la chose assurée à un tiers.

Les statuts des Associations d'assurances mutuelles contiennent en général à cet égard une clause analogue à celle des polices d'assurances à primes.

Ils réservent ordinairement le droit de résiliation à l'assureur en cas de décès de l'assuré, et il est généralement stipulé qu'en cas de vente ou de donation des objets assurés, le vendeur ou le donateur est tenu d'obliger le nouveau propriétaire à continuer l'assurance, faute de quoi il est tenu de payer à la Société, à titre d'indemnité de résiliation, la quittance d'une année, sans préjudice de celle de l'année dans laquelle la déclaration a été faite.

Le contrat d'assurance prend fin faute d'objet lorsque le risque garanti vient à disparaître et, par exemple, dans l'assurance contre l'incendie, lorsque l'objet assuré est complètement détruit.

Si l'aliment de l'assurance vient à disparaître pour cause de vente des objets, l'assurance est seulement suspendue pendant que l'aliment fait défaut, mais elle reprend dès qu'il reparaît, par exemple lorsque les objets vendus sont remplacés par d'autres. (Tribunal Seine, 6 février 1885, Cons. des assurances, 15 mai 1885.)

Si les engagements ne sont pas exécutés, la résolution s'impose en vertu de l'art. 1184, Code civil.

Le défaut de paiement des prestations annuelles ou de l'indemnité sont des cas d'inexécution du contrat.

Voici la clause insérée par la plupart des Sociétés mutuelles dans leurs statuts au sujet de non-paiement des contributions.

« Faute de paiement de la contribution annuelle dans les quinze jours qui suivent son échéance, le sociétaire peut être mis en demeure, par lettre recommandée, de payer dans un délai de huit jours. Passé ce délai, l'assuré n'a droit à aucune indemnité en cas de sinistre. Il en est de même pour celui qui a été appelé ou cité devant le juge de paix en paiement de la contribution, ledit appel ou citation tenant lieu de mise en demeure dont il vient d'être parlé. Un mois après la mise en demeure ou l'appel en justice, le Conseil d'administration peut prononcer la résiliation de l'assurance, sans préjudice des poursuites qui peuvent être exercées contre l'assuré qui ne s'est pas libéré, soit devant le juge de paix du chef-lieu de canton du domicile de l'agent de la Société, soit devant le tribunal de l'arrondissement. Si le sociétaire en retard vient à se libérer postérieurement, la police d'assurance reprend ses effets à partir du paiement, autant du moins qu'il n'y a pas eu de sinistre avant ce moment. S'il ne se libère qu'après la résiliation de la police, l'assurance recommence son cours, et il lui est remis une nouvelle police, si la continuation en est consentie par la Société.

Quelques Sociétés d'assurances mutuelles disposent dans leurs statuts que, si, dans le mois de la mise en demeure, l'assuré ne s'est pas libéré, l'effet de son assurance est suspendu de plein droit jusqu'au paiement, sans préjudice du droit qui appartient au Conseil d'administration de prononcer à la fin de l'année la résiliation définitive du contrat dans le cas de non-paiement. Dans certaines Sociétés, la suspension résulte simplement de l'échéance, sans qu'il soit besoin de la mise en demeure. Mais il faut une clause formelle des statuts. (Voir, pour jurisprudence, Pandectes françaises, n° 454.)

Certaines Sociétés mutuelles opèrent sous la garantie d'une société financière, qui, moyennant une redevance déterminée, fait l'avance des fonds nécessaires au fonctionnement de la Société et garantit le paiement des indemnités. Les associations d'assurance mutuelle modifient-elles la loi du contrat et manquent-elles à l'exécution de leurs obligations lorsqu'une Société garante devient incapable de faire face à ses engagements et est mise en liquidation ?

La jurisprudence n'est rien moins que certaine à cet égard, et le droit de résiliation a été reconnu par certaines décisions et refusé par d'autres aux membres des Associations garanties.

Les tribunaux se sont décidés en général par des considérations de fait qu'il serait trop long d'examiner ici.

En mutualité, comme dans les assurances à primes fixes, le fait qu'une Société d'assurance mutuelle fait réassurer tout ou partie de son portefeuille par une Compagnie, moyennant une prime fixe, ne délie par les sociétaires de leurs engagements envers la Société ; en effet, cette circonstance ne suffit pas à faire perdre à la Société son autonomie et son caractère de Société mutuelle.

Il en résulte uniquement que les avantages de la mutualité sont restreints dans la mesure nécessaire pour atteindre le but de la réassurance, tout en limitant à un maximum de cotisation annuelle la responsabilité d'assureur des sociétaires. (Tribunal Nantes, 13 novembre 1886, Revue périodique des assurances 1887).

Mais la Société d'assurance mutuelle qui cède son portefeuille à une autre Compagnie change la convention primitive et, dès lors, ses assurés seront dégagés de leurs obligations. La forme sous laquelle cette cession se serait opérée importe peu. Il doit en être ainsi dans le cas où un nombre important d'assurés a résilié sa police avec ladite Société, et de son consentement à traité avec une autre Compagnie. (Tribunal de Chambéry, 14 juillet 1862, Pandectes françaises, nᵒ 480).

Les adhérents à une Société d'assurance mutuelle ne sont pas fondés à demander la résiliation de leurs polices en invoquant ce double motif : 1º que par suite de l'insuffisance de ses encaissements, la Société serait dans l'impossibilité, le cas échéant, de les indemniser des sinistres qui viendraient à les atteindre ; 2º que la Société est complètement désorganisée, à raison de la mauvaise gestion de son directeur, alors du moins qu'en fait la Société a repris sous une nouvelle direction son fonctionnement régulier. (Trib. Toulouse, 1ᵉʳ janvier 1888, Revue périodique des assurances 1888.)

Quelle que soit la forme de la Société d'assurance mutuelle, les associés sont personnellement et directement obligés les uns envers les autres. De ce principe, il est facile de déduire les conséquences logiques, lorsqu'il s'agit de juger la demande en nullité ou en résolution de son engagement formée par l'un des associés, soit pour dol, soit pour violation du pacte social. S'il est question de dol, on doit faire une distinction. S'agit-il d'une adhésion obtenue dans le cours de la Société ? La demande est recevable, parce que le souscripteur nouveau peut avoir été induit à contracter par la faute des représentants de la Société, et, dès lors, par la faute de cette Société, à laquelle il est resté étranger. Mais s'il s'agit de l'engagement d'un des fondateurs de la Société elle-même, il n'a évidemment à se plaindre, ni de la Société, qui n'avait pas de représentant quand il a contracté son obligation, ni de ses associés, qui n'ont traité qu'en vue des engagements réciproques les uns des autres. (Voir Pandectes françaises, n° 484.)

D'après l'art. 346, Code comm., si l'assureur tombe en faillite, lorsque le risque n'est pas encore fini, l'assuré peut demander caution ou la résiliation du contrat. L'assureur a le même droit en cas de faillite de l'assuré. Cet article est applicable aux assurances mutuelles comme aux assurances à primes, particulièrement lorsque l'assuré tombe en état de liquidation, de faillite ou de déconfiture. Mais une association d'assurance mutuelle ne peut être mise en faillite, à moins qu'elle n'assure les risques maritimes. Il y a là pour ces Sociétés une situation spéciale. (Voir Pandectes françaises, n°s 489 et 490.)

Résiliation facultative — Aux termes de l'art. 25 du décret du 22 janvier 1868, les sociétaires ont, indépendamment de toute disposition statutaire, le droit de se retirer tous les cinq ans, en prévenant la Société six mois d'avance; le droit est réciproque au profit de la Société. Ce décret spécifie, en outre, deux cas spéciaux de résiliation et les statuts peuvent également en déterminer d'autres. Des deux cas prévus par le décret, l'un est au profit du sociétaire, l'autre au profit de la Société.

D'après l'art. 26, toute modification relative à la nature des risques garantis et au périmètre de la circonscription territoriale donne de plein droit à chaque sociétaire la faculté de résilier son engagement ; l'art. 27 dispose que le sociétaire qui se sera fait assurer ou réassurer par une autre Compagnie devra le déclarer à la Société, et que celle-ci aura le droit de notifier la résiliation du contrat.

La faculté de résiliation, accordée au sociétaire par l'art. 26, doit être exercée par lui dans le délai de trois mois. Ce délai de trois mois court du jour où notification lui est faite de cette modification dans le premier récépissé de cotisation qui lui est adressé.

L'art. 25 n'interdit pas les engagements d'une durée supérieure à cinq années; il se borne à réserver aux associés le droit de rompre leurs engagements au bout de cinq ans, malgré toute stipulation contraire.

Si les statuts indiquent qu'à l'expiration d'un délai déterminé, le sociétaire a le droit de dénoncer l'assurance, il en résulte pour la Société un droit réciproque de refuser, ce délai une fois expiré, d'admettre de nouveau dans la Société l'ancien assuré.

Pour assurer l'exercice de ce droit à l'associé, qui se trouvera peut-être en face de statuts qui en rendent l'usage difficile, le décret indique deux moyens entre lesquels il pourra choisir ; il peut demander la résiliation, soit par une déclaration au siége social ou chez l'agent local, dont il lui sera donné récépissé, soit par acte extrajudiciaire.

Il est bien entendu que le sociétaire aura le droit de demander la résiliation par tout autre moyen indiqué dans les statuts.

Dans certaines Sociétés, l'assurance cesse de plein droit à des dates fixées par le contrat et, pour qu'elle soit continuée, il faut que l'assuré signe un nouvel acte d'adhésion.

Dans cette situation, deux questions se posent: le sociétaire peut-il envoyer sa déclaration de cessation d'assurance, d'abord par lettre chargée, et ensuite par acte extrajudiciaire, alors que les statuts ne l'autorisent pas à user de ces modes de communication ?

Sur le premier point, la jurisprudence a fini par décider presque constamment que la renonciation à un contrat d'assurance n'est pas valablement signifiée par un mode différent de celui prévu par les statuts et, dans le cas présent, par lettre chargée.

Il y a là une convention synallagmatique qui ne peut se former que par le concours de ces mêmes volontés, manifesté par les moyens et dans les formes prévus et précisés dans les statuts ; tout autre moyen de rompre l'engagement ne peut être accepté comme un équivalent, parce qu'il s'écarte des conventions primitives qui, librement acceptées, font la loi des contractants. (Voir, pour jurisprudence, Pandectes françaises, n° 510.)

Sur le second point, de l'avertissement par acte extrajudiciaire, il a été jugé à plusieurs reprises que ce mode d'avertissement de résiliation, indiqué par l'art. 25, appartient à l'assuré, indépendamment de toutes dispositions statutaires et sans égard à ces dispositions. (Voir, pour jurisprudence. Pandectes françaises, n° 314.)

Dissolution et liquidation — En ce qui concerne la liquidation, nous ne nous en sommes déjà occupés qu'au point de vue des Sociétés anonymes à primes fixes. A raison des particularités des Sociétés mutuelles, la doctrine à admettre est différente. Dans les Sociétés mutuelles, le contrat d'assurance et les engagements qui en découlent sont intimement liés à l'existence de l'Association. Or, une mutualité ne subsiste pas postérieurement à la liquidation comme une Société anonyme. Si, au lieu d'arrêter les opérations de la Société au moment de sa dissolution, on laisse continuer les contrats antérieurs, sans faire de nouveaux contrats avec des adhérents qui viennent partager les mêmes risques, ceux-ci retombent sur les associés restants. Il y a donc un changement complet dans les termes du contrat primitif.

Mais le principe de la personnalité des Sociétés en liquidation doit être appliqué aux assurances mutuelles, puisqu'elles possèdent la personnalité civile. L'association continuera donc, pendant sa liquidation, à avoir un domicile auquel elle devra être assignée en cas de procès. C'est le liquidateur qui représente l'association, c'est lui seul qui doit être actionné. C'est lui qui touche le montant des créances sociales ; les associés ne peuvent pas en réclamer le paiement. L'actif social, et particulièrement le fonds de réserve, doit être considéré comme appartenant encore à l'Association et non par indivis aux associés. Les créanciers sociaux pourront donc, pendant la liquidation, se faire payer sur le fonds social, à l'exclusion des créanciers personnels des sociétaires. Ils sont loin d'être aussi nombreux, dans les assurances mutuelles que dans les Sociétés commerciales. On peut toutefois citer, parmi ceux-ci, les employés de la direction, les agents locaux, le propriétaire de l'immeuble social, etc...

Après la dissolution d'une Société d'assurance mutuelle, c'est devant le tribunal du lieu où se trouve le siége social de la Compagnie, et où se fait la liquidation, et non devant le Tribunal du domicile personnel des assurés ou de la succursale avec laquelle ils ont traité, que doit être portée la demande formée contre chacun d'eux en révision pour rectification d'erreur du compte général de liquidation, qui a servi de base au compte particulier de chacun. (Paris, 30 août 1854, voir Pandectes françaises, n° 521)

S'il est vrai que la dissolution d'une Société d'assurance mutuelle entraîne la résiliation des polices et en anéantisse les effets dans l'avenir, on ne peut admettre que les effets du contrat aient totalement disparu, et que les sociétaires puissent s'affranchir des charges et contributions nées au temps où la convention qui les liait était en pleine vigueur. Et il importe peu que la détermination de la liquidation de ces charges n'ait été faite que postérieurement à la dissolution de la Société, l'époque où ont pris naissance les charges auxquelles le mutualiste s'était obligé de contribuer étant seule à considérer. (Trib. comm. Seine, 7 mai 1889, Journal des assurances, 1890.)

Il appartient toujours aux tribunaux, lorsque les sociétaires en font la demande, d'accord avec le conseil d'administration, de prononcer la dissolution de la Société et de pourvoir à sa liquidation.

La liquidation d'une Société d'assurance mutuelle s'opérant dans l'intérêt de tous les sociétaires, ceux-ci doivent en supporter les frais. (Trib. Seine, 1890, Pandectes françaises, n° 541.)

Si la mise en liquidation d'une Société commerciale a pour effet d'empêcher cette Société de s'engager dans des opérations nouvelles, il n'en résulte aucune modification dans les opérations actives ou passives constituées à son profit ou à sa charge ; spécialement, les polices d'assurance souscrites pour et au nom d'une Société d'assurance mutuelle, avant sa mise en liquidation, n'en doivent pas moins conserver leur effet, pour toute la durée du temps convenu. (Trib. Seine, 26 février 1881, Pandectes françaises, n° 541.)

Procédure
et
compétence

En règle générale, les Sociétés d'assurance mutuelle étant des Sociétés civiles, les tribunaux consulaires doivent se déclarer incompétents, même d'office, lorsqu'ils sont appelés à connaître de litiges qui peuvent survenir entre un associé et la Société.

Si les associés sont commerçants, les contestations avec la Société doivent être généralement portées devant le Tribunal civil, lorsque c'est la Société qui est défenderesse. Lorsqu'elle est demanderesse, elles pourront l'être devant l'une ou l'autre des juridictions.

L'action en paiement des primes que doivent verser les associés est de la compétence de la juridiction civile.

Le juge de paix est compétent jusqu'à la limite de sa juridiction, lorsqu'il s'agit de la réclamation de cotisations impayées, surtout lorsque telle est la convention inscrite dans la police.

Les contestations entre les mutualistes d'une Société mutuelle d'assurances maritimes sont de la compétence du tribunal de commerce. (Voir, pour jurisprudence, Pandectes françaises, n° 560.)

Les conventions survenues entre diverses Sociétés d'assurances mutuelles et une Compagnie de réassurance, qui vient à son tour les garantir contre les risques qu'elles encourent, ont un caractère commercial, et les difficultés auxquelles donne lieu leur exécution rentrent dans la compétence des tribunaux de commerce. (Trib. comm. Toulouse, 25 novembre 1885, voir Pandectes françaises, n° 551.)

Prescription

L'art. 432, Code comm., établit une prescription de cinq ans, à compter de la date du contrat, pour toute action dérivant d'une police d'assurance. Il est certain que cet article régit tout aussi bien les assurances mutuelles maritimes que les assurances maritimes à primes fixes.

Mais la jurisprudence ne l'a pas appliqué aux assurances terrestres, qu'elle a considérées comme soumises au régime de droit commun, en matière de prescription. Ceci a amené une différence entre la durée de l'action qui naît du contrat d'assurance à primes, au profit de la Compagnie, et la durée de celui qui naît du contrat d'assurance mutuelle au profit de l'Association. La prime a un caractère de fixité absolue ; elle est payable chaque année; elle rentre donc dans les termes de l'art. 2277, Code civil, et se prescrit conformément à cet article par cinq ans. La cotisation ne réunissant pas le double caractère de fixité et de périodicité nécessaires pour motiver l'application de cet article, n'est pas soumise, quoique payable annuellement, à la prescription quinquennale. (Voir, pour jurisprudence, Pandectes françaises, n° 567.)

DE L'ASSURANCE EN GÉNÉRAL

TROISIÈME PARTIE

DE L'EXPLOITATION DE L'ASSURANCE

CHAPITRE I.

Législation des Sociétés d'assurances

(Sociétés anonymes à primes fixes et Sociétés mutuelles)

Extraits du Code civil (art. 1832 à 1873), sur le contrat de Société.
Loi sur les Sociétés du 24 juillet 1867 (art. 21 à 67).
Décret du 22 janvier 1868 sur les Sociétés anonymes à primes fixes et
sur les Sociétés mutuelles,
Nouvelle loi sur les Sociétés par actions du 1er août 1893.

L'industrie de la prévoyance humaine, que l'on nomme l'assurance, n'est plus aujourd'hui exploitée que par deux genres de Sociétés.

Les unes, Sociétés anonymes à primes fixes, offrent, dès leur principe, comme garantie de leurs opérations, des capitaux suffisants. Ce sont des Sociétés commerciales par leur but même, qui est de réaliser, au moyen des opérations qu'elles entreprennent, des bénéfices suffisants pour assurer une rémunération aussi large que possible à ceux qui ont contribué à la formation de leur capital. Elles ont donc un caractère essentiellement spéculatif et commercial.

Les autres, Sociétés mutuelles, n'apportent, au contraire, à leur formation, aucun capital. Leur but n'est donc pas, dès l'abord, de retirer un bénéfice quelconque des opérations qu'elles vont entreprendre. Cette réunion d'intérêts communs, qui va en former la base, n'a d'autre objet que de faciliter l'équilibre de chances inhérentes à certains risques, de façon à en rendre la charge peu onéreuse à chacun des associés, et à les prémunir en même temps, le plus efficacement possible, contre les effets désastreux de ces risques. Cette association n'est plutôt, en quelque sorte, qu'une communauté et, par suite, elle en a le caractère de Société purement civile.

Mais les Sociétés, de quelque nature qu'elles soient, sont basées sur des principes généraux communs, régis par les mêmes dispositions légales. Cette législation générale des Sociétés, nous allons la donner dans son entier, extraite littéralement du Code civil, de l'art. 1832 à 1873 inclus.

Ces dispositions générales forment aussi la loi des Sociétés civiles. C'est pourquoi nous avons cru devoir en donner le texte dans toute son étendue. La législation des Sociétés commerciales a été complètement refondue dans la loi du 24 juillet 1867. Nous n'en extraierons que le texte concernant les Sociétés anonymes qui, seules, nous intéressent ici. Quant aux dispositions générales qui s'appliquent aux Sociétés d'assurances en elles-mêmes et à leur fonctionnement, elles font l'objet du décret du 22 janvier 1868, portant règlement, le titre I sur les Sociétés anonymes d'assurances à primes fixes, et le titre II sur les Sociétés d'assurances mutuelles.

Enfin, le 1er août 1893, une nouvelle loi était promulguée, modifiant certaines dispositions de la loi de 1867 sur les Sociétés par actions.

Nous donnons cette nouvelle loi dans son entier.

Ainsi se trouveront réunis dans ce chapitre les éléments de la législation des Sociétés d'assurances.

DISPOSITIONS GÉNÉRALES

communes à toutes les Sociétés.

EXTRAITS DU CODE CIVIL

TITRE IX.

DU CONTRAT DE SOCIÉTÉ

CHAPITRE I.

Dispositions générales.

1832. — La Société est un contrat par lequel deux ou plusieurs personnes conviennent de mettre quelque chose en commun, dans la vue de partager le bénéfice qui pourra en résulter.

1833. — Toute Société doit avoir un objet licite et être contractée pour l'intérêt commun des parties. Chaque associé doit y apporter ou de l'argent, ou ses biens, ou son industrie.

1834. — Toute formation de Société doit être rédigée par écrit, lorsque son objet est d'une valeur de plus de cent cinquante francs. La preuve testimoniale n'est point admise contre et outre le contenu en l'acte de Société, ni sur ce qui serait allégué avoir été dit avant, lors ou depuis cet acte, encore qu'il s'agisse d'une somme ou valeur moindre de cent cinquante francs.

CHAPITRE II.

Des diverses espèces de Sociétés.

1835. — Les Sociétés sont universelles ou particulières.

(Les Sociétés universelles ne nous concernant pas, nous passons de suite à la section II.)

1841. — La Société particulière est celle qui ne s'applique qu'à certaines choses déterminées, ou à leur usage, ou aux frais à en percevoir.

1842. — Le contrat par lequel plusieurs personnes s'associent, soit pour une entreprise, soit pour l'exercice de quelque métier ou profession, est aussi une Société particulière.

CHAPITRE III.

Des engagements des associés entre eux et à l'égard des tiers.

SECTION I.

Des engagements des associés entre eux.

1843. — La Société commence à l'instant même du contrat, s'il ne désigne une autre époque.

1844. — S'il n'y a pas de convention sur la durée de la Société, elle est censée contractée pour toute la vie des associés, sous la modification portée en l'art. 1869, ou s'il s'agit d'une affaire dont la durée soit limitée, pour tout le temps que doit durer cette affaire.

1845. — Chaque associé est débiteur, envers la Société, de tout ce qu'il a promis d'y apporter.

Lorsque cet apport consiste en un corps certain, et que la Société en est évincée, l'associé en est garant envers la Société, de la même manière qu'un vendeur l'est envers un acheteur.

1846. — L'associé qui devait apporter une somme dans la Société et qui ne l'a point fait, devient de plein droit et sans demande, débiteur des intérêts de cette somme, à compter du jour où elle devait être payée. Il en est de même à l'égard des sommes qu'il a prises dans la caisse sociale, à compter du jour où il les en a tirées pour son profit particulier. Le tout sans préjudice de plus amples dommages-intérêts, s'il y a lieu.

1847. — Les associés qui se sont soumis à apporter leur industrie à la Société, lui doivent compte de tous les gains qu'ils ont faits par l'espèce d'industrie qui est l'objet de cette Société.

1848. — Lorsque l'un des associés est, pour son compte particulier, créancier d'une somme exigible envers une personne qui se trouve aussi devoir à la Société une somme également exigible, l'imputation de ce qu'il reçoit de ce débiteur doit se faire sur la créance de la Société, et sur la sienne, dans la proportion des deux créances, encore qu'il ait, par sa quittance, dirigé l'imputation intégrale sur sa créance particulière. Mais s'il a exprimé dans sa quittance que l'imputation sera faite en entier sur la créance de la Société, cette stipulation sera exécutée.

1849. — Lorsqu'un des associés a reçu sa part entière de la créance commune et que le débiteur est depuis devenu insolvable, cet associé est tenu de rapporter à la masse commune ce qu'il a reçu, encore qu'il eût spécialement donné quittance pour sa part.

1850. — Chaque associé est tenu envers la Société des dommages qu'il lui a causés par sa faute, sans pouvoir compenser avec ces dommages les profits que son industrie lui aurait procurés dans d'autres affaires.

1851. — Si les choses dont la jouissance seulement a été mise dans la Société sont des corps certains et déterminés, qui ne se consomment point par l'usage, elles sont aux risques de l'associé propriétaire.

Si ces choses se consomment, si elles se détériorent en les gardant, si elles ont été destinées à être vendues, ou si elles ont été mises dans la Société sur une estimation portée par un inventaire, elles sont aux risques de la Société.

Si la chose a été estimée, l'associé ne peut répéter que le montant de son estimation.

1852. — Un associé a action contre la Société non-seulement à raison des sommes qu'il a déboursées pour elle, mais encore à raison des obligations qu'il a contractées de bonne foi, pour les affaires de la Société, et des risques inséparables de sa gestion.

1853. — Lorsque l'acte de Société ne détermine point la part de chaque associé dans les bénéfices ou pertes, la part de chacun est en proportion de sa mise dans les fonds de la Société.

A l'égard de celui qui n'a apporté que son industrie, sa part dans les bénéfices ou dans les pertes est réglée comme si sa mise eût été égale à celle de l'associé qui a le moins apporté.

1854. — Si les associés sont convenus de s'en rapporter à l'un d'eux ou à un tiers pour le règlement des parts, ce règlement ne peut être attaqué s'il n'est évidemment contraire à l'équité.

Nulle réclamation ne sera admise à ce sujet, s'il s'est écoulé plus de trois mois depuis que la partie qui se prétend lésée a eu connaissance du règlement, ou si ce règlement a reçu de sa part un commencement d'exécution.

1855. — La convention qui donnerait à l'un des associés la totalité des bénéfices est nulle.

Il en est de même de la stipulation qui affranchirait de toute contribution aux pertes, les sommes ou effets mis dans le fonds de la Société par un ou plusieurs des associés.

1856. — L'associé chargé de l'administration par une clause spéciale du contrat de société peut faire, nonobstant l'opposition des autres associés, tous les actes qui dépendent de son administration, pourvu que ce soit sans fraude.

Ce pouvoir ne peut être révoqué sans excuse légitime, tant que la Société dure; mais s'il n'a été donné que par acte postérieur au contrat de société, il est révocable comme un simple mandat.

1857. — Lorsque plusieurs associés sont chargés d'administrer, sans que leurs fonctions soient déterminées ou sans qu'il ait été exprimé que l'un ne pourrait agir sans l'autre, ils pourront faire chacun séparément tous les actes de cette administration.

1858. — S'il est stipulé que l'un des administrateurs ne pourra rien faire sans l'autre, un seul ne peut, sans une nouvelle convention, agir en l'absence de l'autre, lors même que celui-ci serait dans l'impossibilité actuelle de concourir aux actes d'administration.

1859. — A défaut de stipulations spéciales sur le mode d'administration, l'on suit les règles suivantes :

1° Les associés sont censés s'être donné réciproquement le pouvoir d'administrer l'un pour l'autre. Ce que chacun fait est valable, même pour la part de ses associés, sans qu'il ait pris leur consentement, sauf le droit qu'ont ces derniers, ou l'un d'eux, de s'opposer à l'opération avant qu'elle soit conclue.

2° Chaque associé peut se servir des choses appartenant à la Société, pourvu qu'il les emploie à leur destination fixée par l'usage et qu'il ne s'en serve pas contre l'intérêt de la Société, ou de manière à empêcher ses associés d'en user selon leur droit.

3° Chaque assuré a le droit d'obliger ses associés à faire avec lui les dépenses qui sont nécessaires pour la conservation des choses de la Société.

4° L'un des associés ne peut faire d'innovations sur les immeubles dépendant de la Société, même quand il les soutiendrait avantageuses à cette Société, si les autres associés n'y consentent.

1860. — L'associé qui n'est point administrateur, ne peut aliéner ni engager les choses même mobilières qui dépendent de la Société.

1861. — Chaque associé peut, sans le consentement de ses associés, s'associer à une tierce personne relativement à la part qu'il a dans la Société. Il ne peut pas sans le consentement, l'associer à la Société, lors même qu'il en aurait l'administration.

SECTION II.

Des engagements des associés à l'égard des tiers.

1862. — Dans les Sociétés autres que celles de commerce, les associés ne sont pas tenus solidairement des dettes sociales, et l'un des associés ne peut obliger les autres si ceux-ci ne lui en ont conféré le pouvoir.

1863. — Les associés sont tenus envers le créancier avec lequel ils ont contracté, chacun pour une somme, et part égale, encore que la part de l'un d'eux dans la Société fût moindre, si l'acte n'a pas spécialement restreint l'obligation de celui-ci sur le pied de cette dernière part.

1864. — La stipulation que l'obligation est contractée pour le compte de la Société ne lie que l'associé contractant et non les autres, à moins que ceux-ci ne lui aient donné pouvoir, ou que la chose n'ait tourné au profit de la Société.

CHAPITRE IV.

Des différentes manières dont finit la Société.

1865. — La Société finit :

1° Par l'expiration du temps pour lequel elle a été contractée;

2° Par l'extinction de la chose, ou la consommation de la négociation ;

3° Par la mort naturelle de quelqu'un des associés ;

4° Par l'interdiction ou la déconfiture de l'un d'eux ;

5° Par la volonté qu'un seul ou plusieurs expriment de n'être plus en société.

1866. — La prorogation d'une Société à temps limité ne peut être prouvée que par un écrit revêtu des mêmes formes que le contrat de Société.

1867. — Lorsque l'un des associés a promis de mettre en commun la propriété d'une chose, la perte survenue avant que la mise en soit effectuée opère la dissolution de la Société par rapport à tous les associés.

La Société est également dissoute dans tous les cas par la perte de la chose, lorsque la jouissance seule a été mise en commun, et que la propriété en est restée dans les mains de l'associé.

Mais la Société n'est pas rompue par la perte de la chose dont la propriété a déjà été apportée à la Société.

1868. — S'il a été stipulé qu'en cas de mort de l'un des associés, la Société continuerait avec son héritier, ou seulement entre les associés survivants, ces dispositions seront suivies ; au second cas, l'héritier du décédé n'a droit qu'au partage de la Société, eu égard à la situation de cette Société lors du décès, et ne participe aux droits ultérieurs qu'autant qu'ils sont une suite nécessaire de ce qui s'est fait avant la mort de l'assuré auquel il succède.

1869. — La dissolution de la Société par la volonté de l'une des parties ne s'applique qu'aux Sociétés dont la durée est illimitée, et s'opère par une renonciation notifiée à tous les associés, pourvu que cette renonciation soit de bonne foi, et non faite à contre-temps.

La renonciation n'est pas de bonne foi, lorsque l'associé renonce pour s'approprier à lui seul le profit que les associés s'étaient proposés de retirer en commun.

1870. — Elle est faite à contre-temps, lorsque les choses ne sont plus entières et qu'il importe à la Société que sa dissolution soit différée.

1871. — La dissolution des Sociétés à terme ne peut être demandée par l'un des associés avant le terme convenu, qu'autant qu'il y en a de justes motifs, comme lorsqu'un autre associé manque à ses engagements, ou qu'une infirmité habituelle le rend inhabile aux affaires de la Société, ou autres cas semblables, dont la légitimité et la gravité sont laissées à l'arbitrage des juges.

1872. — Les règles concernant le partage des successions, la forme de ce partage, et les obligations qui en résultent entre les cohéritiers, s'appliquent aux partages entre associés.

Dispositions relatives aux Sociétés de commerce.

Les dispositions du présent titre ne s'appliquent aux Sociétés de commerce, que dans les points qui n'ont rien de contraire aux lois et usages du commerce.

LOI SUR LES SOCIÉTÉS

(24 juillet 1867)

TITRE II.

Des Sociétés anonymes.

21. — A l'avenir, les sociétés anonymes pourront se former sans l'autorisation du gouvernement. Elles pourront, quelque soit le nombre des associés être formées par un acte sous seing privé fait en double original. Elles seront soumises aux dispositions des art. 29, 30, 32, 33, 34 et 36 du Code de commerce et aux dispositions contenues dans le présent titre. (1)

22. — Les Sociétés anonymes sont administrées par un ou plusieurs mandataires à temps, révocables, salariés ou gratuits, pris parmi les associés.

Ces mandataires peuvent choisir parmi eux un directeur, ou, si les statuts le permettent, se substituer un mandataire étranger à la Société et dont ils sont responsables envers elle.

23. — La Société ne peut être constituée si le nombre des associés est inférieur à sept.

---

(1) (Nous donnons ici les articles du Code de commerce.)

29. — La Société anonyme n'existe point sous un nom social : elle n'est désignée par le nom d'aucun des associés.

30. — Elle est qualifiée par la désignation de l'objet de son entreprise.

32. — Les administrateurs ne sont responsables que de l'exécution du mandat qu'ils ont reçu.

Ils ne contractent à raison de leur gestion, aucune obligation personnelle ni solidaire relativement aux engagements de la Société.

33. — Les associés ne sont passibles que de la perte du montant de leur intérêt dans la Société.

34. — Le capital de la Société anonyme se divise en actions et même en coupons d'actions d'une valeur égale.

36 — La propriété des actions peut être établie par une inscription sur les registres de la Société.

Dans ce cas, la cession s'opère par une déclaration de transfert inscrite sur les registres et signée de celui qui fait le transport ou d'un fondé de pouvoir.

24. — Les dispositions des art. 1, 2, 3 et 4 de la présente loi sont applicables aux Sociétés anonymes. (1)

La déclaration imposée au gérant par l'art. 1er est faite par les fondateurs de la Société anonyme; elle est soumise avec les pièces à l'appui, à la première assemblée générale, qui en vérifie la sincérité.

25. — Une assemblée générale est, dans tous les cas, convoquée à la diligence des fondateurs, postérieurement à l'acte qui constate

---

(1) La nouvelle loi sur les Sociétés par actions du 3 août 1893, modifie les paragraphes 1 et 2 de l'art. 1 de la loi du 1er juillet 1857 et l'art. 3 tout entier. (V. plus loin, p. 203).

Voici les articles de la loi du 1er juillet 1867 tels qu'ils étaient antérieurement à la loi de 1893 :

Art. 1. — Les Sociétés en commandite ne peuvent diviser leur capital en actions ou coupons d'actions de moins de cent francs, lorsque ce capital n'excède pas deux cent mille francs, et de moins de cinq cents francs, lorsqu'il est supérieur.

Elles ne peuvent être définitivement constituées qu'après la souscription de la totalité du capital social et le versement par chaque actionnaire du quart au moins du montant des actions par lui souscrites. Cette souscription et ces versements sont constatés par une déclaration du gérant dans un acte notarié. A cette déclaration sont annexés la liste des souscripteurs, l'état des versements effectués, l'un des doubles de l'acte de Société, s'il est sous seing privé, et une expédition, s'il est notarié et s'il a été passé devant un notaire autre que celui qui a reçu la déclaration.

L'acte sous seing privé, quel que soit le nombre des associés, sera fait en double original, dont l'un sera annexé comme il est dit au paragraphe qui précède à la déclaration de souscription du capital et du versement du quart, et l'autre restera déposé au siége social.

Art. 2. — Les actions ou coupons d'actions sont négociables après le versement du quart.

Art. 3. — Il peut être stipulé, mais seulement par les statuts constitutifs de la Société, que les actions ou coupons pourront, après avoir été libérés de moitié, être convertis en actions au porteur, par délibération de l'assemblée générale. Soit que les actions restent nominatives après cette délibération, soit qu'elles aient été converties en actions au porteur, les souscripteurs primitifs qui ont aliéné les actions et ceux auxquels ils les ont cédées avant le versement de moitié restent tenus au paiement du montant de leurs actions pendant un délai de deux ans à partir de la délibération de l'assemblée générale.

Art. 4. — Lorsqu'un associé fait un apport qui ne consiste pas en numéraire on stipule à son profit des avantages particuliers, la première assemblée générale fait apprécier la valeur de l'apport ou la cause des avantages stipulés.

La Société n'est définitivement constituée qu'après l'approbation de l'apport ou des avantages, donnée par une autre Assemblée générale, après une nouvelle convocation.

La seconde assemblée générale ne pourra statuer sur l'approbation de l'apport ou des avantages qu'après un rapport qui sera imprimé et tenu à la disposition des actionnaires, cinq jours au moins avant la réunion de cette assemblée.

Les délibérations sont prises par la majorité des actionnaires présents. Cette majorité doit comprendre le quart des actionnaires et représenter le quart du capital social en numéraire.

Les associés qui ont fait l'apport ou stipulé des avantages particuliers soumis à l'approbation de l'assemblée n'ont pas voix délibérative.

A défaut d'approbation, la Société reste sans effet à l'égard de toutes les parties.

L'approbation ne met pas obstacle à l'exercice ultérieur de l'action intentée pour cause de vol ou de fraude.

Les dispositions du présent article relatives à la vérification de l'apport qui ne consiste pas en numéraire ne sont pas applicables au cas où la Société à laquelle est fait ledit apport est formée entre ceux seulement qui en étaient propriétaires par indivis.

la souscription du capital social et le versement du quart du capital qui consiste en numéraire. Cette assemblée nomme les premiers administrateurs, elle nomme également pour la première année, les commissaires institués par l'art. 32 ci-après. Ces administrateurs ne peuvent être nommés pour plus de six ans, ils sont rééligibles, sauf stipulation contraire. Toutefois ils peuvent être désignés par les statuts avec stipulation formelle que leur nomination ne sera point soumise à l'approbation de l'assemblée générale. En ce cas, ils ne peuvent être nommés pour plus de trois ans. Le procès-verbal de la séance constate l'acceptation des administrateurs et des commissaires présents à la réunion.

La Société est constituée à partir de cette acceptation.

26. — Les administrateurs doivent être propriétaires d'un nombre d'actions déterminé par les statuts.

Ces actions sont affectées en totalité à la garantie de tous les actes de la gestion, même de ceux qui seraient exclusivement personnels à l'un des administrateurs. Elles sont nominatives, inaliénables, frappées d'un timbre indiquant l'inaliénabilité et déposées dans la caisse sociale.

27. — Il est tenu chaque année au moins une assemblée générale à l'époque fixée par les statuts.

Les statuts déterminent le nombre d'actions qu'il est nécessaire de posséder, soit à titre de propriétaire, soit à titre de mandataire, pour être admis dans l'assemblée et le nombre de voix appartenant à chaque actionnaire, eu égard au nombre d'actions dont il est porteur.

Néanmoins dans les assemblées générales appelées à vérifier les apports, à nommer les premiers administrateurs, et à vérifier la sincérité de la déclaration des fondateurs de la Société, prescrite par le deuxième paragraphe de l'art. 24, tout actionnaire quel que soit le nombre des actions dont il est porteur, peut prendre part aux délibérations avec le nombre de voix déterminé par les statuts, sans qu'il puisse être supérieur à dix.

28. — Dans toutes les assemblées générales, les délibérations sont prises à la majorité des voix. Il est tenu une feuille de

présence ; elle contient les noms et domicile des actionnaires et le nombre d'actions dont chacun d'eux est porteur.

Cette feuille, certifiée par le bureau de l'assemblée, est déposée au siége social et doit être communiquée à tout requérant.

29. — Les assemblées générales qui ont à délibérer dans les cas autres que ceux qui sont prévus par les deux articles qui suivent doivent être composées d'un nombre d'actionnaires représentant le quart au moins du capital social. Si l'assemblée générale ne réunit pas ce nombre, une nouvelle assemblée est convoquée dans les formes et avec les délais prescrits par les statuts, et elle délibère valablement, quelle que soit la portion du capital représentée par les actionnaires présents.

30. — Les assemblées qui ont à délibérer sur la vérification des apports, sur la nomination des premiers administrateurs, sur la sincérité de la déclaration faite par les fondateurs, aux termes du paragraphe 2 de l'art. 24, doivent être composées d'un nombre d'actionnaires représentant la moitié au moins du capital social. Le capital social dont la moitié doit être représentée pour la vérification de l'apport, se compose seulement des apports non soumis à vérification. Si l'assemblée générale ne réunit pas un nombre d'actionnaires représentant la moitié du capital social, elle ne peut prendre qu'une délibération provisoire.

Dans ce cas, une nouvelle assemblée générale est convoquée. Deux avis publiés à huit jours d'intervalle, au moins un mois à l'avance, dans l'un des journaux désignés pour recevoir les annonces légales, font connaître aux actionnaires les résolutions provisoires adoptées par la première assemblée, et ces résolutions deviennent définitives, si elles ont été approuvées par la nouvelle assemblée, composée d'un nombre d'actionnaires représentant le cinquième au moins du capital social.

31. -— Les assemblées qui ont à délibérer sur les modifications aux statuts, ou sur des propositions de continuation de la Société au-delà du terme fixé pour sa durée, ou de dissolution avant ce terme, ne sont régulièrement constituées et ne délibèrent valablement qu'autant qu'elles sont composées d'un nombre d'actionnaires représentant la moitié au moins du capital social.

32. — L'assemblée générale annuelle désigne un ou plusieurs commissaires, associés ou non, chargés de faire un rapport à l'assemblée générale de l'année suivante sur la situation de la Société, sur le bilan et sur les comptes présentés par les administrateurs.

La délibération contenant approbation du bilan et des comptes est nulle si elle n'a pas été précédée du rapport des commissaires. A défaut de nomination des commissaires par l'assemblée générale, ou en cas d'empêchement ou de refus d'un ou de plusieurs des commissaires nommés, il est procédé à leur nomination ou à leur remplacement par ordonnance du président du tribunal de commerce du siége de la Société, à la requête de tout intéressé, les administrateurs dûment appelés.

33. — Pendant le trimestre qui précède l'époque fixée par les statuts pour la réunion de l'assemblée générale, les commissaires ont droit, toutes les fois qu'ils le jugent convenable dans l'intérêt social, de prendre communication des livres et d'examiner les opérations de la Société. Ils peuvent toujours, en cas d'urgence, convoquer l'assemblée générale.

34. — Toute Société anonyme doit dresser, chaque semestre, un état sommaire de la situation active et passive. Cet état est mis à la disposition des commissaires. Il est, en outre, établi chaque année, conformément à l'art. 9 du Code de commerce (¹) un inventaire

---

(1) *Code de commerce, art. 9.* — Il (le commerçant) est tenu de faire tous les ans, sous seing privé, un inventaire de ses effets mobiliers et immobiliers, et de ses dettes actives et passives et de le copier, année par année, sur un registre spécial à ce destiné.

Même code, art. 586. — Pourra être déclaré banqueroutier simple, tout commerçant failli qui se trouvera dans un des cas suivants : 1° ....
2° .... ; 3° .... ; 4° .... ; 5° .... : 6° ... .
s'il (le commerçant) n'a pas tenu de livres et fait exactement inventaire, si ses livres ou inventaires sont incomplets ou irrégulièrement tenus, ou s'ils n'offrent pas sa véritable situation active ou passive, sans néanmoins qu'il y ait fraude.

Même code, art. 591. — Sera déclaré banqueroutier frauduleux et puni des peines portées au Code pénal, tout commerçant failli qui aura soustrait ses livres, détourné ou dissimulé une partie de son actif ou qui, soit dans ses écritures, soit par des actes publics ou des engagements sous signature privée, soit par son bilan, se sera frauduleusement reconnu débiteur de sommes qu'il ne devait pas.

Code pénal, art. 402 — Ceux qui, dans les cas prévus par le Code de commerce, seront déclarés coupables de banqueroute, seront punis ainsi qu'il suit :
Les banqueroutiers frauduleux seront punis de la peine des travaux forcés à temps.
Les banqueroutiers simples seront punis d'un emprisonnement d'un mois au moins et deux ans au plus.

Code de commerce, art. 10. — Le livre journal et le livre des inventaires seront paraphés et visés une fois par année. Le livre de copies de lettres ne sera pas soumis à cette formalité.

Tous seront tenus par ordre de dates, sans blancs, lacunes ni transports en marge.

contenant l'indication des valeurs mobilières et immobilières et de toutes les dettes actives et passives de la Société. L'inventaire, le bilan et le compte des profits et pertes sont mis à la disposition des commissaires le quarantième jour au plus tard avant l'assemblée générale. Ils sont présentés à cette assemblée.

35. — Quinze jours au moins avant la réunion de l'assemblée générale, tout actionnaire peut prendre au siége social, communication de l'inventaire et de la liste des actionnaires et se faire délivrer copie du bilan résumant l'inventaire et du rapport des commissaires.

36. — Il est fait annuellement, sur les bénéfices nets, un prélèvement d'un vingtième au moins, affecté à la formation d'un fonds de réserve. Ce prélèvement cesse d'être obligatoire lorsque le fonds de réserve a atteint le dixième du capital social.

37. — En cas de perte des trois quarts du capital social, les administrateurs sont tenus de provoquer la réunion de l'assemblée générale de tous les actionnaires, à l'effet de statuer sur la question de savoir s'il y a lieu de prononcer la dissolution de la Société.

La résolution de l'assemblée est, dans tous les cas, rendue publique. A défaut par les administrateurs de réunir l'assemblée générale, comme dans le cas où cette assemblée n'aurait pu se constituer régulièrement, tout intéressé peut demander la dissolution de la Société devant les tribunaux.

38. — La dissolution peut être prononcée sur la demande de toute partie intéressée, lorsqu'un an s'est écoulé depuis l'époque où le nombre des associés est réduit à moins de sept.

39. — L'article 17 est applicable aux Sociétés anonymes.

« ART. 17. — Des actionnaires représentant le vingtième au moins
» du capital social peuvent, dans un intérêt commun, charger à
» leurs frais un ou plusieurs mandataires de soutenir, tant en deman-
» dant qu'en défendant, une action contre les gérants ou contre
» les membres du Conseil de surveillance et de les représenter,
» en cas, en justice, sans préjudice de l'action que chaque action-
» naire peut intenter individuellement en son nom personnel. »

40. — Il est interdit aux administrateurs de prendre ou de con-server un intérêt direct ou indirect dans une entreprise ou un marché fait avec la Société ou pour son compte, à moins qu'ils n'y soient

autorisés par l'assemblée générale. Il est, chaque année, rendu à l'assemblée générale un compte spécial de l'exécution des marchés ou entreprises par elle autorisés, aux termes du paragraphe précédent.

41. — Est nulle et de nul effet à l'égard des intéressés, toute Société anonyme pour laquelle n'ont pas été observées les dispositions des art. 22, 23, 24, 25 ci-dessus.

42. — Lorsque la nullité de la Société ou des actes ou délibérations a été prononcée aux termes de l'article précédent, les fondateurs auxquels la nullité est imputable et les administrateurs en fonctions au moment où elle a été encourue, sont responsables solidairement envers les tiers, sans préjudice des droits des actionnaires. La même responsabilité solidaire peut être prononcée contre ceux des associés dont les apports ou les avantages n'avaient pas été vérifiés et approuvés conformément à l'article 24.

43. — L'étendue et les effets de la responsabilité des commissaires envers la Société sont déterminés d'après les règles générales du mandat (1).

44. — Les administrateurs sont responsables, conformément aux règles de droit commun, individuellement ou solidairement suivant les cas, envers la Société ou envers les tiers, soit des infractions aux dispositions de la présente loi, soit des fautes qu'ils auraient commises dans leur gestion, notamment en distribuant ou en laissant distribuer sans opposition des dividendes fictifs.

45. — Les dispositions des art. 13, 14, 15 et 16 de la présente loi sont applicables, en matière de sociétés anonymes, sans distinction entre celles qui sont actuellement existantes et celles qui se constitueront sous l'empire de la présente loi.

« Art. 13. — L'émission d'actions d'une Société constituée

---

(1) *Code civil, des obligations du mandataire, art. 1991.* — Le mandataire est tenu d'accomplir le mandat tant qu'il en demeure chargé, et répond des dommages-intérêts qui pourraient résulter de son inexécution. Il est tenu de même d'achever la chose commencée au décès du mandant, s'il y a péril en la demeure.

1992. — Le mandataire répond non-seulement du vol, mais encore des fautes qu'il commet dans sa gestion.

Néanmoins, la responsabilité relative aux fautes est appliquée moins rigoureusement à celui dont le mandat est gratuit qu'à celui qui reçoit un salaire.

1993. — Tout mandataire est tenu de rendre compte de sa gestion.

1995. — Quand il y a plusieurs fondés de pouvoirs ou mandataires établis par le même acte, il n'y a de solidarité entre eux qu'autant qu'elle est exprimée.

» contrairement » aux prescriptions des art. 1, 2, 3 de la présente loi
» (voir plus haut, art. 24), est punie d'une amende de 500 à 10.000 fr.

» Sont punis de la même peine : Le gérant qui commence les
» opérations sociales, avant l'entrée en fonctions du Conseil de
» surveillance ; ceux qui, en se présentant comme propriétaires
» d'actions ou de coupons d'actions qui ne leur appartenaient
» pas, ont créé frauduleusement une majorité factice dans une
» assemblée générale, sans préjudice de tous dommages-intérêts,
» s'il y a lieu, envers la Société ou envers les tiers ; ceux qui
» ont remis les actions pour en faire l'usage frauduleux.

» Dans les cas prévus par les deux paragraphes précédents,
» la peine de l'emprisonnement de quinze jours à six mois peut
» être, en outre, prononcée :

» Art. 14. — La négociation d'actions ou de coupons d'actions
» dont la valeur ou la forme serait contraire aux dispositions des
» articles 1, 2 et 3 (voir plus haut art. 24) de la présente loi ou
» pour lesquels le versement du quart n'aurait pas été effectué
» conformément à l'art. 2 ci-dessus (art. 24), est punie d'une
» amende de 500 à 10.000 francs. Sont punies de la même
» peine, toute participation à ces négociations et toute publication
» de la valeur des dites actions. »

« Art. 15. — Sont punis des peines portées par l'art. 405 du
» code pénal (1) sans préjudice de l'application de ces articles à

---

(1) *Code pénal, art. 405.* — Quiconque, soit en faisant usage de faux noms ou de fausses qualités, soit en employant des manœuvres frauduleuses pour persuader l'existence de fausses entreprises, d'un pouvoir ou d'un crédit imaginaire, ou pour faire naître l'espérance ou la crainte d'un succès, d'un accident ou de tout autre événement chimérique, se sera fait remettre ou délivrer des fonds, des meubles ou des obligations, dispositions, billets, promesses, quittances ou décharges, et aura par un de ces moyens escroqué ou tenté d'escroquer la totalité ou partie de la fortune d'autrui, sera puni d'un emprisonnement d'un an au moins et de cinq ans au plus et d'une amende de 50 francs au moins et de 3,000 francs au plus.

Le coupable pourra être, en outre, à compter du jour où il aura subi sa peine, interdit, pendant cinq ans au moins et dix ans au plus des droits mentionnés en l'article 42 du présent code. Le tout sauf les peines plus graves, s'il y a eu crime de faux.

Code pénal, art. 42. — Les tribunaux jugeant correctionnellement pourront dans certains cas, interdire en tout ou en partie, l'exercice des droits civiques, civils et de famille suivants :

1° De vote et d'élection ; 2° d'éligibilité ; 3° d'être appelé ou nommé aux fonctions de juré ou autres fonctions publiques ou aux emplois de l'administration ou d'exercer ces fonctions ou emplois ; 4° du port d'armes ; 5° de vote et de suffrage dans les délibérations de famille ; 6° d'être tuteur, curateur, si ce n'est de ses enfants et sur l'avis seulement de la famille ; 7° d'être expert ou employé comme témoin dans les actes ; 8° de témoignage en justice, autrement que pour y faire de simples déclarations.

» tous les faits constitutifs du délit d'escroquerie ; 1° ceux qui, par
» simulation de souscriptions ou de versements, ou par publication
» faite de mauvaise foi, de souscriptions ou de versements qui
» n'existent pas, ou de tous autres faits faux, ont obtenu ou tenté
» d'obtenir des souscriptions ou des versements ;

» 2° Ceux qui, pour provoquer des souscriptions ou des versements
» ont de mauvaise foi publié les noms de personnes désignées
» contrairement à la vérité comme étant ou devant être attachées
» à la Société à un titre quelconque ;

» 3° Les gérants qui, en l'absence d'inventaire ou au moyen
» d'inventaires frauduleux, ont opéré entre les actionnaires la
» répartition de dividendes fictifs. Les membres du Conseil de
» surveillance ne sont pas civilement responsables des délits
» commis par le gérant.

» Art. 16. — L'art. 463 du Code pénal est applicable aux faits
» prévus par les trois articles qui précèdent. » (1)

Les administrateurs qui, en l'absence d'inventaire ou au moyen
d'inventaire frauduleux, auront opéré des dividendes fictifs, seront
punis de la peine qui est prononcée dans ce cas par le n° 3 de
l'art. 15 (qui vient d'être énoncé) contre les gérants des Sociétés

---

(1) *Code pénal, art. 463.* — Les peines prononcées par la loi contre celui ou ceux des
accusés reconnus coupables, en faveur de qui le jury aura déclaré des circonstances
atténuantes seront modifiées ainsi qu'il suit :

Si la peine prononcée par la loi est celle des travaux forcés à perpétuité, la Cour
appliquera la peine des travaux forcés à temps ou celle de la réclusion ;

Si la peine est celle de la déportation dans un enceinte fortifiée, la Cour appliquera
celle de la déportation simple ou celle de la détention, mais dans les cas prévus par les
articles 96 et 97, la peine de la déportation simple sera seule appliquée.

Si la peine est celle de la déportation, la Cour appliquera la peine de la détention ou
celle du bannissement.

Si la peine est celle des travaux forcés à temps, la Cour appliquera la peine de la
réclusion ou les dispositions de l'article 401, sans toutefois pouvoir réduire la peine
d'emprisonnement au-dessous de deux ans.

Si la peine est celle de la réclusion, de la détention, du bannissement ou de la
dégradation civique, la Cour appliquera les dispositions de l'article 401, sans toutefois
pouvoir réduire la durée de l'emprisonnement au-dessous d'un an.

Dans le cas où le Code prononce le maximum d'une peine afflictive, s'il existe des
circonstances atténuantes, la Cour appliquera le minimum de la peine, ou même la
peine inférieure.

Dans tous les cas où la peine de l'emprisonnement et celle de l'amende sont prononcées
par le Code pénal, si les circonstances paraissent atténuantes, les tribunaux correc-
tionnels sont autorisés, même en cas de récidive, à réduire l'emprisonnement même
au-dessous de six jours et l'amende même au-dessous de seize francs ; ils pourront aussi
prononcer séparément l'une ou l'autre de ces peines et même substituer l'amende à
l'emprisonnement sans qu'en aucun cas, elle puisse être au dessous des peines de simple
police.

en commandite. — Sont également applicables en matière de Sociétés anonymes les dispositions des trois derniers paragraphes de l'art. 10.

Art. 10......

« Aucune répétition de dividendes ne peut être exercée contre » les actionnaires, si ce n'est dans le cas où la distribution en » aura été faite en l'absence de tout inventaire, ou en dehors des » résultats constatés par l'inventaire. — L'action en répétition dans » le cas où elle est ouverte se prescrit par cinq ans, à partir du » jour fixé pour la distribution des dividendes. — Les prescriptions » commencées à l'époque de la promulgation de la présente loi, » pour lesquelles il faudrait encore, suivant les lois anciennes, » plus de cinq ans, à partir de la même époque, seront accomplies » par ce laps de temps. »

46. — Les Sociétés anonymes actuellement existantes continueront à être soumises pendant toute leur durée, aux dispositions qui les régissent.

Elles pourront se transformer en Sociétés anonymes dans les termes de la présente loi, en obtenant l'autorisation du gouvernement, et en observant la forme prescrite pour les modifications de leurs statuts.

47. — Les Sociétés à responsabilité limitée, pourront se convertir en Sociétés anonymes dans les termes de la présente loi, en se conformant aux conditions stipulées pour la modification de leurs statuts. Les art. 31, 37 et 40 du Code de commerce sont abrogés, ainsi que la loi du 28 mai 1863, sur les Sociétés à responsabilité limitée.

TITRE IV.

Dispositions relatives à la publication des actes de Société.

55. — Dans le mois de la constitution de toute Société commerciale, un double de l'acte constitutif, s'il est sous seing privé, ou une expédition s'il est notarié, est déposé au greffe de

la justice de paix et du tribunal de commerce du lieu dans lequel est établie la Société. A l'acte constitutif des Sociétés en commandite par actions et des Sociétés anonymes sont annexées : 1° une expédition de l'acte notarié constatant la souscription du capital social et le versement du quart ; 2° une copie certifiée des délibérations prises par l'assemblée générale dans les cas prévus par les art. 4 et 24. En outre, lorsque la Société est anonyme, on doit annexer à l'acte constitutif la liste nominative, dûment certifiée des souscripteurs, contenant les nom, prénoms, qualités, demeure et le nombre d'actions de chacun d'eux.

56. — Dans le même délai d'un mois, un extrait de l'acte constitutif et des pièces annexées est publié dans l'un des journaux désignés pour recevoir les annonces légales. Il sera justifié de l'insertion par un exemplaire du journal certifié par l'imprimeur, légalisé par le maire et enregistré dans les trois mois de sa date. Les formalités prescrites par l'article précédent et par le présent article seront observées à peine de nullité, à l'égard des intéressés ; mais le défaut d'aucune d'elles ne pourra être opposé aux tiers par les associés.

57. — L'extrait doit contenir les noms des associés autres que les actionnaires ou commanditaires, la raison de commerce, ou la dénomination adoptée par la Société et l'indication du siége social, la désignation des associés autorisés à gérer, administrer, et signer pour la Société ; le montant du capital social et le montant des valeurs fournies ou à fournir par les actionnaires ou commanditaires, l'époque où la société commence, celle où elle doit finir, et la date du dépôt fait aux greffes de la justice de paix et du tribunal de commerce.

58. — L'extrait doit énoncer que la Société est en nom collectif ou en commandite simple, ou en commandite par actions ou anonyme, ou à capital variable. Si la Société est anonyme, l'extrait doit énoncer le montant du capital social en numéraire et en autres objets, la quotité à prélever, sur les bénéfices, pour composer le fonds de réserve. Enfin, si la Société est à capital variable, l'extrait doit contenir l'indication de la somme au-dessous de laquelle le capital social ne peut être réduit.

59. — Si la Société a plusieurs maisons de commerce situées dans divers arrondissements, le dépôt prescrit par l'article 55 et la publication prescrite par l'article 56 ont lieu dans chacun des arrondissements, le dépôt sera fait seulement au greffe de la justice de paix du principal établissement.

60. — L'extrait des actes et pièces déposées est signé pour les actes publics, par le notaire, et pour les actes sous seing privé par les associés en nom collectif, par les gérants des Sociétés en commandite ou par les administrateurs des Sociétés anonymes.

61. — Sont soumis aux formalités et aux pénalités prescrites par les art. 55 et 56 : — Tous actes et délibérations ayant pour objet la modification des statuts, la continuation de la Société au-delà du terme fixé pour sa durée, la dissolution avant ce terme et le mode de liquidation, tout changement et retraite d'associés et tout changement à la raison sociale.

Sont également soumises aux dispositions des art. 55 et 56, les délibérations prises dans les cas prévus par les art. 19, 37, 46, 47 et 49 ci-dessus.

62. — Ne sont pas assujettis aux formalités de dépôt et de publication les actes constatant les augmentations ou les diminutions du capital social, opérées dans les termes de l'art. 49, ou les retraites d'associés autres que les gérants et administrateurs, qui auraient lieu conformément à l'art. 52.

63. — Lorsqu'il s'agit d'une Société en commandite par actions ou d'une Société anonyme, toute personne a le droit de prendre communication des pièces déposées aux greffes de la justice de paix et du tribunal de commerce, ou même de s'en faire délivrer à ses frais, expédition ou extrait par le greffier ou par le notaire détenteur de la minute. Toute personne peut également exiger qu'il lui soit délivré au siége de la Société, une copie certifiée des statuts, moyennant paiement d'une somme qui ne pourra excéder un franc. Enfin, les pièces déposées doivent être affichées d'une manière apparente dans les bureaux de la Société.

64. — Dans tous les actes, factures, annonces, publications et

autres documents imprimés ou autographiés, émanés des Sociétés anonymes ou des Sociétés en commandite par actions, la dénomination sociale doit toujours être précédée ou suivie immédiatement de ces mots écrits lisiblement en toutes lettres: « Société anonyme », ou « Société en commandite par action » et de l'énonciation du montant du capital social.

Si la Société a usé de la faculté accordée par l'art. 48, cette circonstance doit être mentionnée par l'addition de ces mots, « à capital variable ». Toute contravention aux dispositions qui précèdent est punie d'une amende de 50 à 1000 francs.

65.— Sont abrogées les dispositions des art. 42, 43, 44, 45 et 46 du Code de commerce.

TITRE V.

Des Tontines et des Sociétés d'assurances.

66. — Les associations de la manière des tontines et les Sociétés d'assurance sur la vie, mutuelles ou à primes, resteront soumises à l'autorisation et à la surveillance du Gouvernement. Les autres Sociétés d'assurance pourront se former sans autorisation. — Un règlement d'administration publique déterminera les conditions sous lesquelles elles pourront être constituées. (Voir ci-après, Déc. 22 janv. 1868.)

67.— Les Sociétés d'assurances désignées dans le paragraphe 2 de l'article précédent, qui existent actuellement, pourront se placer sous le régime qui sera établi par le règlement d'administration publique sans l'autorisation du Gouvernement, en observant les formes et les conditions prescrites pour la modification de leurs statuts (1).

---

(1) Quatre nouveaux articles ont été ajoutés à ceux-là par la nouvelle loi sur les sociétés par actions du 3 août 1893. (Voir page 206.)

DÉCRET

portant règlement d'administration publique
pour la constitution des Sociétés d'assurances.

(22 janvier 1868).

—

TITRE I.

Des Sociétés anonymes d'assurances à primes.

Art. 1. — Les Sociétés anonymes d'assurances à primes sont soumises aux dispositions des lois relatives à cette forme de Société et, en outre, aux conditions ci-après déterminées.

Elles ne peuvent user des dispositions du titre III de la loi du 24 juillet 1867, particulières aux Sociétés à capital variable.

Art. 2. — La Société n'est valablement constituée qu'après le versement d'un capital de garantie, qui ne pourra en aucun cas, et alors même que le capital social est moindre de 200.000 francs, être inférieur à 50.000 francs.

Art. 3. — L'art. 3 de la loi du 24 juillet 1867, relatif à la conversion des actions en actions au porteur, n'est applicable aux Sociétés d'assurances à primes que si le fonds de réserve est égal au moins à la partie du capital social non encore versée, et s'il a été intégralement constitué.

Art. 4. — La Société est tenue de faire annuellement un prélèvement d'au moins 20 % sur les bénéfices nets pour former un fonds de réserve. Ce prélèvement devient facultatif lorsque le fonds de réserve est égal au cinquième du capital.

Art. 5. — Les fonds de la Société, à l'exception des sommes nécessaires aux besoins du service courant, doivent être employés en acquisitions d'immeubles, en rentes sur l'Etat, bons du Trésor ou autres valeurs créées ou garanties par l'Etat, en actions de la Banque de France, en obligations des départements et des cömmunes, du Crédit foncier de France ou des Compagnies françaises de chemins de fer qui ont un minimum d'intérêt garanti par l'Etat.

Art. 6. — Toute police doit faire connaître : 1° le montant du capital social ; 2° la portion de ce capital déjà versée ou appelée et, s'il y a lieu, la délibération par laquelle les actions auraient été converties en actions au porteur ; 3° le maximum que la Compagnie peut, aux termes de ses statuts, assurer sur un seul risque sans réassurance ; 4° et dans le cas où un même capital couvrirait dans les termes des statuts, des risques de nature différente, le montant de ce capital et l'énumération de tous ces risques.

Art. 7. — Tout assuré peut, par lui ou par un fondé de pouvoirs, prendre à toute époque, soit au siége social, soit dans les agences établies par la Société, communication du dernier inventaire. Il peut également exiger qu'il lui en soit délivré une copie certifiée, moyennant le paiement d'une somme qui ne peut excéder un franc.

TITRE II.

Des Sociétés d'assurances mutuelles.

SECTION I.

De la constitution des Sociétés et de leur objet.

Art. 8. — Les Sociétés d'assurances mutuelles peuvent se former, soit par un acte authentique, soit par un acte sous seing privé fait en double original, quel que soit le nombre des signataires de l'acte.

Art. 9. — Les projets des statuts doivent : 1° indiquer l'objet, la durée, le siége, la dénomination de la Société et la circonscription territoriale de ses opérations ; 2° comprendre le tableau de classification des risques, les tarifs applicables à chacun d'eux, et déterminer les formes suivant lesquelles ce tableau et ces tarifs peuvent être modifiés ; 3° fixer le nombre d'adhérents et le minimum de valeurs assurées, au-dessous desquels la Société ne peut être valablement constituée, ainsi que la somme à valoir sur la contribution de la première année qui devra être versée avant la constitution de la Société.

Art. 10.— Le texte entier des projets de statuts doit être inscrit sur toute liste destinée à recevoir les adhésions.

Art. 11. — Lorsque les conditions ci-dessus ont été remplies, les signataires de l'acte primitif ou leurs fondés de pouvoirs le constatent par une déclaration devant notaire. A cette déclaration sont annexées : 1° la liste nominative dûment certifiée des adhérents, contenant leur noms, prénoms, qualité et domicile, et le montant des valeurs assurées par chacun d'eux ; 2° l'un des doubles de l'acte de société, s'il est sous seing privé, ou une expédition, s'il est notarié, et s'il a été passé devant un notaire autre que celui qui reçoit la déclaration ; 3° l'état des versements effectués.

Art. 12.— La première assemblée générale qui est convoquée à la diligence des signataires de l'acte primitif, vérifie la sincérité de la déclaration mentionnée aux articles précédents ; elle nomme également pour la première année, les commissaires institués par l'art. 21 ci-après. Les membres du Conseil d'administration ne peuvent être nommés pour plus de six ans ; ils sont rééligibles, sauf stipulation contraire. Toutefois, ils peuvent être désignés par les statuts, avec stipulation formelle que leur nomination ne sera pas soumise à l'assemblée générale ; en ce cas, ils ne peuvent être nommés pour plus de trois ans. Le procès-verbal de la séance constate l'acceptation des membres du Conseil d'administration et des commissaires présents à la réunion. La Société n'est définitivement constituée qu'à partir de cette acceptation.

Art. 13.— Le compte de frais de premier établissement est assuré par le Conseil d'administration et soumis à l'assemblée générale qui l'arrête définitivement et détermine le mode et l'époque du remboursement.

SECTION II.

Administration des Sociétés.

Art. 14. — L'administration peut être confiée à un Conseil d'administration dont les statuts déterminent les pouvoirs. Les membres de ce Conseil peuvent choisir parmi eux un directeur, ou, si les statuts le permettent, se substituer un mandataire étranger à la Société dont ils sont responsables envers elle. L'administration peut également être confiée par les statuts à un directeur nommé par l'assemblée générale et assisté d'un Conseil d'administration. Les statuts déterminent dans ce cas les attributions respectives du directeur et du Conseil.

Art. 15. — Les membres du Conseil d'administration doivent être pris parmi les sociétaires ayant la somme de valeurs assurées déterminée par les statuts.

Art. 16. — Il est tenu chaque année au moins une assemblée générale, à l'époque fixée par les statuts. Les statuts déterminent, soit le minimum de valeurs assurées nécessaire pour être admis à l'assemblée, soit le nombre des plus forts assurés qui doivent la composer ; ils règlent également le mode suivant lequel les sociétaires peuvent s'y faire représenter.

Art. 17. — Dans toutes les assemblées générales, il est tenu une feuille de présence. Elle contient les noms et domicile des membres présents. Cette feuille, certifiée par le bureau de l'assemblée et déposée au siége social, doit être communiquée à tout requérant.

Art. 18. — L'assemblée générale ne peut valablement délibérer que si elle réunit le quart au moins des membres ayant le droit d'y assister ; si elle ne réunit pas ce nombre, une nouvelle assemblée est convoquée dans les formes et avec les délais prescrits par les statuts, et elle délibère valablement, quel que soit le nombre des membres présents ou représentés.

Art. 19. — L'assemblée générale qui doit délibérer sur la nomination des membres du premier Conseil d'administration et sur la sincérité de la déclaration faite aux termes de l'art. 11, par les signataires de l'acte primitif, doit être composée de la moitié au moins des membres ayant le droit d'y assister. Si l'assemblée générale ne réunit pas le nombre ci-dessus, elle ne peut prendre qu'une délibération provisoire ; dans ce cas, une nouvelle assemblée est convoquée Deux avis, publiés à huit jours d'intervalle, au moins un mois à l'avance, dans l'un des journaux désignés pour recevoir les annonces légales, font connaître aux sociétaires les résolutions provisoires, adoptées par la première assemblée et ces résolutions deviennent définitives si elles sont approuvées par la nouvelle assemblée composée du cinquième au moins des sociétaires ayant le droit d'y assister.

Art. 20.— Les assemblées qui ont à délibérer sur des modifications aux statuts ou sur des propositions de continuation de la Société au-delà du terme fixé pour sa durée, ou de dissolution avant ce terme ne sont régulièrement constituées et ne délibèrent valablement qu'autant qu'elles sont composées de la moitié au moins des sociétaires ayant le droit d'y assister. Toute modification des statuts est portée à la connaissance des sociétaires dans le premier récépissé de cotisation qui leur est délivré.

Art. 21.— L'assemblée générale annuelle désigne un ou plusieurs commissaires, sociétaires ou non, chargés de faire un rapport à l'assemblée générale de l'année suivante sur la situation de la Société, sur le bilan et sur les comptes présentés par l'administration. La délibération contenant approbation du bilan et des comptes est nulle, si elle n'a été précédée du rapport des commissaires. A défaut de nomination de commissaires par l'assemblée générale ou en cas d'empêchement et de refus d'un ou de plusieurs d'entre eux, il est procédé à leur nomination ou à leur remplacement par ordonnance du président du tribunal de première instance du siége de la Société, à la requête de tout intéressé, les membres du Conseil d'administration dûment appelés.

Art. 22.— Pendant le trimestre qui précède l'époque fixée par les statuts pour la réunion de l'assemblée générale, les commissaires ont droit, toutes les fois qu'ils le jugent convenable dans l'intérêt de la Société, de prendre communication des livres et d'examiner les opérations de la Société. Ils peuvent toujours, en cas d'urgence, convoquer l'assemblée générale.

Art. 23. — Toute Société doit dresser chaque année un état sommaire de sa situation active ou passive. Cet état est mis à la disposition des commissaires. Il est en outre établi, chaque semestre, un inventaire, ainsi qu'un compte détaillé des recettes et dépenses de l'année précédente et du montant des sinistres. Ces divers documents sont mis à la disposition des commissaires le quarantième jour au plus tard avant l'assemblée générale. Ils sont présentés à cette assemblée. L'inventaire et le compte détaillés sont également adressés au ministre de l'agriculture, du commerce et des travaux publics.

Art. 24.— Quinze jours au moins avant la réunion de l'assemblée générale, tout sociétaire peut prendre, par lui ou par un fondé de pouvoirs, au siége social, communication de l'inventaire et de la liste des membres composant l'assemblée générale et se faire délivrer copie de ces documents.

SECTION III.

De la formation de l'engagement social.

Art. 25.— Les statuts déterminent le mode et les conditions générales suivant lesquelles sont contractés les engagements entre la Société et les sociétaires.

Toutefois, les sociétaires auront, indépendamment de toute disposition statutaire, le droit de se retirer tous les cinq ans, en prévenant la Compagnie six mois d'avance, dans la forme indiquée ci-après. Ce droit sera réciproque au profit de la Société. Dans tous les cas où un sociétaire a le droit de demander la résiliation, il peut le faire soit par une déclaration au siége socia- ou chez l'agent local, dont il lui sera donné récépissé, soit par acte extrajudiciaire, soit par tout autre moyen indiqué dans les statuts. Les statuts indiquent spécialement le mode suivant lequel se fait l'estimation des valeurs assurées, les conditions réciproques de prorogation ou de résiliation des contrats et les circonstances qui font cesser les effets desdits contrats.

Art. 26.— Toute modification des statuts relative à la nature des risques garantis et au périmètre de la circonscription territoriale donne de plein droit, à chaque sociétaire, la facilité de résilier son engagement. Cette facilité doit être exercée par lui dans un délai de trois mois à dater de la notification qui lui aura été faite conformément à l'art. 20.

Art. 27.— Les statuts ne peuvent défendre aux sociétaires de se faire réassurer ou assurer à une autre Compagnie. Ils peuvent seulement stipuler que la Société sera immédiatement informée et aura le droit de notifier la résiliation du contrat.

Art. 28.— Les polices remises aux assurés doivent contenir les conditions spéciales de l'engagement, sa durée, ainsi que les clauses de résiliation et de tacite reconduction, s'il en existe dans les statuts.

La police constate, en outre, la remise d'un exemplaire contenant le texte entier des statuts.

SECTION IV.

Des charges sociales.

Art. 29.— Les tarifs annexés aux statuts fixent par degrés de risques le maximum de la contribution annuelle dont chaque sociétaire est passible pour le paiement des sinistres. Ce maximum constitue le fonds de garantie. Les statuts peuvent décider que chaque sociétaire sera tenu de verser d'avance une portion de la contribution sociale pour former un fonds de prévoyance.

Le montant de ce versement, dont le maximum est fixé dans les statuts, sera déterminé chaque année par l'assemblée générale.

Art. 30.— Si les statuts le stipulent ainsi, les indications du tableau de classification ne font pas obstacle à ce que le Conseil d'administration demeure juge soit de l'application de la classification à tout risque proposé à l'assurance, soit même de l'admissibilité de ce risque.

Art. 31.— Les statuts déterminent également le maximum de la contribution annuelle qui peut être exigée de chaque sociétaire pour frais de gestion de la Société. La quotité de cette contribution est fixée tous les cinq ans au moins par l'assemblée générale.

Il peut être décidé, soit par les statuts, soit par l'assemblée générale, qu'une somme fixe ou proportionnelle est allouée par traité à forfait avec la Direction. Ce traité est révisé tous les cinq ans au moins. L'acte qui l'autorise ou l'approuve détermine en même temps d'une manière précise quels sont les frais auxquels la somme allouée a pour objet de pourvoir.

Art. 32.— Il peut être formé, dans chaque société d'assurances mutuelles, un fonds de réserve, ayant pour objet de donner à la Société les moyens de suppléer à l'insuffisance de la cotisation annuelle pour le paiement des sinistres. Le montant du fonds de réserve est fixé tous les cinq ans par l'assemblée générale, nonobstant toute stipulation contraire insérée dans les statuts.

Le mode de formation et l'emploi de ce fonds sont déterminés par les statuts, sauf application des dispositions suivantes :

Dans aucun cas, le prélèvement sur le fonds de réserve ne peut excéder la moitié de ce fonds pour un seul exercice. En cas de dissolution de la Société, l'emploi du reliquat du fonds de réserve est réglé par l'assemblée générale, sur la proposition des membres du Conseil d'administration et soumis à l'approbation du ministre de l'agriculture, du commerce et des travaux publics.

Art. 33. — Les fonds de la Société doivent être placés en rentes sur l'État, en actions de la Banque de France, en obligations des départements et des communes, du Crédit foncier de France et des Compagnies françaises de chemins de fer, qui ont un minimum d'intérêt garanti par l'État. Ces valeurs sont immatriculées au nom de la Société.

SECTION V.

Déclaration, estimation et paiement des sinistres.

Art. 34. — Les statuts déterminent le mode et les conditions de la déclaration à faire, en cas de sinistre, par les sociétaires, pour le règlement des indemnités qui pourraient leur être dues.

Art. 35. — L'estimation des sinistres est faite par un agent de la Société ou tout autre expert désigné par elle, contradictoirement avec le Sociétaire ou avec un expert choisi par lui ; en cas de dissidence, il en est déféré à un tiers expert désigné, à défaut d'accord entre les parties, par le président du tribunal de première instance de l'arrondissement ou, si les statuts l'ont ainsi décidé, par le juge de paix du canton où le sinistre a eu lieu.

Art. 36. — Dans les trois mois qui suivent l'expiration de chaque année, il est fait un règlement général des sinistres à la charge de l'année, et chaque ayant droit reçoit, s'il y a lieu, le solde de l'indemnité réglée à son profit.

Art. 37. — En cas d'insuffisance de fonds de garantie et de la part du fonds de réserve, déterminé par les statuts, l'indemnité de chaque ayant droit est diminuée au centime le franc.

SECTION VI.

Dispositions relatives à la publication des actes de Société.

Art. 38. — Dans le mois de la constitution de toute société d'assurances mutuelles, une expédition de l'acte notarié et de ses annexes est déposée au greffe de la justice de paix, et s'il en existe, du tribunal civil du lieu où est établie la Société. A cette expédition est annexée une copie certifiée des délibérations prises par l'assemblée générale dans les cas prévus par l'art. 12.

Art. 39. — Dans le même délai d'un mois, un extrait de l'acte constitutif et des pièces annexées est publié dans l'un des journaux désignés pour recevoir les annonces légales. Il sera justifié de l'insertion par un exemplaire du journal, certifié par l'imprimeur, légalisé par le maire et enregistré dans les trois mois de sa date.

Art. 40. — L'extrait doit contenir la dénomination adoptée par la Société et l'indication du siége social, la désignation des personnes autorisées à gérer, administrer et signer pour la Société, le nombre d'adhérents et le minimum de valeurs assurées au-dessous desquels la Société ne pouvait être valablement constituée, l'époque où la Société a commencé, celle où elle doit finir et la date du dépôt fait au greffe de la justice de paix et du tribunal de première instance.

Il indique également si la Société doit ou non constituer un fonds de réserve.

Art. 41. — L'extrait des actes et pièces déposés est signé pour les actes publics, par le notaire, et pour les actes sous seing privé par les membres du Conseil d'administration.

Sont soumis aux formalités ci-dessous prescrites tous actes et délibérations ayant pour objet la modification des statuts, la continuation de la Société au-delà du terme fixé par les statuts, la dissolution avant ce terme et tout changement à la dénomination, ainsi que la transformation de la Société dans les conditions indiquées par l'art. 67 de la loi du 24 juillet 1867.

Art. 42. — Toute personne a le droit de prendre communication des pièces déposées au greffe de la justice de paix et du tribunal, ou même de s'en faire délivrer à ses frais expédition ou extrait par le greffier ou par le notaire détenteur de la minute. Toute personne peut également exiger qu'il lui soit délivré, au siége de la Société, une copie certifiée des statuts, moyennant paiement d'une somme qui ne pourra excéder un franc.

Enfin les pièces déposées doivent être affichées d'une manière apparente dans les bureaux de la Société.

NOUVELLE LOI

sur les Sociétés par actions du 3 août 1893.

Le Journal officiel du 3 août 1893 a promulgé une nouvelle loi portant modification de la loi du 24 juillet 1867 sur les sociétés par actions.

Voici le texte de cette loi :

Art. 1. — Les paragraphes 1 et 2 de l'article premier de la loi du 1er juillet 1867 sont modifiés comme suit :

§ 1. Les sociétés en commandite ne peuvent diviser leur capital, en actions ou en coupures d'actions de moins de 25 francs, lorsque le capital n'excède pas 200.000 francs, de moins de 100 francs, lorsque le capital est supérieur à 200.000 francs.

§ 2. Elles ne peuvent être définitivement constituées qu'après la souscription de la totalité du capital et le versement en espèces par chaque actionnaire, du montant des actions ou coupures d'actions souscrites par lui lorsqu'elles n'excèdent pas 25 francs, et du quart au moins des actions lorsqu'elles sont de 100 francs et au-dessus.

Art. 2. — L'article 3 est modifié comme suit :

Les actions sont nominatives jusqu'à leur entière libération. Les actions représentant des rapports devront toujours être intégralement libérées au moment de la constitution de la Société.

Ces actions ne peuvent être détachées de la souche et ne sont négociables que deux ans après la constitution définitive de la Société.

Pendant ce temps, elles devront à la diligence des administrateurs être frappées d'un timbre indiquant leur nature et la date de cette constitution.

Les titulaires, les cessionnaires intermédiaires, et les souscripteurs sont tenus solidairement du montant de l'action.

Tout souscripteur ou actionnaire qui a cédé son titre, cesse, deux ans après la cession, d'être responsable des versements non encore appelés. »

Art. 3. — A l'article 8 sont ajoutées les dispositions suivantes :

L'action en nullité de la Société ou des actes et délibérations postérieurs à sa constitution n'est plus recevable lorsque, avant l'introduction de la demande, la cause de nullité a cessé d'exister. L'action en responsabilité pour les faits dont la responsabilité résultait, cesse également d'être recevable, lorsque, avant l'introduction de la demande, la cause de nullité a cessé d'exister, et en outre que trois ans se sont écoulés depuis le jour où la nullité était encourue. Si, pour couvrir la nullité, une assemblée générale devait être convoquée. l'action en nullité ne sera plus recevable à partir de la date de la convocation régulière de cette assemblée.

Ces actions en nullité contre les actes constitutifs des Sociétés sont prescrites par dix ans.

Cette prescription ne pourra toutefois être opposée avant l'expiration des dix années qui suivront la promulgation de la présente loi.

Art. 4. — Au paragraphe I de l'article 27 est ajouté ce qui suit :

Tous propriétaires d'un nombre d'actions inférieur à celui déterminé pour être admis dans l'assemblée pourront se réunir pour former le nombre nécessaire et se faire représenter par l'un d'eux.

Art. 5. — Dans le paragraphe I de l'art. 42, aux mots « responsables solidairement envers les tiers sans préjudice du droit des actionnaires » sont substitués les termes suivants « responsables solidairement envers les tiers et les actionnaires du dommage résultant de cette annulation. »

Au même article est ajouté le paragraphe suivant :

« L'action en nullité et celle en responsabilité en résultant sont soumises aux dispositions de l'art. 8 ci-dessus. »

Art. 6. — Sont ajoutées à la loi les dispositions suivantes :

Dispositions diverses

Art. 68. — Quel que soit leur objet, les Sociétés en commandite ou anonymes qui seront constituées dans les formes du Code de commerce ou de la présente loi seront commerciales et soumises aux lois et usages du commerce.

Art. 69. — Il pourra être consenti hypothèque au nom de toute la Société commerciale en vertu des pouvoirs résultant de son acte de formation même sous seing privé, ou des délibérations ou autorisations constatées dans les formes réglées par ledit acte. L'acte d'hypothèque sera passé en forme authentique conformément à l'art. 2127 du Code civil.

Art 70. — Dans les cas où les Sociétés ont continué à payer les intérêts ou dividendes des actions, obligations ou tous autres titres remboursables par suite d'un tirage au sort, elles ne peuvent répéter ces sommes lorsque le titre est présenté au remboursement.

Art. 71 — Dans l'art. 50, paragraphe I, sont supprimés les mots « ils ne pourront être inférieurs à 50 francs. »

Dispositions transitoires

Art. 7. — Pour les Sociétés par actions en commandite ou anonymes déjà existantes, sans distinction entre celles antérieures à la loi du 24 juillet 1867, et celles postérieures, il n'est pas dérogé à la faculté qu'elles peuvent avoir de convertir leurs actions en titres au porteur avant libération intégrale.

Quant aux actions nominatives des mêmes Sociétés, les deux ans après lesquels tout souscripteur ou actionnaire qui a cédé son titre, cesse d'être responsable des versements non appelés ne courront à l'égard des créanciers antérieurs à la présente loi, qu'à partir de l'entrée en vigueur de la loi et sauf application de l'art. 2257, du Code civil pour les créances conditionnelles ou à terme, et les actions en garantie.

Les dispositions de l'art. 8 et celles de l'art. 42, s'appliquent aux Sociétés déjà constituées sous l'empire de la loi du 24 juillet 1867. Dans les mêmes Sociétés, l'action en nullité résultant des articles 7 et 41 ne sera plus recevable, si les causes de nullité ont cessé d'exister au moment de la présente loi.

En tous cas, l'action en responsabilité pour les faits dont la nullité résultait, ne cessera d'être recevable que trois ans après la présente loi.

Les sociétés civiles actuellement constituées sous d'autres formes pourront, si leurs statuts ne s'y opposent pas, se transformer en Sociétés en commandite, ou en Sociétés anonymes, par décision d'une assemblée générale, spécialement convoquée et réunissant les conditions tant de l'acte social, que de l'article 31 ci-dessus.

DE L'ASSURANCE EN GÉNÉRAL

TROISIÈME PARTIE

DE L'EXPLOITATION DE L'ASSURANCE

CHAPITRE II.

Des Sociétés d'assurances au point de vue administratif. Statuts des Sociétés à primes fixes et des mutuelles.

Le chapitre précédent contenant toutes les dispositions légales qui concernent les Sociétés d'assurance, voyons maintenant leur application pratique dans la constitution et l'organisation administrative de ces Sociétés.

Nous ne pensons pouvoir mieux faire saisir cette application au lecteur, qu'en lui mettant successivement sous les yeux les statuts de trois de nos principales Sociétés d'assurance. Les premiers concernent une Société anonyme d'assurance à primes fixes, contre les risques de transports terrestres et maritimes et en même temps contre les accidents de toute nature.

Les seconds statuts sont ceux d'une Société d'assurance à primes fixes sur la vie, et enfin, en troisième lieu, nous donnons ceux d'une Compagnie d'assurance mutuelle contre l'incendie.

Le choix de ces statuts, dont l'objet embrasse la presque totalité des branches de risques divers que l'assurance exploite, et les compléments qu'y apportent les annotations faites, seront certainement d'une lecture très fructueuse. Ajoutons que la matière des chapitres suivants complètera très utilement cette étude sur l'organisation administrative des Sociétés.

I

_____

STATUTS

de

LA FONCIÈRE

ÇOMPAGNIE D'ASSURANCES

CONTRE LES RISQUES DE TRANSPORTS

(Assurances maritimes)

ET LES ACCIDENTS DE TOUTE NATURE

Société anonyme.— Capital : 25 millions

TITRE PREMIER

Formation. – Dénomination. – Siége. – Durée. – Objet.

ARTICLE PREMIER.

Il est formé entre les propriétaires des actions ci-après créées une Société anonyme d'assurances contre les risques de transports de toute nature.

ART. 2.

La Société a pour dénomination *la Foncière*, Compagnie d'assurance contre les risques de transports et les accidents de toute nature.

ART. 3.

Le siége social est à Paris.

La Société se réserve le droit d'établir des succursales partout où elle en reconnaîtrait l'opportunité.

ART. 4.

La durée de la Société est fixée à 60 années consécutives à partir de sa constitution définitive, sauf les cas de prorogation ou de dissolution prévus par les présents Statuts.

Art. 5.

La Société a pour objet :

1° L'assurance des risques de transports par terre ;

2° Celle des risques de navigation maritime ;

3° Celle des risques de navigation intérieure ;

4° L'assurance des accidents de toute nature pouvant atteindre les personnes et les choses, en quelque lieu et sous quelque forme que ce soit, pendant toute la durée du temps fixé par la police ; ([1])

5° Les prêts à la grosse ;

6° Les prêts hypothécaires sur navire ;

7° Toutes opérations se rattachant aux objets qui précèdent, et même couvrir les risques de guerre afférents à ceux ci-dessus énumérés.

Art. 6.

La Société peut faire des assurances avec participation des assurés aux bénéfices en résultant.

Art. 7.

Le maximum de la valeur que la Société peut conserver sur un seul risque est fixé à un million cinq cent mille francs (1,500,000.)

Néanmoins, ce plein pourra être dépassé, mais à la condition de faire couvrir l'excédant par des réassurances.

---

(1) Les Sociétés qui exploitent la branche d'assurance accidents, détaillent ordinairement dans leurs statuts les opérations qui doivent faire l'objet de leur exploitation : Ex. (Extrait des statuts de l'Urbaine et Seine : art. 5) :

La Société a pour objet :

« 1° L'assurance individuelle ou collective contre les accidents de toute nature, pouvant atteindre les personnes et provenant de causes extérieures involontaires ;

2° L'assurance de la responsabilité civile, pouvant résulter de tous les accidents corporels ou matériels ;

3° L'assurance de corporations, de sociétés, et de caisses de secours mutuels pour les risques accidentels qu'elles indemnisent ;

4° L'assurance contre les accidents de chemin de fer, et ceux de voyage par terre et eau pouvant atteindre les personnes ;

5° L'assurance contre les accidents matériels de toute nature pouvant atteindre les objets ou valeurs (hors le cas d'incendie) ;

6° L'assurance contre la perte des valeurs, titres et bijoux pendant leur transport ;

7° L'assurance contre les pertes pouvant résulter du chômage par suite d'incendie, d'explosion ou de tous autres accidents ;

8° L'assurance particulière et spéciale contre les risques des explosions des appareils à vapeur ;

9° L'assurance contre le bris des glaces et carreaux ;

10° L'assurance contre les accidents de chevaux et voitures ;

11° Les assurances des Compagnies de Sapeurs-Pompiers, à l'occasion des accidents survenant pendant le service actif ;

12° La réassurance de ces mêmes risques par voie de cession ou d'acceptation. »

Art. 8.

Les opérations de la Société s'étendent à toute la France ; elles peuvent également s'étendre aux Colonies ainsi qu'à l'Étranger.

Art. 9.

Toutes opérations étrangères aux objets ci-dessus et au placement de ses fonds sont interdites à la Société.

Les fonds de la Société, à l'exception des sommes nécessaires aux besoins du service courant, doivent être employés en acquisition d'immeubles, en rentes sur l'État, bons du Trésor ou autres valeurs créées ou garanties par l'État, en actions de la Banque de France, en obligations des départements et des communes, du Crédit Foncier de France et des Compagnies françaises de chemins de fer qui ont un minimum d'intérêt garanti par l'État.

TITRE II.

Actions. — Versements. — Transmission des actions. Actionnaires.

Art. 10.

Le capital est fixé à 25 millions de francs ; il est divisé en 50,000 actions de 500 francs chacune.

Art. 11.

La Société se réserve d'augmenter ou de diminuer son capital.

L'augmentation ou la diminution du fonds social ne pourront avoir lieu qu'en vertu d'une résolution de l'Assemblée générale des actionnaires prise dans les formes et conditions déterminées par l'article 55 ci-après.

Le fonds social au fur et à mesure de son émission est affecté à la garantie des engagements sociaux.

Art 12.

Un premier quart du montant des actions souscrites, soit 125 francs par actions, est versé par les actionnaires préalablement à la constitution de la Société.

Le surplus, s'il est nécessaire d'y faire appel, sera versé dans les proportions et dans les délais fixés par le Conseil d'administration.

Art. 13.

Chaque souscripteur, indépendamment des actions souscrites, sera tenu de verser à la caisse sociale, au moment de la délivrance des titres, autant de fois cinquante francs qu'il possèdera d'actions. — Le produit de ce versement sera employé à constituer, dès le début des opérations de la Compagnie, un fonds de prévoyance, et à pourvoir en dehors du capital aux frais de constitution de la Société, dans lesquels entreront les sommes à débourser pour assurer à la Société le concours de l'organisation de la Foncière-Incendie et l'usage de son titre.

Art. 14.

Les actions sont nominatives ; elles peuvent, après avoir été libérées de moitié, être converties en actions au porteur en vertu d'une délibération de l'Assemblée générale, en se conformant aux dispositions de l'article 3 du décret du 22 janvier 1868.

Art. 15

Chaque action donne droit à une part proportionnelle dans la propriété de l'actif social, dans les bénéfices à distribuer, dans la réserve et dans le fonds de prévoyance.

Art. 16.

Les actions sont détachées d'un registre à souche, revêtues d'un numéro d'ordre et signées par deux Administrateurs.

Art. 17.

Les actions sont négociables après le versement du premier quart.

Art. 18.

La transmission des actions au porteur a lieu par la simple tradition des titres ; celle des actions nominatives ne s'opère qu'en vertu d'un transfert inscrit sur les registres de la Société.

Le transfert est signé par le cédant et le cessionnaire ou par leurs fondés de pouvoirs.

Le Directeur mentionne au dos des titres l'accomplissement de la formalité du transfert. Tous les frais résultant du transfert sont à la charge de l'acquéreur.

La Société peut exiger que la signature et la capacité des parties soient certifiées par un officier public et, dans ce cas, elle n'est pas responsable de la validité du transfert.

Les titres sur lesquels les versements échus ont été effectués sont seuls admis au transfert.

Art. 19.

Les actionnaires ne sont responsables des engagements de la Société que jusqu'à concurrence du montant de leurs actions.

Art. 20.

Les appels de fonds sont portés à la connaissance des actionnaires par un avis inséré un mois, au moins, avant l'époque fixée pour le versement, dans un des journaux d'annonces légales de Paris.

Art. 21.

A défaut de paiement aux époques déterminées, l'intérêt est dû, par chaque jour de retard, à raison de cinq pour cent par an.

La Société peut exercer l'action personnelle contre les retardataires; elle peut aussi, soit distinctement de la poursuite personnelle, soit concurremment avec elle, faire vendre les actions des retardataires, sans autre formalité qu'une simple mise en demeure adressée par lettre chargée au domicile élu huit jours à l'avance et restée sans effet. Ces actions sont vendues simultanément ou successivement sur duplicata à la Bourse de Paris, par le ministère d'un agent de change, pour le compte et aux frais, risques et périls des retardataires.

Les nouveaux titres délivrés aux acquéreurs portent les mêmes numéros que les titres primitifs, qui sont annulés et cessent d'avoir aucune valeur entre les mains des propriétaires dépossédés.

Sur le produit de la vente, on impute d'abord les intérêts et les frais, puis les plus anciens versements en retard, le déficit reste à la charge de l'actionnaire dépossédé et de ses coobligés, et la Société en poursuit le recouvrement par toutes les voies de droit ; l'excédant, s'il y en a, appartient à l'actionnaire.

Mention de l'accomplissement de ces formalités sera faite par le Directeur sur le registre à souche des actions.

Art. 22.

Les actions sont indivisibles à l'égard de la Société qui ne reconnaît qu'un seul propriétaire pour chaque action.

Tous les propriétaires indivis d'une action sont tenus de se faire représenter auprès de la Société par un seul d'entre eux.

Art. 23.

Les droits et obligations attachés à l'action suivent le titre dans quelque main qu'il passe.

La possession de l'action emporte de plein droit adhésion aux statuts de la Société et aux décisions de l'Assemblée générale.

Art. 24.

Les héritiers ou ayants droit d'un actionnaire ne peuvent s'immiscer en rien dans l'administration de la Société, par demande de partage, de licitation ou d'apposition de scellés ; ils ne peuvent la frapper d'opposition ni requérir inventaire, et doivent, pour l'exercice de leurs droits, s'en rapporter aux inventaires sociaux ainsi qu'aux délibérations de l'Assemblée générale et du Conseil d'administration.

TITRE III.

Administration.

Art. 25.

La Société est administrée par un Conseil nommé par l'Assemblée générale des actionnaires.

Ce Conseil se compose de neuf membres au moins et de vingt-un au plus.

La durée de leurs fonctions est de six années.

La première Assemblée générale confère aux membres nommés par elle le droit de désigner les membres complémentaires dudit Conseil, qui auront les mêmes attributions que les premiers nommés, jusqu'à la ratification de leur nomination par la prochaine Assemblée générale.

Art. 26.

Le Conseil se renouvelle par tiers tous les deux ans : les membres sortants, lors du premier et du second renouvellement, sont désignés par le sort et ensuite par ordre d'ancienneté.

Les membres sortants sont indéfiniment rééligibles.

Le premier renouvellement s'opèrera dans l'Assemblée générale qui se réunira dans le mois de mai 1881.

Art. 27.

Chacun des Administrateurs doit être propriétaire de cent actions, lesquelles sont affectées en totalité à la garantie de tous les actes de la gestion, même de ceux qui seraient exclusivement personnels à l'un des Administrateurs.

Ces actions sont nominatives, inaliénables, frappées d'un timbre indiquant l'inaliénabilité et déposées dans la caisse sociale.

Art. 28.

Le Conseil nomme parmi ses membres un Président et, s'il le juge utile, un Vice-Président, et fixe la durée de leurs fonctions.

Il nomme également un Secrétaire qui peut être choisi en dehors du Conseil.

En cas d'absence des titulaires, la séance est présidée par le plus âgé des Administrateurs présents.

Art. 29.

En cas de décès, de retraite ou d'empêchement permanent d'un ou de plusieurs Administrateurs, le Conseil d'administration peut pourvoir provisoirement aux vacances, jusqu'à la première Assemblée générale qui procède à l'élection définitive.

Les Administrateurs ainsi nommés ne demeurent en fonctions que pendant le temps d'exercice qui restait à leurs prédécesseurs.

Art. 30.

Le Conseil d'administration se réunit au siége social aussi souvent que les intérêts de la Société l'exigent et au moins une fois par mois. Il est convoqué par son Président ou par le Directeur de la Société.

Il peut être convoqué extraordinairement en cas d'urgence.

Art. 31.

Pour qu'une délibération soit valable, sept membres au moins doivent assister au Conseil.

Les décisions sont prises à la majorité des voix des membres présents.

En cas de partage, la voix du Président ou de celui qui le remplace est prépondérante.

Dans le Conseil nul ne peut voter par procuration.

Les délibérations du Conseil d'administration sont transcrites sur un registre spécial et signées par le Président et un des Administrateurs.

Les copies ou extraits de ces délibérations à produire sont certifiés par le Président ou par l'Administrateur qui le remplace.

ART. 32.

Les Administrateurs ne contractent, à raison de leur gestion, aucune obligation personnelle ni solidaire, relativement aux engagements de la Société ; ils ne répondent que de l'exécution de leur mandat. (Art. 32 du Code de Commerce.)

Il leur est alloué des jetons de présence dont la valeur est fixée par l'Assemblée générale.

ART. 33.

1º Le Conseil d'administration est investi des pouvoirs les plus étendus pour l'administration de la Société.

2º Il a notamment les pouvoirs suivants, lesquels sont énonciatifs et non limitatifs ;

3º Il représente la Société vis-à-vis des tiers ;

4º Il délibère et statue sur toutes les affaires de la Société ;

5º Il autorise l'assurance des risques de guerre ;

6º Il décide de la création des succursales et des agences ;

7º Il nomme et révoque tous agents et employés ; il fixe leurs appointements et émoluments ;

8º Il liquide et arrête le montant des pertes et dommages à payer par la Société ;

9º Il vérifie, règle et arrête chaque année et soumet à l'approbation de l'Assemblée générale, le chiffre des bénéfices, celui des réserves et du fonds de prévoyance et il détermine l'emploi de ces réserves et de ce fonds de prévoyance ;

10º Il fixe, s'il y a lieu, la quotité et l'époque des appels de fonds ;

11º Il autorise tous retraits, transferts, aliénation de fonds, rentes et valeurs appartenant à la Société ;

12º Il décide tous achats, ventes, cessions, échanges et aliénations mobilières ou immobilières quelconques, donne quittances, requiert l'inscription, et consent mainlevée des hypothèques avec ou sans paiement ;

13º Toutefois, ces aliénations, quittances et radiations peuvent être consenties par le Directeur seul lorsqu'il s'agit de valeurs n'excédant pas deux mille francs ;

14° Le Conseil convoque l'Assemblée générale lorsqu'il le juge utile ;

15° Il délibère et statue sur les propositions à faire à l'Assemblée générale pour les modifications à apporter aux statuts, pour la prorogation, la dissolution anticipée de la Société ou la fusion de celle-ci avec d'autres Sociétés ; il arrête l'ordre du jour des Assemblées générales ;

16° Il choisit les membres du Conseil du Contentieux qu'il peut appeler soit au sein du Conseil d'administration, soit à l'Assemblée générale ;

17° Il autorise toute action judiciaire, tout compromis et toutes transactions ;

18° Il peut conférer toutes hypothèques, consentir toutes antériorités, traiter, transiger, compromettre, acquiescer et substituer ;

19° Le Conseil peut déléguer ses pouvoirs par un mandat spécial pour un objet déterminé et pour un temps limité.

Enfin tous pouvoirs sont donnés au Conseil d'administration pour conclure, aux conditions qu'il jugera favorables aux intérêts de la Société, tous traités ayant pour but de substituer celle-ci, par voie d'achat ou autrement, dans les profits et risques de toutes polices, contrats et engagements de toute Société d'assurances contre les risques de transports existante ou en liquidation, qui consentirait à céder tout ou partie de son portefeuille et même de son actif mobilier et immobilier.

TITRE IV.

Direction.

ART. 34.

L'exécution des décisions du Conseil d'administration et toutes les opérations du service courant sont confiées à un Directeur assisté d'un ou de plusieurs Administrateurs délégués par le Conseil.

ART. 35.

Le Directeur est nommé par le Conseil d'administration. Il peut être révoqué, mais sa révocation ne peut être prononcée que dans une Assemblée du Conseil réunie à cet effet et à une majorité des deux tiers au moins des membres du Conseil en exercice.

Art. 36.

Le Directeur règle et dirige le travail des bureaux, propose au Conseil la nomination et la révocation des employés, les divers paiements à la charge de la Société et toutes les mesures qu'il juge utiles.

Il règle et arrête les conditions générales et particulières des contrats d'assurances et de réassurances, souscrit et signe les polices ainsi que les avenants.

Il opère les réassurances des sommes qui pourraient excéder le maximum fixé par l'article 7 ainsi que des risques qu'il croirait ne devoir pas garder.

Art. 37.

Sauf le cas où le Conseil d'administration délibère sur des questions personnelles au Directeur, celui-ci assiste aux réunions avec voix consultative.

Art. 38.

Le Directeur doit être propriétaire de vingt-cinq actions au moins, qui sont inaliénables et restent déposées dans la Caisse sociale, en garantie de sa gestion, jusqu'à l'apurement de ses comptes.

Il reçoit un traitement annuel dont le montant est fixé par le Conseil.

Art. 39.

Les actes judiciaires, tant en demandant qu'en défendant, ainsi que tous les actes administratifs, s'exercent au nom du Conseil d'administration, sur les poursuites et diligences du Directeur, lequel peut substituer à cet effet tout officier civil ou judiciaire.

Art. 40.

Les recettes et dépenses de la Société, les bons de prime, de ristourne, acquits et reçus, les transferts de rente et autres fonds inscrits au nom de la Société, les actes d'acquisition d'immeubles, vente ou échange, les traités et conventions avec ou sans hypothèque, les procurations et les commissions des agents et des délégués de la Compagnie, la correspondance, les effets de commerce, les endossements, lettres de change, chèques et mandats de caisse sont signés par le Directeur et un Administrateur.

Art. 41.

Le Conseil d'administration peut nommer un Directeur-adjoint ou un sous-Directeur pour suppléer le Directeur dans les occasions et dans les limites déterminées par le Conseil.

TITRE V.

Assemblée générale.

Art. 42.

L'assemblée générale régulièrement constituée représente l'universalité des actionnaires. Elle se compose de tous les actionnaires, propriétaires depuis trois mois au moins, au moment de la convocation, de vingt actions libérées de tous les versements appelés.

En cas d'insuffisance de possesseurs de vingt actions pour la composition de l'Assemblée générale, celle-ci peut être complétée par les actionnaires qui en possèdent moins de vingt, en suivant l'ordre décroissant.

Le jour de la réunion, la liste des actionnaires est déposée sur le bureau.

Art. 43.

Nul ne peut se faire représenter à l'Assemblée que par un membre de l'Assemblée.

Art. 44.

L'Assemblée générale se réunit de droit, chaque année, du 1er au 31 mai.

Elle se réunit en outre extraordinairement toutes les fois qu'une délibération du Conseil en reconnaît l'utilité.

Art. 45.

Les convocations sont faites, quinze jours avant la réunion, par un avis inséré dans deux des journaux de Paris désignés pour la publication des annonces légales, et par lettres adressées, à la diligence du Président du Conseil d'administration, aux actionnaires propriétaires de vingt actions nominatives, ou plus, inscrits sur les registres de la Société depuis au moins trois mois.

Toutefois, en cas d'urgence, ce dont le Conseil d'administration sera juge, le délai pour la convocation de l'Assemblée générale pourra être réduit à cinq jours.

Art. 46.

L'Assemblée est régulièrement constituée lorsque les membres présents ou représentés réunissent dans leurs mains le quart des actions émises.

Art. 47.

Si cette condition n'est pas remplie sur une première convocation, il en est fait une seconde, au moins à quinze jours d'intervalle.

Dans ce cas, le délai entre la convocation et le jour de la réunion est réduit à dix jours.

Les membres présents à la seconde réunion délibèrent valablement, quels que soient leur nombre et celui de leurs actions, mais seulement sur les objets à l'ordre du jour de la première.

Art. 48.

L'Assemblée est présidée par le Président ou le Vice-Président du Conseil d'administration, à leur défaut, par l'Administrateur que le Conseil désigne.

Les fonctions de Scrutateurs sont remplies par les deux plus forts actionnaires présents et, sur leur refus, par ceux qui les suivent dans l'ordre de la liste, jusqu'à acceptation.

Le bureau désigne le Secrétaire.

Art. 49.

Les délibérations sont prises à la majorité des voix des membres présents.

Chacun d'eux a autant de voix qu'il possède de fois vingt actions, sans que personne puisse en avoir plus de dix en son nom personnel, ni plus de vingt tant en son propre nom que comme mandataire.

Tout membre de l'Assemblée générale a droit à une voix, lors même que le nombre de ses actions ne s'élève pas à vingt, dans le cas prévu par l'article 42.

Art. 50.

Aucun autre objet que ceux portés à l'ordre du jour ne peut être mis en délibération.

Art. 51.

L'Assemblée générale ordinaire entend le rapport du Président ou du Vice-Président du Conseil d'administration, à leur défaut, de l'Administrateur que le Conseil désigne, sur la situation des affaires sociales.

Elle entend également le rapport et les observations des Commissaires.

Elle nomme les Administrateurs et les Commissaires toutes les fois qu'il y a lieu de les remplacer.

Les Administrateurs et les Commissaires sont nommés à la majorité des suffrages.

Le scrutin secret pour la nomination des Administrateurs peut être réclamé par vingt membres représentant au moins le dixième du capital social

Art. 52.

Les délibérations de l'Assemblée, prises conformément aux statuts, obligent tous les actionnaires, même absents ou dissidents.

Art. 53.

Elles sont constatées par des procès-verbaux inscrits sur un registre spécial et signés par la majorité des membres composant le bureau.

Une feuille de présence, destinée à constater le nombre des membres assistant à l'Assemblée et celui de leurs actions, demeure annexée à la minute du procès-verbal. Elle est revêtue des mêmes signatures.

Art. 54.

La justification à faire vis-à-vis des tiers des délibérations de l'Assemblée, résulte de copies ou extraits certifiés conformes par le Président, ou le Vice-Président du Conseil d'administration, ou par l'Administrateur désigné pour remplir les fonctions de Président.

Art. 55.

L'Assemblée générale peut apporter aux présents Statuts toutes les modifications qu'elle juge utiles. Elle délibère notamment et statue, lorsque la proposition lui en est soumise par le Conseil d'administration, sur l'augmentation ou la diminution du fonds social, sur la prolongation ou la dissolution anticipée de la Société, sur la fusion avec d'autres Sociétés, et généralement sur tous les cas non prévus par les Statuts.

Dans ces divers cas, la moitié du capital social au moins doit être représentée.

TITRE VI.

Commissaires.

Art. 56.

L'Assemblée générale désigne un ou plusieurs Commissaires, actionnaires ou non, chargés de faire un rapport à l'Assemblée générale annuelle suivante sur la situation de la Société, sur le bilan et sur les comptes présentés par le Conseil d'administration.

Pendant le trimestre qui précède l'époque fixée par les statuts pour la réunion de l'Assemblée générale, les Commissaires ont droit, toutes les fois qu'ils le jugent convenable dans l'intérêt social, de prendre communication des livres et d'examiner les opérations de la Société.

Ils peuvent toujours, en cas d'urgence, convoquer l'Assemblée générale des actionnaires. Leurs fonctions durent un an ; ils sont rééligibles.

L'étendue et les effets de la responsabilité des Commissaires envers la Société sont déterminés par les règles générales du mandat.

TITRE VII

États semestriels. — Comptes. — Inventaire.
Répartition des bénéfices.

Art. 57.

L'année sociale commence le 1er janvier et finit le 31 décembre.

Le premier exercice comprendra le temps à courir du jour de la constitution définitive de la Société au 31 décembre 1880.

Chaque semestre, un état sommaire de la situation active et passive de la Société est dressé et mis à la disposition des Commissaires-Censeurs. Il est, en outre, établi chaque année un inventaire contenant l'indication des valeurs mobilières et immobilières, de toutes les dettes actives et passives de la Société.

Il sera ouvert un compte de premier établissement, lequel comprendra tous les frais faits pour arriver à la constitution définitive de la Société, conformément à l'article 13 ci-dessus.

Art. 58.

L'inventaire, le bilan et le compte de profits et pertes, sont tenus à la disposition des Commissaires, quarante jours au plus tard avant l'Assemblée générale.

Art. 59.

Quinze jours avant la réunion de l'Assemblée générale, tout actionnaire peut prendre au siége social communication de l'inventaire et de la liste des actionnaires et se faire délivrer copie du bilan résumant l'inventaire et du rapport des Commissaires.

Art. 60.

Les comptes de la Société sont arrêtés le 31 décembre de chaque année et sont présentés avec l'inventaire à l'Assemblée générale annuelle qui, après avoir entendu les rapports du Conseil d'administration et des Commissaires, fixe, s'il y a lieu, le chiffre de la répartition des bénéfices.

Art. 61.

Les produits de l'entreprise, déduction faite de toutes les charges sociales et des dépenses de toute nature, constituent les bénéfices.

Sur ces bénéfices, il est prélevé annuellement :

1º 20 o/o pour former le fonds de réserve prescrit par la loi, destiné à parer aux besoins et dépenses extraordinaires ou imprévues;

2º Une somme suffisante pour fournir aux actionnaires l'intérêt à 5 o/o du capital versé par eux.

Après les prélèvements ci-dessus, l'Assemblée générale pourra encore prélever, avant toute distribution, une somme destinée à augmenter le fonds de prévoyance.

Les propositions, à ce sujet, si elles émanent du Conseil d'administration, ne pourront être repoussées que par une majorité composée des deux tiers des voix présentes ou représentées.

Le surplus, sauf la quotité qui pourrait en être attribuée par le Conseil au Directeur et au personnel, sera réparti dans la proportion de neuf dixièmes pour les actions à titre de dividende et d'un dixième pour le Conseil d'administration.

Art. 62.

Lorsque le fonds de réserve aura atteint le cinquième du fonds social, le prélèvement annuel pourra être suspendu ou continué, selon ce que décidera à ce sujet l'Assemblée générale.

Mais ce prélèvement recommencera à avoir lieu aussitôt que la réserve sera descendue au-dessous de cinq millions de francs.

Art. 63.

Les paiements d'intérêts et de dividendes ont lieu chaque année, un mois après leur fixation par l'Assemblée générale ; ils se font au siége social ou aux lieux indiqués par le Conseil d'administration.

Art. 64.

Les intérêts et dividendes de toute action, soit nominative, soit au porteur, sont valablement payés au porteur du titre ou du coupon.

Art. 65.

Tout intérêt ou dividende non réclamé dans les cinq ans de son exigibilité, est acquis à la Société.

TITRE VIII.

Prorogation. — Dissolution. — Liquidation.

Art. 66.

Deux ans avant l'époque fixée pour l'expiration de la Société, les actionnaires, réunis en Assemblée générale, décident s'il y a lieu de proroger sa durée.

En cas d'affirmative, la décision de la majorité n'oblige pas la minorité, mais les actionnaires dissidents sont tenus d'accepter la part afférente à leurs actions dans l'actif de la Société, tel qu'il résulte du dernier inventaire.

Art. 67.

Le Conseil d'administration peut, à toute époque et pour quelque cause que ce soit, proposer à une Assemblée générale extraordinaire la dissolution anticipée et la liquidation de la Société.

Art. 68.

En cas de perte du quart du capital, les Administrateurs sont tenus de provoquer une réunion de l'Assemblée générale, à l'effet de statuer sur la question de la dissolution de la Société.

La dissolution a lieu de plein droit en cas de perte d'un tiers du capital.

La résolution est, dans tous les cas, rendue publique.

Art. 69.

En cas de dissolution de la Société, la liquidation s'opèrera par les soins du Conseil d'administration alors en exercice, à moins de décision contraire de l'Assemblée générale.

Les liquidateurs pourront, en vertu d'une délibération de cette Assemblée, faire le transport ou l'apport à une autre Société de tous droits, actions et obligations de la Société dissoute ou de l'actif net de la liquidation.

Art. 70

Sur la demande des liquidateurs, les actionnaires sont tenus d'effectuer les versements nécessaires pour éteindre le passif jusqu'à concurrence de ce qui est dû sur les actions.

Art. 71.

Dans l'année qui suit leur entrée en fonctions, les liquidateurs sont tenus de convoquer une Assemblée générale, de rendre compte de leur gestion et de présenter un état de situation en vue duquel l'Assemblée prend les mesures nécessaires à l'apurement de la liquidation.

Art 72.

Les capitaux de la Société ne sont répartis aux actionnaires qu'après l'extinction des risques en cours, la Société devant présenter une garantie suffisante pour les engagements pris par elle, pendant toute la durée des risques.

TITRE IX

Contestations.

Art. 73.

Toutes les contestations qui peuvent s'élever entre les associés sur l'exécution des présents Statuts sont soumises à la juridiction des tribunaux de Paris.

Les contestations touchant l'intérêt général et collectif de la Société ne peuvent être dirigées contre le Conseil d'administration ou l'un de ses membres qu'au nom de la masse des actionnaires et en vertu d'une délibération de l'Assemblée générale.

Tout actionnaire qui veut provoquer une contestation de cette nature doit en faire, quinze jours au moins avant la prochaine Assemblée générale, l'objet d'une communication au Président du Conseil d'administration, qui est tenu de mettre la proposition à l'ordre du jour de cette Assemblée.

Si la proposition est repoussée par l'Assemblée générale, aucun actionnaire ne peut la reproduire en justice dans un intérêt particulier ; si elle est accueillie, l'Assemblée générale désigne un ou plusieurs Commissaires pour suivre la contestation.

Les significations auxquelles donne lieu la procédure sont adressées uniquement au Commissaire.

Aucune signification individuelle ne peut être faite aux actionnaires.

En cas de contestations, tout actionnaire sera tenu de faire élection de domicile à Paris; et toute notification et assignation seront valablement faites au domicile par lui élu, sans avoir égard à sa demeure actuelle.

A défaut d'élection de domicile, les notifications judiciaires et extrajudiciaires seront valablement faites au Parquet du Tribunal civil de la Seine.

Le domicile élu formellement ou implicitement entraînera attribution de juridiction aux tribunaux compétents de la Seine, tant en demandant qu'en défendant.

TITRE X

Pouvoirs pour les publications.

ART. 74.

Pour faire publier les présents Statuts, l'acte de déclaration de souscription et du versement, et le procès-verbal de l'Assemblée générale qui constitue la Société, tous pouvoirs nécessaires sont donnés au porteur d'une expédition ou d'un extrait de ces actes dûment réguliers.

II.

STATUTS

de

L'UNION

Compagnie d'assurances sur la vie humaine

ÉTABLIE A PARIS, RUE DE LA BANQUE, Nº 15

Autorisée par ordonnance royale du 21 juin 1829.

STATUTS

Contenant les modifications approuvées par Décret du Président de la République du 5 juin 1872 (1)

Objet et durée de la Société.

ARTICLE PREMIER.

Il est établi, sauf l'approbation du Gouvernement, une société anonyme portant le nom de l'Union, Compagnie d'assurances sur la Vie humaine.

Le siége de la Société est établi à Paris.

ART. 2

La durée de cette Société est de quatre-vingt-dix-neuf ans, sauf les cas de dissolution prévus ci-après.

ART. 3

Les opérations de la Compagnie comprennent les contrats, ou transactions, dont les effets dépendent de la vie de l'homme, et qui sont définis dans les quatre articles suivants.

ART. 4

La Compagnie s'oblige, moyennant une somme qui lui est payée

---

(1) *Bulletin des Lois*, nº 120 (partie supplémentaire), XIIᵉ série.

immédiatement, ou moyennant une prime qui lui est versée annuellement :

Assurance vie entière

A payer, après le décès d'une ou plusieurs personnes, un capital convenu ;

Assurance de survie

Ou à payer un capital ou une rente, soit au premier survivant, soit au survivant désigné de deux ou trois personnes ;

Assurance mixte

Ou à payer un capital convenu, soit au décès d'une personne, à quelque époque qu'il arrive, soit à cette personne elle-même, si elle est vivante à une époque déterminée d'avance. (Décret impérial du 19 février 1868.)

Art. 5

Assurance temporaire

La Compagnie s'engage, moyennant une prime unique ou annuelle, à payer un capital, si le décès d'une ou plusieurs personnes a lieu dans un temps donné.

Si les personnes désignées ne meurent pas dans le temps indiqué, la Compagnie n'a rien à payer, et les primes versées lui sont acquises.

Art. 6

Assurance de capital différé

La Compagnie s'oblige, contre une somme une fois donnée ou une prime annuelle, à payer un capital ou à servir une rente viagère, si une personne est vivante à une époque déterminée d'avance.

Si la personne désignée meurt avant l'époque fixée, la Compagnie n'a rien à payer, et les sommes versées lui sont acquises.

Art. 7

Assurance de rentes viagères immédiates

La Compagnie, moyennant une somme une fois payée, s'oblige à servir immédiatement une rente viagère sur une ou plusieurs têtes, avec réversion de partie ou totalité au profit du survivant.

Art. 8

La Compagnie ne pourra admettre aucune assurance sur la vie d'un tiers sans qu'il soit justifié du consentement de ce tiers, donné dans une forme authentique ou signé par le tiers en personne dans les bureaux de la Compagnie ou de ses agents.

S'il s'agit de personnes inhabiles à contracter, le consentement pourra être donné par leur père, mère, tuteur ou curateur. (Décret impérial du 19 février 1868.)

Art. 9

Dans toute assurance exigible en cas de décès, si celui sur la tête duquel elle repose se donne la mort, est tué dans un duel, ou perd la vie par l'exécution d'une condamnation judiciaire, il s'ensuit nullité de la police.

Si celui sur la tête duquel repose l'assurance périt dans une guerre, s'il meurt dans un voyage sur mer, pendant un voyage ou séjour hors d'Europe, la police est de nul effet ; cependant, avant que l'assuré entre au service, ou entreprenne un voyage sur mer hors d'Europe, l'assurance peut être maintenue, moyennant une augmentation de prime dont le montant est déterminé d'avance suivant la gravité du nouveau risque. (1)

Dans ces divers cas de nullité, les primes payées sont acquises à la Compagnie.

Toutefois, s'il lui a été versé trois primes au moins, elle tiendra compte aux ayants droit de la valeur de la police calculée d'après les mêmes bases que s'il s'agissait de son rachat. (Décret impérial du 19 février 1868.)

Art. 10

Le maximum de la somme que la Compagnie s'oblige à payer au décès d'une personne est limité à 200,000 fr. (2)

Art. 11

Les primes ou sommes que la Compagnie demande pour les assurances spécifiées aux articles 4, 5, 6 et 7, sont fixées par le tableau annexé au présent acte.

S'il est proposé des assurances dont les primes ne soient pas

---

(1) La clause suivante se trouve insérée dans les statuts de plusieurs Sociétés-vie, de création plus récente :

« Si l'assuré est ou devient militaire, même par engagement volontaire, la Société, le » cas ci-après excepté, garantit le cas de mort survenu pendant tout service militaire » ou d'ordre public en France, ou par suite de blessures reçues en réprimant une émeute » ou une insurrection en France, l'Algérie et les colonies françaises exceptées, à moins » d'une pension expresse et spéciale.

» Mais si l'assuré militaire est appelé à servir dans une guerre contre une puissance » étrangère, s'il est envoyé en Algérie, dans les colonies françaises et dans tous autres » pays hors d'Europe, il doit préalablement en faire la déclaration à la Société et payer » une augmentation de prime. Faute de l'accomplissement de cette double condition, » l'assurance est résiliée de plein droit et le contrat est réduit à la valeur qu'il aurait eue » si le rachat en avait été proposé au moment où la déclaration ci-dessus devait être faite.

» La Compagnie pourra recevoir des contrats d'assurances garantissant les risques de » guerre, de navigation, de voyages et généralement tous risques spéciaux, sans décla- » ration préalable, et sans paiement d'une augmentation de prime pour les assurés, » moyennant une réduction de la valeur des contrats.

» Cette réduction devra être déterminée à l'avance, dans les contrats des assurés, qui » seront dispensés de la question préalable.

Au sujet de la propriété du contrat, certains statuts portent que : « La propriété des contrats est transmissible par un endossement régulier, exprimant la valeur fournie, conformément aux articles 137 et 138 du Code de commerce Le consentement de celui sur la vie duquel repose l'assurance doit, à chaque transfert, être renouvelé par écrit et déposé à la Compagnie. »

(2) Plusieurs Sociétés spécifient aussi un maximum de rente annuelle sur une seule tête pour les rentes viagères Les chiffres fixés pour le maximum peuvent évidemment varier avec les Sociétés.

déterminées par ces tableaux, elles seront calculées sur les mêmes bases.

Les tarifs de la Compagnie ne sont pas applicables aux personnes âgées de plus de 60 ans, avec lesquelles il est traité de gré à gré. (Décret impérial du 3 octobre 1586.)

Art. 12

Les tarifs dont il est parlé étant établis par la supposition que la Compagnie fait emploi des fonds reçus à l'intérêt annuel de 4 pour cent, elle se réserve, dans le cas où le taux moyen de l'intérêt éprouverait des variations sensibles, de modifier ses tarifs et de les calculer sur un autre taux d'intérêt.

Toutefois, ils ne pourront être augmentés ni diminués de plus du dixième, sans l'autorisation du Gouvernement. (Décret du 5 juin 1872.)

En aucun cas, les modifications aux tarifs ne peuvent préjudicier aux contrats déjà existants.

Art. 13

Il est accordé aux personnes qui auront fait des assurances de celles définies dans l'article 4 une participation de 50 pour cent dans les bénéfices de la Compagnie.

Cette participation sera prélevée sur le bénéfice qu'aura produit la catégorie à laquelle l'assuré appartient, déduction faite des frais.

La répartition du montant des bénéfices attribués aux assurés sera faite entre eux dans la proportion du bénéfice produit par chaque police, laquelle devra être en vigueur depuis un an au moins, à l'époque de l'inventaire.

La part de bénéfices revenant à l'assuré sera, à son choix :

Soit payée en espèces au comptant. (Décret impérial du 19 février 1868.)

Soit employée à augmenter le capital assuré, ou bien à réduire la prime qu'il est tenu d'acquitter.

Art. 14

L'assuré a la faculté de renoncer à la participation dans les bénéfices dont il vient d'être parlé et, dans ce cas, il obtient en échange une réduction dans la prime, laquelle réduction sera déterminée par le Conseil d'administration.

La part dans les bénéfices à laquelle l'assuré aura ainsi renoncé sera dévolue à la Compagnie.

Art. 15

La Compagnie peut avoir des agents dans toutes les villes de France et de l'étranger, et y effectuer des assurances par leur entremise.

ART. 16

Toutes opérations autres que lesdites assurances et les placements de fonds qui en proviennent sont interdites à la Compagnie.

Du capital de la Société.

ART. 17

Le Capital de la Société est fixé à dix millions de francs, et divisé en deux mille actions de cinq mille francs chacune.

ART. 18

Les actionnaires souscrivent l'obligation de verser, jusqu'à concurrence du montant de leurs actions, déduction faite, s'il y a lieu, de la partie de ce montant qui aura été prélevée sur les bénéfices, conformément à l'article 51.

L'obligation ci-dessus est garantie pour chaque action par le transfert, au nom de la Compagnie, de 50 fr. de rente trois pour cent sur l'État.

Cette garantie peut être fournie selon la volonté des actionnaires actuels ou futurs, en tous autres effets publics dont le Gouvernement français est ou pourra devenir débiteur, pourvu que le dépôt fait par chaque action représente un capital d'au moins 1,667 fr., produisant au moins 50 fr. de rente annuelle ; il ne sera admis que des valeurs préalablement transférées au nom de la Compagnie. (Ordonnance royale du 5 septembre 1835.) [1]

---

[1] Dans la plupart des Sociétés, le premier quart seul étant versé, il est stipulé dans les statuts :

« Après le versement du premier quart, s'il y a lieu à de nouveaux appels de fonds, » ils seraient annoncés un mois avant l'époque fixée pour le versement par lettres » recommandées, individuellement adressées aux actionnaires à leur domicile réel ou » élu, et par une insertion dans un journal d'annonces légales du département de la Seine.

» A défaut de paiement aux époques déterminées, l'intérêt est dû par chaque jour de » retard, à raison de 5 p. 100 par an, de plein droit et sans qu'il soit besoin d'une » demande en justice. La Société peut, en outre, après une simple mise en demeure, » constatée par lettre recommandée, adressée quinze jours à l'avance à l'actionnaire en » retard, à son domicile réel ou élu, et restée sans effet, faire vendre par un agent de » change ou un notaire, les actions pour lesquelles les versements sont en retard, en » une ou plusieurs fois, ou en un ou plusieurs lots et sur telle mise à prix qu'il plaira au » Conseil de fixer. Lesdites actions seront vendues pour compte, aux frais, risques et » périls des retardataires.

» Ces ventes sont annoncées quinze jours à l'avance, dans un des journaux d'annonces » légales du département de la Seine.

» Sur le produit de la vente, on impute d'abord les intérêts et les frais, puis les plus » anciens versements en retard ; le déficit, s'il y en a, sera recouvré, par toutes les voies » de droit, contre l'actionnaire dépossédé et ses co-obligés.

» L'excédant, s'il s'en trouve, est mis à la disposition dudit actionnaire, de ses » héritiers ou ayants droit. »

Art. 19

Les actionnaires ne sont responsables des engagements de la Compagnie que jusqu'à concurrence du montant de leurs actions.

Art. 20.

Les actions sont représentées par une inscription nominative sur les registres de la Compagnie.

Il est délivré à chaque actionnaire un certificat d'inscription signé par un administrateur et le directeur.

Art. 21

Aucun actionnaire ne peut posséder plus de cent actions.

Il ne sera admis d'actionnaires, même en cas de vente publique ou judiciaire, qu'en vertu d'une délibération du Conseil d'administration, prise au scrutin secret et à la majorité des membres présents.

Ne seront pas soumis à cette formalité ceux qui transféreront ou déposeront des valeurs équivalentes au montant total de leurs actions.

Art. 22

Les rentes transférées au nom de la Compagnie, ainsi que les valeurs déposées en garantie des actions, sont renfermées dans une caisse à deux clefs, dont l'une reste entre les mains d'un des administrateurs, l'autre entre les mains du directeur.

Art. 23

Les arrérages de rentes, ainsi que les arrérages, intérêts et dividendes des autres valeurs transférées, ou déposées en garantie des actions, sont remis aux actionnaires immédiatement après qu'ils ont été perçus.

Art. 24

La transmission des actions s'opère par voie de transfert, sur un registre tenu à cet effet au domicile de la Société ; le transfert est signé par le cédant et accepté par le cessionnaire.

Art. 25

Toute action est indivisible à l'égard de la Compagnie, qui ne reconnaît qu'un seul propriétaire par chaque action. (Décret du 5 juin 1872)

En cas de mort d'un actionnaire, ses héritiers ou ses ayant droit ont pendant six mois la faculté de présenter un actionnaire en remplacement.

Si, à l'expiration des six mois, à dater du jour du décès, il n'a été fait aucune présentation, ou si les remplaçants n'ont pas été admis, les actions sont vendues par le ministère d'un agent de change, aux risques et périls des héritiers ou ayants droit, sans qu'il soit besoin d'aucune notification ou autorisation.

Les rentes transférées ou les valeurs déposées en garantie et le produit de la vente des actions sont affectées par compensation à ce qui peut être dû à la Compagnie par l'actionnaire décédé ; l'excédant, s'il s'en trouve, est mis à la disposition des héritiers.

ART. 26

En cas de faillite d'un des actionnaires, les actions inscrites au nom du failli sont vendues par le ministère d'un agent de change, sans qu'il soit besoin de notification ou autorisation.

Les rentes transférées ou les valeurs déposées en garantie et le produit des actions sont affectés par compensation à ce qui peut être dû à la Compagnie par l'actionnaire failli ; l'excédant, s'il s'en trouve, est mis à la disposition des créanciers.

De l'administration de la Société.

ART. 27

La Compagnie est administrée par un Conseil composé de neuf administrateurs.

Les fonctions des administrateurs sont gratuites ; il leur est accordé des jetons de présence par une décision de l'Assemblée générale des actionnaires, qui en fixera aussi la valeur.

ART. 28

Tout administrateur doit être propriétaire de dix actions au moins, lesquelles sont inaliénables, pendant toute la durée de ses fonctions.

ART. 29

Les administrateurs sont nommés par l'assemblée générale des actionnaires.

La durée de leurs fonctions est de trois ans.

ART. 30

Le Conseil d'administration est renouvelé par le tiers d'année ; le premier renouvellement aura lieu en 1830.

Les administrateurs sortants seront désignés les premières années par le sort.

Les mêmes membres peuvent être réélus.

Art. 31

Le Conseil d'administration nomme parmi ses membres un président et un vice-président.

La durée des fonctions du président et du vice-président est d'une année ; ils peuvent être réélus.

En cas d'absence du président et du vice-président, ils sont remplacés par le plus âgé des membres présents.

Art. 32

Si une des places d'administrateurs vient à vaquer, le Conseil d'administration y nomme provisoirement ; l'Assemblée générale procède à l'élection définitive.

L'administrateur ainsi nommé ne reste en exercice que pendant le temps qui restait à courir à son prédécesseur.

Art. 33

Le Conseil d'administration se réunit une fois la semaine. (1)

Pour qu'une délibération soit valable, cinq membres au moins doivent assister au Conseil.

Les arrêtés sont pris à la majorité absolue des membres présents.

En cas de partage, la voix du président ou de celui qui siège à sa place est prépondérante. (2)

Art. 34

Le Conseil d'administration prend connaissance de toutes les affaires de la Compagnie.

Il délibère et arrête les conditions générales des contrats.

Il détermine les modifications à apporter aux tarifs des assurances, conformément à l'article 12 et sauf l'approbation du Gouvernement.

Il est autorisé à traiter, aux conditions et primes qu'il jugera convenables, avec les administrations publiques pour l'assurance des pensions au profit des employés ou de leurs veuves.

Il détermine l'emploi temporaire des fonds.

Il en décide le placement définitif, ainsi que celui de la réserve, comme suit :

---

(1) Cette disposition varie suivant les Sociétés.

(2) Au sujet des délibérations du Conseil, plusieurs statuts indiquent : « Que les délibérations sont constatées par les procès-verbaux, inscrits sur un registre tenu au siége de la Société, et signé par le président et par deux administrateurs au moins, présents à la réunion.

Les copies ou extraits de ces procès-verbaux, à traduire en justice ou ailleurs, sont certifiés par le président du Conseil ou celui qui en remplit les fonctions.

En effets publics dont le Gouvernement français est ou pourra devenir débiteur ;

En emprunts des départements ou des villes légalement autorisés ;

En actions de la Banque de France ; en obligations du Crédit foncier (Décret impérial du 19 février 1868) ;

En emprunts contractés par les Compagnies de chemins de fer auxquelles l'Etat garantit un minimum d'intérêt ou par toute autre entreprise à laquelle l'Etat aurait accordé une garantie semblable (Décret du 8 septembre 1853. *Bulletin des Lois*, partie supplémentaire, n° 43) ;

En acquisitions d'immeubles situés en France ou en contrats hypothécaires sur propriétés situées également en France (Décret impérial du 8 septembre 1853).

Il est autorisé à vendre, échanger, emprunter et hypothéquer en garantie d'emprunts les immeubles qui appartiennent ou qui pourront appartenir à la Compagnie (Décret du 20 novembre 1849), après approbation de l'Assemblée générale.

Il arrête le payement des pertes et autres sommes à la charge de la Compagnie.

Il nomme, révoque ou destitue tous les agents et employés de la Compagnie, et fixe leurs traitements et salaires.

Afin de réduire les dépenses le plus possible, il est autorisé à faire un abonnement pour les frais d'administration avec la Compagnie d'assurances contre l'incendie, dite l'Union, tant que cette dernière existera.

Le Conseil autorise le directeur à engager toutes actions judiciaires et y défendre ; il peut traiter, transiger et compromettre sur tous les intérêts de la Compagnie ; il peut aussi substituer.

Les pouvoirs délégués par le Conseil sont signés par un administrateur et le directeur.

Art. 35

Un administrateur (1) signe conjointement avec le directeur la correspondance, les polices et autres engagements de la Compagnie.

Art. 36

Le Conseil d'administration, d'après la situation arrêtée chaque année au 31 décembre, décide s'il y a lieu à une répartition de bénéfices et en fixe l'importance ; il peut, lorsque la situation de la Compagnie le permet, autoriser le payement d'un à-compte sur le prochain dividende.

Ces décisions sont soumises à l'approbation de l'assemblée générale. (Décret du 5 juin 1872.)

---

(1) Dans la plupart des Sociétés, cet administrateur, désigné à tour de rôle, prend le nom d'administrateur-délégué.

De la Direction. (¹)

ART. 37

Le directeur est nommé par le Conseil d'administration ; il peut être révoqué par une décision du Conseil prise à une majorité de 5 membres. Il reçoit un traitement qui est fixé par l'Assemblée générale sur la proposition du Conseil.

Le directeur et les principaux employés peuvent aussi recevoir une participation dans les bénéfices de la Compagnie, dont la quotité est également déterminée par l'Assemblée générale des actionnaires, sur la proposition du Conseil (Décret du 5 juin 1872).

Le directeur doit être propriétaire de dix actions au moins, lesquelles sont inaliénables pendant la durée de ses fonctions.

ART. 38

Le directeur assiste au · Conseil d'administration et y a voix consultative.

Il est chargé de l'exécution des délibérations et arrêtés du Conseil d'administration.

Il conduit le travail des bureaux. Il règle et arrête les conditions particulières des assurances, sauf approbation de l'administrateur de service.

Il soumet au Conseil le règlement des pertes qui sont à la charge de la Compagnie.

Il propose la nomination, révocation ou destitution des employés et agents de la Compagnie.

ART. 39

Les contrats d'assurances, les traités et conventions, la correspondance, les endossements, les mandats, les transferts de rentes et autres fonds inscrits au nom de la Compagnie sont signés par le directeur, conjointement avec un administrateur.

Les quittances de primes et acquits sont signés par le directeur. (Décret impérial du 19 février 1868.)

Les actions judiciaires sont exercées au nom de la Compagnie, poursuite et diligence du directeur, après autorisation du Conseil.

ART. 40

En cas de maladie ou d'absence du directeur, il est remplacé par un administrateur ou par un des principaux employés, délégué à cet effet par le Conseil. (Ordonnance royale du 26 septembre 1839.)

---

(1) Ces dispositions sont celles de l'universalité des Sociétés : « La *Nationale*, cependant, adjoint au Directeur un Comité de direction, composé de quatre administrateurs, d'un directeur et d'un sous-directeur. Toutes les affaires intéressant la Direction doivent être auparavant acceptées par ce Comité ; en fait, le Directeur n'est plus que l'exécuteur du Comité, qui tient lui-même ses pouvoirs du Conseil d'Administration.

De l'Assemblée générale.

ART. 41

L'Assemblée générale représente l'universalité des actionnaires ; ses décisions, prises à la majorité des voix, sont obligatoires pour tous, même pour les absents.

Les décisions de l'Assemblée générale sont constatées par des procès-verbaux signés par les membres du bureau.

ART. 42

L'Assemblée générale se compose des actionnaires qui sont propriétaires de trois actions au moins depuis trois mois révolus.

Les membres composant l'Assemblée générale ont autant de voix qu'ils possèdent de fois trois actions depuis trois mois au moins ; toutefois un seul actionnaire ne peut avoir plus de trois voix par lui-même et trois voix comme représentant (Décret du 5 juin 1872). [1]

Lorsqu'un membre ne pourra assister à l'Assemblée, il a le droit de s'y faire représenter par un autre membre.

L'Assemblée générale doit être composée de quarante membres au moins.

Si le nombre des membres présents ou représentés est moindre, une seconde convocation doit avoir lieu ; elle est annoncée dans les journaux à dix jours d'intervalle en la forme prescrite par l'article 44 ; l'Assemblée ainsi convoquée peut délibérer, quel que soit le nombre des membres, mais seulement sur les objets qui devaient être soumis à la première réunion.

ART. 43

L'Assemblée générale est présidée par le président du Conseil ou par le vice-président, et, à leur défaut, par l'administrateur délégué par le Conseil pour les remplacer.

Les deux plus forts actionnaires présents et acceptants sont nommés scrutateurs. [2]

Le bureau ainsi constitué désigne son secrétaire.

Les scrutateurs et le secrétaire ne peuvent être pris parmi les membres du Conseil.

ART. 44

L'Assemblée générale se réunit dans le mois d'avril de chaque année.

Elle se réunit, en outre, extraordinairement, toutes les fois que le Conseil d'administration en reconnaît l'utilité.

Les convocations ordinaires ou extraordinaires sont faites par lettres envoyées à domicile, ainsi que par un avis inséré, au moins dix jours avant l'époque de la réunion, dans deux journaux d'annonces

---

(1) Ces dispositions varient suivant les Sociétés.
(2) On emploie encore le terme d'assesseurs.

légales du département de la Seine, désignés conformément à la loi. Lorsqu'il s'agit d'une convocation extraordinaire, les avis doivent en indiquer l'objet (Décret du 5 juin 1872).

Art. 45

L'Assemblée délibère sur les comptes qui lui sont présentés, sur la fixation du dividende s'il y a lieu, ainsi que sur les propositions qui lui sont faites par le Conseil d'administration.

Ses décisions, régulièrement prises, s'appliqueront à toutes les affaires de la Compagnie et à toutes les questions qui pourraient être soulevées, pourvu qu'elles se renferment dans l'ordre du jour présenté par le Conseil d'administration.

Les propositions présentées par dix membres de l'Assemblée générale, et communiquées vingt jours d'avance au Conseil d'administration, devront être portées à l'ordre du jour de l'Assemblée générale ordinaire. (Décret du 5 juin 1872.)

Art. 46.

L'Assemblée générale nomme les administrateurs à la majorité absolue des membres présents et au scrutin, s'il est réclamé par cinq membres de l'Assemblée.

Art. 47.

Chaque année, l'Assemblée choisit parmi ses membres, autres que ceux du Conseil d'administration, trois commissaires chargés de faire un rapport à l'Assemblée générale de l'année suivante sur la situation de la Compagnie, sur le bilan et sur les comptes qui seront présentés par les administrateurs.

L'inventaire, le bilan et le compte de profits et pertes seront mis à la disposition des commissaires le vingtième jour au plus tard avant l'Assemblée générale.

Les commissaires ont droit de prendre, à toute époque, communication des livres et d'examiner toutes les opérations de la Compagnie; ils pourront s'adjoindre, s'ils le jugent convenable, un expert vérificateur, dont les honoraires seront payés sur les frais généraux.

Il leur sera alloué des jetons de présence (Décret du 7 juin 1852). (1).

Art. 48.

Les comptes présentés par le Conseil d'administration et approuvés par l'Assemblée générale sont publiés et communiqués aux assurés, sans que ceux-ci puissent être admis à critiquer le règlement de leur quote-part dans les bénéfices de la Société.

---

(1) Quelques Sociétés ont un véritable comité de Censeurs (5), renouvelables par année.

Art. 49.

Les modifications aux présents statuts ne pourront être votées que dans une Assemblée générale extraordinaire où la moitié du capital social serait représentée, et par la majorité des trois quarts des membres présents ou représentés.

Ces modifications devront être soumises à l'approbation du Gouvernement. (1).

Des Comptes annuels et des Répartitions des Bénéfices (2).

Art. 50.

En cas de répartition de bénéfices, il est fait un prélèvement de 15 pour cent au moins et de 25 pour cent au plus sur la portion des bénéfices attribuée aux actionnaires, pour être porté en réserve en accroissement du capital.

Le surplus est distribué aux actionnaires, au prorata du nombre de leurs actions.

L'Assemblée générale peut, sur la proposition des membres du Conseil d'administration, prescrire qu'une partie de ce surplus soit appliquée à la libération des actions. (Décret du 5 juin 1872.)

Art. 51.

En cas de pertes qui absorberaient les bénéfices réservés et

---

(1) Plusieurs statuts contiennent, en outre, les dispositions suivantes : Les délibérations de l'assemblée générale sont constatées par les procès-verbaux signés par les membres du bureau, ou au moins par la majorité d'entre eux. — Les copies ou extraits de ces procès-verbaux à produire, partout où besoin sera, sont certifiés par le président du conseil d'administration ou celui qui en remplit les fonctions. Une feuille de présence destinée à constater le nombre des membres assistant à l'assemblée et des actions que chacun d'eux représente, demeure annexée à la minute du procès-verbal, ainsi que les pouvoirs. Cette feuille est signée par chaque actionnaire en entrant en séance ; elle est certifiée par les membres du bureau.

(2) Aux dispositions édictées par ces statuts, d'autres Sociétés ajoutent celles que nous reproduisons ci-dessous :

Le Conseil d'administration donne, chaque semestre, un état sommaire de la situation active et passive de la Société.

Cet état est mis à la disposition des commissaires.

En outre, à la fin de chaque année sociale, un bilan et un inventaire estimatif de l'actif et du passif de la Société sont dressés par les soins du Conseil d'administration.

Cet inventaire est dressé par chaque catégorie d'assurances séparément et constate la situation et les résultats de chacune des catégories admises à participer aux bénéfices, conformément à l'art. 14 des présents statuts.

Il est clos le 31 décembre.

Toutes les dépenses de la Société, y compris les frais de commission, sont passées par le compte de profits et pertes de l'exercice pendant lequel elles ont été effectuées.

Les documents ci-dessus indiqués, ainsi que le compte de profits et pertes, sont mis à la disposition des commissaires le quarantième jour, au plus tard, avant la réunion de l'assemblée générale.

Pendant les vingt jours qui précèdent cette assemblée, les actionnaires pourront prendre connaissance de ces documents au siége social, ainsi que la liste des actionnaires ayant droit d'assister à l'assemblée, et se faire délivrer une copie du rapport des commissaires.

entameraient le capital de la Société, le Conseil d'administration est tenu d'exiger, de la part des actionnaires, un versement proportionnel égal au montant du déficit, jusqu'à concurrence du montant des actions.

Sur la notification de l'arrêté de la contribution déterminée par le Conseil, les actionnaires sont tenus d'effectuer dans les dix jours le versement demandé.

A défaut de payement dans le délai ci-dessus, les rentes transférées ou les valeurs déposées en garantie des actions seront vendues, ainsi que les actions elles-mêmes, par entremise d'agents de change, aux risques et périls de l'actionnaire retardataire, sans préjudice des poursuites à exercer contre lui pour le payement des sommes dont il sera débiteur envers la Compagnie.

En cas d'excédant, il en sera tenu compte à l'actionnaire.

Art. 52.

Dans les cas prévus par l'article précédent, la totalité des bénéfices résultant des inventaires subséquents sera affectée au remboursement des sommes exigées des actionnaires à titre d'appel de fonds.

Lorsque les remboursements auront été complétés, les réserves prescrites par l'article 51 seront continuées dans les proportions qui y sont indiquées.

Dissolution et liquidation.

Art. 53.

La dissolution aura lieu de plein droit :

1º Si les pertes excèdent la moitié du capital social ;

2º Si elle est demandée par un nombre d'actionnaires représentant au moins les trois quarts des actions.

Art. 54.

Dans les cas prévus par l'article précédent, le Conseil d'administration est tenu de convoquer immédiatement l'Assemblée générale.

Art. 55.

L'Assemblée nomme, séance tenante, trois commissaires liquidateurs, dont elle fixe le traitement et qui remplacent le Conseil d'administration et le directeur.

Art. 56.

Les commissaires liquidateurs résilient les contrats existants, s'ils peuvent le faire de gré à gré.

Ils font réassurer les risques non éteints, sans que la Compagnie soit déchargée de sa garantie par l'effet de cette réassurance, à moins que la personne intéressée à l'assurance· n'y donne son consentement exprès.

Ils règlent et arrêtent les remboursements des pertes et autres sommes à la charge de la Compagnie.

Ils peuvent compromettre et transiger sur toutes contestations et demandes.

Ils peuvent aussi substituer.

Les décisions de la commission de liquidation sont prises à la majorité.

Si, par démission, décès ou autre cause, la commission de liquidation cesse d'être au complet, l'Assemblée générale est convoquée sur-le-champ pour pourvoir aux vacances, (Décret du 5 juin 1872.)

Art. 57.

Les actionnaires sont tenus, sur la demande de la Commission de liquidation, d'effectuer les versements nécessaires pour opérer les remboursements jusqu'à due concurrence du montant des actions.

Art. 58.

A l'expiration de l'année qui suivra l'époque où la liquidation aura été prononcée, il sera fait un inventaire de la situation de la Compagnie.

Le compte en sera rendu à l'Assemblée générale, qui prononcera sur le terme de la liquidation.

APPENDICE

Délibération de l'Assemblée générale des Actionnaires du 24 avril 1830

Approuvée par ordonnance royale du 29 août 1830.

« Art. 1er. — Indépendamment des opérations énoncées aux articles 4, 5, 6 et 7 » de ses statuts, la Compagnie est autorisée à traiter de celles définies ci-après,

« Art. 2. — La Compagnie s'oblige à payer, à une époque convenue d'avance, » un capital à l'assuré ou à ses héritiers, moyennant une prime annuelle que » celui-ci promet d'acquitter autant seulement qu'il sera vivant. L'assuré venant » à mourir avant l'époque convenue, la prime cesse d'être due et le capital » assuré est néanmoins dû au terme fixé. *(Assurance à terme fixé)*

« Art. 3. — La Compagnie admet les placements de fonds à intérêts composés » sans chances de mortalité.

« Art. 4. — Les opérations définies par les articles précédents ne donnent » aucun droit, à ceux qui les contractent, de participer aux bénéfices de la » Compagnie. »

III.

STATUTS

de la

SOCIÉTÉ D'ASSURANCES MUTUELLES

Immobilières et Mobilières

CONTRE L'INCENDIE

De la Seine et de Seine-et-Oise

ÉTENDUE A TOUTE LA FRANCE

Fondée en 1819

SIÉGE SOCIAL A PARIS, RUE ROYALE, 9

CHAPITRE PREMIER

DE LA CONSTITUTION DE LA SOCIÉTÉ

Formation de la Société.

ART. 1er.

La Société d'assurances mutuelles contre l'incendie pour les départements de la Seine et de Seine-et-Oise, autorisée par décret en date du 15 octobre 1861, est transformée en Société libre, conformément à la loi du 24 juillet 1867 et au règlement d'administration publique du 22 janvier 1868.

Elle existe entre les propriétaires de valeurs immobilières et mobilières qui ont adhéré aux statuts approuvés par le décret sus-énoncé ou qui adhèreront aux présents statuts.

Le titre de la Société est :

Société d'Assurances mutuelles contre l'incendie, de la Seine et de Seine-et-Oise.

Siége de la Société.

ART. 2.

Le siége de la Société est à Paris.

Objet de la Société.

ART. 3.

La Société a pour objet de garantir mutuellement ses membres: 1º Dés dommages qui peuvent être causés aux immeubles et aux objets mobiliers assurés par elle :

Soit par le feu ;

Soit par la chute du tonnerre, l'emploi d'appareils électriques et l'explosion du gaz à éclairer ou à chauffer, même quand il n'y aurait pas incendie ;

Soit par l'explosion, même sans incendie :

1⁰ Des appareils à vapeur ;

2⁰ Des substances explosibles ;

Mais dans chacun de ces deux cas, avec une addition de contribution.

2⁰ Des dommages résultant des mesures ordonnées par l'autorité en cas d'incendie ;

3⁰ Enfin, des dommages et frais provenant du sauvetage des objets assurés·

Elle garantit aussi contre :

1⁰ Les risques locatifs définis par les articles 1733 et 1734 du Code civil ;

2⁰ Les risques de voisinage ou recours de voisins, dans les cas prévus par les articles 1382, 1383 et 1384 du même Code ;

3⁰ Les recours qui peuvent être exercés, en cas d'incendie, pour cause de vice de construction ;

4⁰ Le risque du chômage en vertu d'une stipulation spéciale.

Ce risque a pour objet d'indemniser en cas de sinistre :

1⁰ Les propriétaires d'immeubles, des pertes de loyers ou de la privation de jouissance de tout ou partie de leur immeuble ;

2⁰ Les locataires, du recours des propriétaires à raison de leur responsabilité qui serait reconnue s'étendre à une perte de loyers ou de la privation de jouissance ;

3⁰ Les propriétaires et les locataires de la responsabilité du chômage encouru par les voisins.

La Société peut, en outre, donner et prendre des réassurances.

La Société répond seulement des dommages matériels produits par le sinistre à l'objet assuré, et nullement des pertes qui résultent de l'impossibilité temporaire d'en faire usage.

Elle ne doit aucune indemnité pour changement d'alignement, défaut de location ou de jouissance, résiliation de baux, chômage, à moins d'une stipulation spéciale dans le contrat, ou tout autre dommage indirect et immatériel.

Elle ne garantit pas les sinistres provenant d'invasions, d'émeute, guerre civile, force militaire quelconque, de trombes, d'ouragans ou de tremblements de terre.

De l'admission et de l'exclusion des assurances.

ART. 4.

Les objets admis à l'assurance étant inégalement exposés aux sinistres, soit par leur nature, soit par leur destination, soit par leur contiguïté, soit à raison de la région où ils sont situés, les sociétaires concourent au paiement des sinistres en raison des dangers que présentent les objets assurés, et dans la proportion déterminée par le tableau de classification annexé aux présents statuts.

Les risques non prévus audit tableau sont classés par le Conseil d'administration d'après leur analogie avec les cas prévus.

Le Conseil d'administration demeure, en outre, juge de l'application de la classification à tout risque proposé à l'assurance, et il peut, dès lors, suivant les circonstances, classer ce risque à un taux supérieur ou inférieur à celui indiqué par le tableau.

Le Conseil général, sur la proposition du Conseil d'administration, peut toujours, lorsque l'expérience en démontre l'utilité, modifier le tableau de classification, mais les modifications n'ont pas d'effet rétroactif.

Sont exclus de l'assurance :

Les bâtiments qui renferment des fabriques de vernis, de poudre et de pièces d'artifice, et les objets qui y sont contenus ;

Les effets de commerce, billets de banque, contrats et titres de toute nature, sauf ceux spécifiés en la police, les lingots ou monnaies d'or et d'argent.

A l'égard de tous autres objets que le Conseil d'administration juge devoir présenter des causes notables d'incendie, il peut refuser leur admission sans être tenu de faire connaître les motifs de son refus, ou les admettre pour une partie seulement de leur valeur.

Étendue des opérations de la Société.

Art. 5.

Les opérations de la Société s'étendent à tous les départements de la France et de l'Algérie, et à la Tunisie.

Durée de la Société.

Art. 6.

La Société, qui, aux termes de ses statuts anciens, devait finir le 1er janvier 1892, est prorogée pour trente ans à partir de cette dernière date, c'est-à-dire jusqu'au 1er janvier 1922.

La durée de la Société est toujours susceptible d'être prorogée par une délibération du Conseil général prise dans les termes de l'article 33 ci-après.

Chaque année forme un exercice commençant le 1er janvier et finissant le 31 décembre.

S'il arrivait que la valeur des objets assurés devînt inférieure à cent millions, le Conseil général, sur la proposition du Conseil d'administration, prononcerait la dissolution de la Société.

Représentation et administration de la Société.

ART. 7.

La Société est représentée et administrée par un Conseil d'administration auprès duquel est placé un Comité des sociétaires et par un directeur, comme il est dit au chapitre IV.

CHAPITRE II

DES ASSURANCES

De ceux qui peuvent être admis à devenir membres de la Société.

ART. 8.

Toute personne ayant intérêt à la conservation des objets que la Société assure peut être admise à devenir membre de la Société.

Des formalités nécessaires pour l'assurance.

ART. 9.

Lorsque les objets sont présentés à l'assurance, il en est fait estimation.

Les immeubles sont estimés, abstraction faite de la valeur du sol.

Les meubles meublants et effets mobiliers et les marchandises sont estimés d'après leur quantité et leur valeur vénale au moment de l'assurance.

Il est souscrit par le proposant un acte d'adhésion aux statuts, comprenant :

Ses nom, prénoms, profession et domicile ;

La qualité en laquelle il agit ;

Son domicile élu ;

La nature, la position et la valeur de l'objet proposé à l'assurance ;

Et le classement de l'objet assuré d'après le tableau de classification ou les décisions du Conseil d'administration, conformément à ce qui est dit ci-dessus, article 4.

Cet acte est soumis au Conseil d'administration, qui prononce l'admission ou le rejet de l'adhésion.

L'assurance des recours des voisins et des recours pour vice de construction énonce la somme jusqu'à concurrence de laquelle ces recours sont garantis.

L'assurance du risque locatif, si l'assuré n'occupe qu'une partie de l'immeuble, est basée sur le montant du loyer. Elle doit être égale à quinze fois au moins le montant du loyer annuel.

Le locataire de la totalité d'un immeuble doit faire couvrir son risque locatif pour une somme égale à la valeur totale dudit immeuble.

L'assurance contre le risque de chômage définie à l'article 3 qui précède n'a lieu que sur les immeubles, les risques locatifs et les recours des voisins assurés par la Société.

Par cette assurance, la Société répond de la perte des loyers ou de la privation de jouissance résultant d'un incendie, savoir :

1º Pendant le temps qui sera démontré nécessaire pour la réparation des dommages et au plus pendant une année;

2º Ou pendant une période ne pouvant excéder une année, quel que soit le temps employé pour la réparation des dommages.

Dans aucun cas, la Société ne sera tenue de payer une somme supérieure à celle mentionnée dans la police pour cet objet.

Lorsque l'admission est prononcée, le Directeur souscrit, au nom de la Société, une police d'assurance qui est remise au sociétaire.

Les frais de timbre et d'enregistrement de la police sont à la charge de l'assuré.

Le Conseil d'administration a toujours le droit de provoquer la vérification et la révision des valeurs assurées.

Si l'assuré ne consent pas aux modifications résultant de la révision, l'assurance peut être résiliée par le Conseil d'administration, et notification en est faite par acte extrajudiciaire.

Durée du contrat d'assurance.
ART. 10.

Les assurances sont contractées pour la durée de la Société; néanmoins la Société ou le sociétaire peut rompre l'assurance à la fin de chaque période de cinq années, en se prévenant réciproquement six mois à l'avance.

Tout engagement commence le premier jour de l'année sociale; on ajoute à la première période quinquennale les mois restant à courir de l'année dans laquelle l'adhésion a été admise.

La déclaration de l'assuré sociétaire, qu'il entend se retirer de la Société, sera faite, soit par lui-même, soit par un fondé de pouvoir, au siége social, dans les bureaux de la Direction, ou dans les bureaux du représentant local de la Société; il en sera donné récépissé.

La déclaration de la Société, qu'elle entend faire cesser l'assurance, sera notifiée à l'assuré par acte extrajudiciaire.

Selon les circonstances, le Conseil d'administration peut aussi admettre des assurances, soit pour un temps limité, soit pour des périodes moindres que celles de cinq ans ci-dessus déterminées.

Les assurances produisent leurs effets actifs et passifs à partir du premier ou du seize du mois indiqué en la police.

Le § 1er du présent article sera transcrit sur chaque police.

Causes de résolution du contrat d'assurance.
ART. 11.

Le contrat d'assurance est résolu :

1º Par l'expiration du délai fixé par les statuts pour la durée de la Société, ou par l'expiration du temps pour lequel l'engagement a été souscrit dans certains cas spéciaux, comme il est dit en l'article précédent ;

2º Par les déclarations facultatives de résiliation réglée par le même article ;

3º Par la destruction totale des objets assurés ;

4º Par une décision que le Conseil d'administration pourra prendre, à défaut de paiement des charges sociales, comme il est dit ci-après, article 20;

5º Par la faillite ou la déconfiture, à moins que l'assuré ne donne caution ;

6º Et par la cessation de l'intérêt en vue duquel l'assurance a été faite.

En cas de vente ou de donation des objets assurés, le vendeur ou le donateur est tenu d'obliger le nouveau propriétaire à continuer l'assurance; faute de quoi, il sera tenu de payer à la Société, à titre d'indemnité de résiliation, la quittance d'une année, sans préjudice de celle de l'année dans laquelle la déclaration a été faite.

Le tout sans préjudice des autres cas spécialement prévus par les statuts et par le règlement d'administration publique du 22 janvier 1868.

Le contrat d'assurance peut être résolu par décision du Conseil d'administration, après un sinistre, et quelle qu'en soit l'importance. Cette décision est notifiée par acte extrajudiciaire au sinistré, dans les trois mois de la date de l'expertise, et elle produit son effet à partir du jour de la notification.

Dans tous les cas, les sommes déjà payées ou dues pour l'exercice en cours à l'époque de la résolution, demeurent acquises à la Société.

Déclaration à faire en cas de modifications dans les risques.

Art. 12.

Tout transport des objets assurés dans un local autre que celui désigné dans la police, et généralement toute circonstance qui, pendant le cours de l'assurance, est de nature à modifier les risques assurés par la Société, doivent être dénoncés dans la huitaine, à la Direction ou au représentant local de la Société. La Direction fait procéder à la vérification des changements. A la suite de cette vérification le Conseil d'administration peut résilier le contrat, le modifier ou changer la classe de l'assurance dans l'intérêt de la Société ou de celui de l'assuré.

Faute par l'assuré de remplir l'obligation qui lui est imposée dans le délai ci-dessus fixé, il résulte de son silence les effets suivants :

1º Dans tous les cas où les modifications n'auront pas aggravé le risque :

S'il y a augmentation de valeur des objets assurés, l'indemnité, en cas de sinistre, n'est basée que sur la valeur des objets à l'époque de l'assurance ;

Si le sinistre a détruit tout ou partie des augmentations, il n'est dû aucune indemnité à ce sujet;

Si les objets assurés ont diminué de valeur, l'indemnité est réglée suivant l'état et la valeur des objets au moment du sinistre.

2⁰ Dans tous les cas où les modifications auront aggravé le risque, il ne sera dû aucune indemnité en cas de sinistre.

Le sociétaire qui fait assurer par d'autres Compagnies les mêmes objets déjà assurés par la Société, ou d'autres objets faisant partie du même risque, ou qui les a fait assurer antérieurement à son entrée dans la Société, est également tenu d'en faire la déclaration.

Dans le cas d'existence de plusieurs contrats d'assurances sur les objets garantis par la Société, celle-ci ne contribue à la réparation du sinistre, à moins d'une clause contraire, que dans la proportion de la somme par elle assurée, comparativement à la valeur totale garantie par les diverses Compagnies et à celle des objets assurés.

Tout sociétaire qui, par réticence ou fausse déclaration, aura sciemment induit la Société en erreur sur les risques que courent les objets assurés, n'aura droit à aucune indemnité. Le Conseil d'administration pourra, en outre, dans ce cas, déclarer l'assurance résiliée.

CHAPITRE III.

DES OBLIGATIONS ET DES DROITS DES SOCIÉTAIRES

Section I. — DES SINISTRES.

De la garantie de chaque sociétaire pour le paiement des sinistres.

Art. 13.

Tout sociétaire est assureur en même temps qu'assuré ; il est garant des sinistres que peuvent éprouver ses co-sociétaires dans la proportion de son assurance et du risque dans lequel elle est classée ; mais la contribution de chaque sociétaire pour le paiement des sinistres ne peut excéder, chaque année, vingt centimes pour mille francs, sauf l'effet de l'augmentation progressive résultant du classement.

Il n'y a pas de solidarité entre les sociétaires.

Déclaration des sinistres.

Art. 14.

Tout sinistre doit être déclaré, par la personne assurée ou par tout autre en son nom, à la Direction ou au représentant local de la Société, dans les vingt-quatre heures. La déclaration du sinistre est consignée sur un registre à ce destiné. Avis de cette inscription est donné ou transmis au déclarant.

Aucune demande en indemnité n'est admise lorsqu'il s'est écoulé deux mois sans déclaration.

Estimation des sinistres.

Art. 15.

Après que le sinistre a été déclaré, il est immédiatement procédé à sa constatation et à l'estimation du dommage.

A cet effet, le Directeur envoie sur les lieux un expert ; le sociétaire, à moins qu'il ne consente à s'en rapporter à l'expert de la Société, en nomme un autre à ses frais. Dans le cas où les deux experts ne sont pas d'accord entre eux, il leur est adjoint, pour en délibérer avec eux, un troisième expert, qui est nommé par les deux premiers à l'amiable ; sinon il est procédé conformément aux dispositions du Code de procédure civile. Ce troisième expert est payé à frais communs.

A ce mode de règlement amiable, la Société peut toujours substituer une expertise judiciaire.

Aucun sinistre ne peut être une cause de bénéfice pour l'assuré. En conséquence, l'indemnité ne peut jamais être supérieure à la valeur réelle des objets assurés au moment du sinistre, quel que soit le montant de l'assurance.

Si, au moment d'un sinistre partiel, la quantité et la valeur des objets assurés sont reconnues excéder le montant de l'assurance, l'indemnité subit une réduction proportionnelle.

En cas de destruction totale des objets assurés, la Société ne peut être tenue de payer une somme supérieure à l'estimation qui en a été faite pour l'assurance, conformément à l'article 9, et dont le montant est mentionné dans la police.

Lorsque la Société n'a assuré qu'une partie du risque ou de sa valeur, elle n'intervient dans le règlement du sinistre qu'au centime le franc de la somme qu'elle a assurée.

Si, conformément à l'article 9, le locataire s'est fait assurer pour une somme égale à quinze fois au moins le montant annuel de son loyer, la Société répond à sa place du dommage jusqu'à concurrence de la somme assurée.

Si, contrairement à cet article, il n'a fait assurer qu'une somme moindre, la Société est seulement responsable du sinistre dans la proportion existante entre la somme assurée et le montant de quinze années de loyer.

Si le locataire de la totalité d'un immeuble n'a fait couvrir son risque locatif que pour une somme plus faible que la valeur dudit immeuble, il demeure, en cas d'incendie, son propre assureur proportionnellement à la différence entre la somme assurée et la valeur totale dudit immeuble.

Le recours contre les voisins et les recours pour le vice de construction sont garantis jusqu'à concurrence de la valeur du dommage, sans que la somme déterminée en la police d'assurance puisse jamais être dépassée.

L'assuré reçoit, en diminution de l'indemnité, les objets sauvés ou avariés.

Néanmoins, la Société peut toujours en devenir propriétaire, moyennant la somme à laquelle ils ont été évalués dans le procès-verbal d'estimation du sinistre, à la charge par elle de faire connaître son intention au sociétaire, dans la quinzaine de la clôture du procès-verbal.

Paiement des sinistres.

ART. 16.

La somme à laquelle se trouve fixée l'indemnité est payée à qui de droit après l'ordonnancement du Conseil d'administration, ainsi qu'il est déterminé à l'article 18 ci-après.

Tout paiement est fait à la charge par l'indemnisé de subroger la Société jusqu'à concurrence de l'indemnité payée par elle, aux droits, actions et recours qu'il peut avoir à exercer contre toutes personnes qui seraient reconnues ou légalement présumées auteurs du sinistre, et généralement contre toutes celles qui, à un titre quelconque, pourraient en être responsables. Cette subrogation a lieu sans garantie.

Pour en assurer l'efficacité, la Société pourra, si bon lui semble, dès avant le règlement et le paiement de l'indemnité, prendre toutes mesures et introduire toutes instances conservatoires, au nom du sinistré, dont l'adhésion aux statuts et l'admission au nombre des sociétaires vaudra pouvoir irrévocable aux fins ci-dessus. La Société sera garante, envers le sinistré, de tous les frais auxquels pourront donner lieu les prévisions du présent paragraphe.

Fonds de prévoyance.

ART. 17.

Pour prévenir tous retards dans le paiement des sinistres et faire face aux charges sociales spécifiées par l'article 18, il est établi un fonds de prévoyance au moyen du versement annuel, par chaque sociétaire, d'une portion de la contribution dont il est passible. Le Conseil général détermine chaque année, d'après les besoins de la Société et suivant la nature et le degré des risques, quelle doit être cette proportion, sans toutefois qu'elle puisse excéder la moitié du maximum de la contribution fixée par l'article 13.

Contributions des sociétaires pour le paiement des sinistres.

ART. 18.

Tous les sociétaires contribuent, chacun en proportion de son assurance et des risques qu'elle présente, au paiement :

1º Des sinistres et indemnités de toute nature relatives aux sinistres ;

2º Des frais d'expertises et d'actions judiciaires ;

3º Des non-valeurs régulièrement constatées ;

4º Et des sommes payées pour réassurances.

A cet effet, le Directeur établit, s'il y a lieu, à la fin de chaque exercice, et dans les trois mois qui suivent son expiration, le compte de la contri-bution des sociétaires. Le Conseil d'administration, réuni au Comité des sociétaires, dont il est parlé à l'article 24, vérifie ce compte et l'arrête définitivement.

Les sommes nécessaires pour solder les indemnités de sinistres et couvrir les charges et dépenses sus-mentionnées sont d'abord imputées sur le fonds de prévoyance dont il est parlé à l'article qui précède.

En cas d'insuffisance de ce fonds, il y est pourvu, ou par le fonds de réserve, ou par des versements supplémentaires sur la contribution annuelle, en conformité de l'article 13 ; ces appels supplémentaires sont proportionnées aux indemnités à payer, et ne peuvent, en aucun cas, dépasser le maximum de la contribution.

Si, au contraire, le fonds de prévoyance est plus que suffisant pour subvenir aux charges sociales d'un exercice, la partie non absorbée est acquise au fonds de réserve.

SECTION II. — FRAIS D'ADMINISTRATION

Frais annuels d'administration et cotisation annuelle.

ART. 19.

Sont acquittés sur le produit d'une cotisation spéciale telle qu'elle est réglée ci-après :

Les frais de loyer, de bureaux et de correspondance, — le traitement du Directeur et du Directeur-adjoint, — les appointements et gratifications des employés de tout grade, — les frais de commission pour les assu-rances et de perception des sommes à payer par chaque sociétaire, — les jetons de présence, — toutes les autres dépenses de gestion et d'administration, — les frais nécessités par l'entretien des pompes à incendie et leurs accessoires, et par leur acquisition en participation avec les communes auxquelles le Conseil d'administration aura accordé cet avantage, — les sommes allouées pour services rendus à la Société dans les incendies, et pour subventions aux caisses de secours et de retraite des sapeurs-pompiers.

La cotisation, pour faire face au paiement des frais d'administration, est fixée, tous les cinq ans au moins par le Conseil général, sur la propo-sition du Conseil d'administration. Elle ne peut excéder trente centimes pour mille francs de valeurs réelles assurées, et elle est répartie entre les sociétaires dans la proportion de leur contribution aux sinistres.

S'il résulte du compte-rendu, en vertu de l'article 29, que les produits de la cotisation ont été plus que suffisants pour acquitter tous les frais de gestion d'un exercice, la portion non absorbée en est acquise au fonds de réserve.

Paiement des charges sociales.

ART. 20.

Les charges sociales annuelles, contribution pour sinistres et cotisation pour frais d'administration, se paient le 1er janvier de chaque année et par avance ; les douzièmes, pour les mois restant à courir de l'année dans laquelle l'adhésion est admise, sont exigibles au moment de la délivrance de la police.

En cas de non-paiement des charges sociales, la Direction avertit le retardataire au moyen, soit d'un acte extrajudiciaire, soit d'une lettre chargée ou recommandée dont la remise constatée à la personne de l'assuré ou à son domicile vaut mise en demeure. Si, dans le mois de mise en demeure, l'assuré ne s'est pas libéré, l'effet de son assurance est suspendu de plein droit jusqu'au paiement, sans préjudice du droit qui appartient au Conseil d'administration de prononcer, à la fin de l'année, la résiliation définitive du contrat dans le cas de non-paiement.

En cas de suspension, le paiement pendant ou après l'incendie ne donne droit à aucune indemnité que pour les sinistres postérieurs à cette libération, l'assurance ne reprenant son effet qu'à partir du paiement intégral.

SECTION III. — FONDS DE RÉSERVE.

Composition et emploi de la réserve.

ART. 21.

Il y a un fonds de réserve composé des reliquats libres constatés chaque année sur le fonds de prévoyance et la cotisation pour frais d'administration et des intérêts des sommes placées.

L'objet du fonds de réserve est d'assurer à la Société les moyens de suppléer à l'insuffisance du fonds de prévoyance pour le paiement des sinistres.

Dans aucun cas, le prélèvement sur le fonds de réserve ne pourra excéder la moitié de ce fonds pour un seul exercice

Le montant du fonds de réserve est fixé tous les cinq ans par le Conseil général.

Les sommes composant la réserve sont placées en rentes sur l'État, bons du Trésor ou autres valeurs créées et garanties par l'État, en actions de la Banque de France, en obligations des départements ou des communes, du Crédit foncier de France ou des Compagnies françaises de chemins de fer qui ont un minimum d'intérêt garanti par l'État, au choix du Conseil d'administration et par l'entremise du Directeur. Ces valeurs sont immatriculées au nom de la Société.

Au fonds de réserve appartient la valeur, calculée sur le prix de revient de l'immeuble dont la Société est propriétaire, rue Royale nº 9, et où est établi présentement le siége social.

Au cas où les fonds disponibles et les sommes placées de la réserve deviendraient insuffisants pour subvenir aux indemnités de sinistres, il serait opéré un emprunt hypothécaire sur l'immeuble de la Société dans la limite maximum de son prix de revient. Il pourrait être opéré aussi tous emprunts à la Banque de France sur les valeurs composant la réserve dans le cas où le Conseil d'administration le jugerait utile aux intérêts de la Société.

Le fonds de réserve est acquis à la Société actuelle ou à celle qui pourra être appelée à la continuer ou à la remplacer. En aucun cas et sous aucun prétexte il ne peut être l'objet de réclamations individuelles ou collectives de la part des sociétaires.

En cas de dissolution de la Société, l'emploi du reliquat du fonds de réserve sera réglé par le Conseil général sur la proposition du Conseil d'administration et soumis à l'approbation du Gouvernement.

CHAPITRE IV.

DE L'ADMINISTRATION

Section I. — CONSEIL GÉNÉRAL DES SOCIÉTAIRES.

Composition du Conseil.

Art. 22.

Le Conseil général représente l'universalité des sociétaires.

Il se compose, indépendamment du Président désigné par l'article 23, des cent plus forts assurés de la Société, suivant l'ordre du tableau qui sera dressé par le Directeur et arrêté par le Conseil d'administration au 1er novembre de chaque année

Les membres ainsi désignés peuvent se faire représenter soit par un père, un mari, un fils, un beau-père, un gendre ou la personne chargée par un mandat de gérer les valeurs assurées, et, en cette qualité, porteur des polices d'assurances, soit par un autre sociétaire ayant au moins vingt mille francs de valeurs assurées.

Aucun mandataire ne pourra représenter plus d'une personne.

Constitution et attributions du Conseil général.

Art. 23.

Le Conseil général est présidé par le Président ou le Vice-Président du Conseil d'administration et, à leur défaut, par le plus âgé des membres présents de ce Conseil.

Les deux plus forts assurés présents remplissent les fonctions de scrutateurs du Conseil général.

Le secrétaire du Conseil d'administration remplit les fonctions de secrétaire du Conseil général.

Le Conseil se réunit une fois par année dans le courant du mois de décembre. Il peut être convoqué extraordinairement par le Conseil d'administration, par le Comité des sociétaires ou par le Directeur, toutes les fois qu'ils le jugent utile aux intérêts de la Société.

Les convocations ont lieu par lettres adressées aux domiciles élus

Le Conseil général ne peut délibérer valablement s'il ne réunit le quart au moins des membres ayant le droit d'y assister.

Si le Conseil n'est pas en nombre, la séance est ajournée. Une nouvelle convocation est faite à quinze jours d'intervalle au moins par lettres individuelles, et lors de cette seconde réunion il délibère valablement, quel que soit le nombre des membres présents, mais seulement sur les objets qui étaient à l'ordre du jour de la première réunion.

Ses délibérations sont prises à la majorité des membres présents ; en cas de partage, la voix du Président est prépondérante.

Il est dressé procès-verbal des délibérations par le secrétaire. Le procès-verbal de chaque séance est arrêté et signé par le Président, les deux scrutateurs et le Secrétaire

Les membres du Conseil d'administration qui ne font pas partie du Conseil général et le Directeur, assistent, avec voix consultative seulement, aux réunions du Conseil général.

Le Conseil général délibère sur les observations du Comité des sociétaires, sur les conclusions de son rapport et sur les comptes de l'administration de la Société durant l'exercice expiré.

Il statue en outre sur toutes les affaires de la Société qui lui sont soumises soit par le Comité des sociétaires, soit par le Conseil d'administration, soit par le Directeur.

Il nomme les Administrateurs, comme il est dit à l'article 26.

Enfin, il nomme tous les ans les membres du Comité des sociétaires, comme il va être dit article 24.

Comité des sociétaires.

ART. 21.

Le Conseil général choisit, parmi les deux cents plus forts assurés, lors de sa réunion annuelle, un comité de cinq membres, chargé de suivre, pendant le courant de l'année, toutes les opérations de l'administration. Les membres de ce Comité peuvent être réélus.

La liste des deux cents plus forts assurés est établie suivant l'ordre du tableau dressé par le Directeur et arrêté par le Conseil d'administration au 1er novembre de chaque année.

Si, par suite de décès, démission ou autre circonstance quelconque, le nombre des membres du Comité des sociétaires se trouve réduit au-dessous de cinq, ce Comité peut valablement fonctionner au nombre minimum de trois membres jusqu'à la prochaine réunion du Conseil général.

Les membres du Comité des sociétaires prennent part aux délibérations du Conseil d'administration, avec voix délibérative, dans les cas prévus par les présents statuts : et ils peuvent toujours, même lorsqu'ils n'ont pas voix délibérative, exiger que leurs observations soient consignées au procès-verbal de la séance.

Le Comité des sociétaires rend compte au Conseil général, dans sa séance annuelle, des observations qu'il a pu faire dans l'année.

Il met sous ses yeux l'état de situation de la Société, celui des recettes et dépenses de l'année précédente, et le compte détaillé de tout ce que la Société a dû payer pour sinistres. Ces états et compte sont préalablement arrêtés par le Conseil d'administration, comme il est dit à l'article 29.

Le Conseil général, après avoir délibéré sur le rapport du Comité et sur ses observations, statue sur le tout.

Section 11. — CONSEIL D'ADMINISTRATION

Composition de ce Conseil.

Art. 25.

Le Conseil d'administration est composé de seize membres au moins et de vingt au plus, nommée par le Conseil général.

Renouvellement et remplacement des membres du Conseil d'administration.

Art. 26.

Les membres du Conseil d'administration sont renouvelés par quart tous les ans. Les membres sortants peuvent toujours être réélus.

Tout administrateur, nommé en sus du nombre de seize, en vertu de l'article 25, sera rattaché par le Conseil d'administration à l'une des quatre séries formées pour le renouvellement annuel par quart.

En cas de décès ou de démission de l'un des administrateurs, comme aussi dans le cas où son assurance deviendrait inférieure aux trente mille francs exigés par l'article suivant, il sera pourvu à son remplacement provisoire par le Conseil d'administration, jusqu'à la plus prochaine réunion du Conseil général, qui nommera définitivement. Le membre ainsi nommé ne reste en exercice que jusqu'à l'époque à laquelle devaient cesser les fonctions de son prédécesseur.

Tout membre du Conseil d'administration qui, sans motifs agréés par le Conseil, n'aura pas rempli ses fonctions pendant six mois consécutifs, sera réputé démissionnaire.

Conditions pour faire partie du Conseil d'administration.

ART. 27.

Tout membre du Conseil d'administration doit être sociétaire et posséder au moins trente mille francs de valeurs engagées à l'assurance.

Constitution et réunion du Conseil d'administration.

ART. 28.

Le Conseil d'administration est présidé par un de ses membres, qu'il nomme tous les ans à la majorité.

Il choisit de la même manière un ou deux vice-présidents.

Si le Président ou les vice-Présidents sont absents ou empêchés, le plus âgé des membres présents préside le Conseil.

Le secrétaire, pris hors de son sein, reçoit un traitement.

Le Conseil d'administration se réunit deux fois par mois, et, en outre, toutes les fois que l'intérêt de la Société le réclame.

Il peut être convoqué soit par le Président du Conseil d'administration, soit par le Directeur.

Les convocations ont lieu par lettres adressées aux domiciles élus.

Attributions du Conseil d'administration.

ART. 29.

Le Conseil d'administration nomme et peut révoquer le Directeur, sauf la ratification du Conseil général, par délibération prise à la majorité prescrite par l'article 33.

Il nomme, s'il le juge utile aux intérêts de la Société, un Directeur-adjoint sur la présentation du Directeur En cas d'absence ou d'empêchement du Directeur pour quelque cause que ce soit, le Directeur-adjoint remplace le Directeur dont les attributions sont réglées par l'article 30.

Il fixe le traitement du Directeur et du Directeur-adjoint.

Il nomme, sur la présentation du Directeur, les membres du contentieux, le secrétaire, les architectes, les experts et tous les officiers publics dont le ministère pourrait être utile à la Société.

Il nomme encore, sur la présentation du Directeur, les divers agents et employés de la Direction, fixe leurs traitements et les gratifications qui peuvent leur être accordées.

Il établit des agences dans les localités où il le croit utile.

Il examine toutes les adhésions aux statuts de la Société, les rejette ou les admet, et fixe les conditions de leur admission.

Il statue sur les divers cas de modifications ou de résiliation des polices qui peuvent se présenter.

Il donne et accepte les réassurances.

Il admet ou rejette les demandes ayant pour objet d'obtenir de la Société la participation à l'acquisition ou l'entretien des pompes à incendie et leurs accessoires ; et il règle les allocations aux caisses de secours et de retraite des sapeurs-pompiers.

Il statue sur les indemnités à payer pour sinistres.

Il fixe la quotité du versement à opérer par les assurés pour constituer le fonds de prévoyance, conformément à l'article 17.

Il se fait rendre compte des contestations existantes avec la Société ; il autorise le Directeur soit à transiger, soit à suivre sur ces contestations, soit à compromettre, à nommer tous arbitres et experts, comme aussi à faire toutes remises et accorder délais.

Il gère le fonds de réserve et, dans les termes de l'article 21, il fait tous emprunts :

1^0 Avec garantie hypothécaire sur l'immeuble appartenant à la Société ;

2^0 Et à la Banque de France, sur les valeurs composant le fonds de réserve, s'il le juge utile aux intérêts de la Société.

Il vérifie l'état de la caisse et ordonne l'emploi des fonds libres en caisse ou en dépôt dans les établissements qu'il a déterminés.

Il ordonnance toutes les sommes à payer par la Société, et autorise, quand il le juge utile, la vente de toutes valeurs lui appartenant.

Il propose au Conseil général toutes modifications aux statuts et aux tarifs ; il fait tous règlements et prend tous arrêtés qu'il juges utiles à l'administration des affaires de la Société.

Le Conseil d'administration, réuni au Comité des sociétaires, arrête le budget des recettes et des dépenses de la Société.

Il entend également, avec le Comité des sociétaires, le compte annuel de la gestion du Directeur et l'approuve s'il y a lieu ; mais cette approbation n'est définitive qu'autant qu'elle a été confirmée par le Conseil général.

Le Conseil d'administration ne peut délibérer valablement qu'au nombre de six membres ; et dans le cas où le Comité des sociétaires doit lui être adjoint avec voix délibérative, les membres de ce Comité présents à la délibération doivent être au nombre au moins de deux, indépendamment des six membres du Conseil d'administration.

Les décisions sont prises à la majorité des membres présents ; en cas de partage, la voix du Président est prépondérante.

Les délibérations sont consignées sur un registre tenu à cet effet ; elles sont signées par le Président et le Secrétaire.

Les membres du Conseil d'administration ne contractent aucune obligation personnelle ou solidaire relativement aux affaires de la Société ; ils ne sont responsables que de l'exécution de leur mandat.

Le Conseil d'administration pourra déléguer ses pouvoirs à une Commission prise dans son sein, composée de trois membres au moins et de cinq au plus, ainsi qu'à un ou plusieurs de ses membres à l'effet d'accepter les assurances et d'expédier les affaires urgentes dans l'intervalle des séances du Conseil. Un membre du Comité des sociétaires sera convoqué aux séances des Commissions.

Le Conseil d'administration pourra également déléguer ses pouvoirs à une ou plusieurs autres personnes même étrangères à la Société par un mandat spécial et pour des objets déterminés.

Section III. — DIRECTION

Fonctions du Directeur.

Art. 30.

Le Directeur dirige et exécute toutes les opérations de la Société sous l'autorité du Conseil d'administration.

Il assiste avec voix consultative aux séances du Conseil d'administration et du Conseil général.

Le Directeur fait procéder à l'estimation des objets présentés à l'assurance comme il est dit à l'article 9, et prend, en sa qualité, pour la Société, toutes les mesures nécessaires. Il signe et délivre les polices d'assurance ; il fait procéder à la reconnaissance et à la vérification des sinistres, ainsi qu'à l'estimation des indemnités à payer, comme il est dit à l'article 15 ; il est chargé de la tenue et de l'ordre des bureaux, des rapports de la Société avec les autorités, de la correspondance, de la régularisation comme de la suite et de l'exécution de tous les actes qui peuvent concerner la Société.

Le Directeur tient la comptabilité en se faisant aider d'un caissier présenté par lui, agissant sous son contrôle et sous sa responsabilité, nommé par le Conseil d'administration, et qui doit fournir un cautionnement.

Il fait tenir les registres soit d'administration, soit de comptabilité, et en donne communication sans déplacement, comme de tous autres documents et renseignements, au Conseil général, aux membres du Comité des sociétaires et du Conseil d'administration. Il donne également à chaque sociétaire les renseignements qui le concernent personnellement.

Dans la quinzaine de tout engagement nouveau, il fournit à chaque sociétaire une plaque portant les initiales A. M.

Le prix de cette plaque est fixé à un franc; il appartient au Directeur et est à la charge de l'assuré.

Le Directeur poursuit par toutes voies le recouvrement du fonds de prévoyance, des portions contributives et des cotisations annuelles. Les actions judiciaires ayant un autre objet que ce recouvrement, ne peuvent être engagées et soutenues par lui, au nom et aux frais de la Société, que d'après une décision du Conseil d'administration.

Il a qualité pour consentir seul tous désistements de privilège, hypothèque et actions résolutoires et il fait mainlevée de toutes inscriptions, saisies, oppositions et autres empêchements, avec ou sans paiement.

Il est expressément chargé de faire tout acte conservatoire dans l'intérêt de la Société.

Cautionnement du Directeur et du Caissier.

ARTICLE 31.

Pour garantie de leur gestion, le Directeur et le Caissier doivent fournir un cautionnement soit en immeubles, soit en rentes sur l'Etat, soit en actions de la Banque de France, à leur choix.

Le cautionnement du Directeur est de cent vingt-cinq mille francs, celui du Caissier de vingt-cinq mille francs.

Ces cautionnements sont acceptés par le Conseil d'administration.

Le Président est chargé de prendre et de renouveler au Bureau des hypothèques toutes inscriptions nécessaires, et de faire mentionner sur les effets publics et actions de la Banque le cautionnement auquel ils sont affectés au profit de la Société, et il ne peut donner les mainlevées et décharges de ces cautionnements qu'après approbation des comptes du Directeur et du Caissier.

CHAPITRE V.

DISPOSITIONS GÉNÉRALES

Liquidation de la Société.

ARTICLE 32.

Lors de la dissolution de la Société, quelles qu'en soient la cause et l'époque, le Conseil général des sociétaires nommera tous liquidateurs, déterminera leurs pouvoirs, ainsi que le mode et la durée de liquidation, en fixera les frais et arrêtera définitivement les comptes.

Modification aux statuts.

ARTICLE 33.

Le Conseil général pourra, sur la proposition du Conseil d'administration dans une réunion de la moitié plus un de ses membres et à la majorité des deux tiers des membres présents, adopter tous changements ou modifications que l'expérience démontrerait devoir être introduits dans les statuts, et faire tous traités de réunion ou de fusion avec d'autres sociétés ou compagnies d'assurance contre l'incendie.

Chaque sociétaire, en adhérant aux présents statuts, se soumet à toutes les décisions prises conformément au présent article.

Ampliations des délibérations,

ARTICLE 34.

Les ampliations entières ou par extrait des délibérations des Conseils de la Société sont délivrées par le Directeur, et visées par le Président du Conseil d'administration,

Élection de domicile.

ARTICLE 35.

Le domicile de la Société est élu à Paris, au siége de la Société.

Chaque sociétaire est tenu d'élire domicile soit dans le département de la Seine, soit dans l'arrondissement dans lequel il est assuré.

L'élection de domicile est attributive de juridiction tant pour la Société que pour l'assuré.

DE L'ASSURANCE EN GÉNÉRAL

TROISIÈME PARTIE

DE L'EXPLOITATION DE L'ASSURANCE

CHAPITRE III.

Des Sociétés d'assurance au point de vue administratif. Organisation intérieure et extérieure.

Des différents services qui composent l'administration centrale d'une Société ou Organisation intérieure.

Les statuts dont nous avons reproduit le texte *in extenso* au chapitre précédent, nous donnent les dispositions qui concernent l'organisation de la haute administration des Sociétés d'assurance.

C'est, dans les Sociétés à primes fixes, le Conseil d'administration responsable devant l'assemblée générale, ayant comme mandataire actif placé à la tête de la Société, un directeur dont la surveillance immédiate lui incombe. Dans les Sociétés mutuelles, l'organisation administrative est établie sur un plan identique. Il n'y a pas d'assemblée générale, mais un Conseil général, devant lequel est responsable le Conseil d'administration.

Dans les Sociétés à primes fixes, l'assemblée générale se compose des actionnaires possédant un quantum de titres indiqué dans les statuts. Dans les Sociétés mutuelles, le Conseil général est formé des assurés les plus importants. Organisation semblable au fond, dont les termes seuls diffèrent.

Tout cela est exposé dans les statuts, il ne nous paraît donc pas utile d'y revenir ici. Nous allons nous occuper maintenant de l'organisation des services qui collaborent à cette administration et qui, groupés au siége social d'une Société, en forment les bureaux placés sous l'autorité du directeur.

Si nous envisageons la question au point de vue de l'organisation générale des Sociétés, ce sera là l'étude de leur organisation intérieure.

Des fonctions du Directeur — Les statuts, délimitent les fonctions du directeur, en le plaçant sous l'autorité immédiate et la responsabilité entière du Conseil d'administration. Le directeur n'est donc, en fait, que le mandataire du Conseil d'administration. Les limites étroites dans lesquelles semblent l'enfermer les statuts, s'élargissent cependant dans la pratique, par la force même des choses : le directeur en effet, doit être l'homme de la profession par excellence; par suite, c'est en se basant sur ses appréciations que le Conseil d'administration, composé d'hommes auxquels la pratique de l'assurance est la plupart du temps étrangère, prend ses délibérations : c'est pour cette même raison que tous les statuts donnent au directeur voix délibérative dans le Conseil d'administration. Le Conseil étant donc amené à se baser sur les capacités et les lumières du directeur, s'en remet entièrement à lui, pour la marche habituelle des affaires de la Société. C'est là une question de mutuelle confiance qui repose sur la nécessité où est, d'une part, le Conseil d'administration de recourir aux lumières du directeur, et où se trouve d'autre part, ce dernier, de ne pouvoir rien engager sans être assuré, moralement au moins, d'être approuvé d'avance par le Conseil d'administration et d'être couvert par sa responsabilité.

Des services — Le directeur est à la tête des différents services qui composent l'organisation générale de la Société et, en premier lieu, de ceux qui centralisent autour de lui toutes les opérations de la Société. Parmi ces services, il y en a de communs à toutes les Sociétés, d'autres qui sont plus particulièrement propres à certaines d'entre elles, comme aux Sociétés d'assurances sur la vie, par exemple.

Les services les plus importants, qui sont en même temps

communs à toutes les Sociétés, sont : le service des polices d'assurance, le service des sinistres, le service de la correspondance et celui de la comptabilité.

Le service des polices d'assurance est celui qui reçoit les propositions d'assurance. Il établit les polices d'assurance ou contrôle, d'après le tarif, celles qui lui sont parvenues déjà établies, les accepte, les rejette ou les modifie après avis du directeur, et en conserve ensuite les minutes. En un mot, il centralise dans ses attributions toutes les affaires d'assurance composant le portefeuille de la Société, tant au point de vue de la surveillance continue de leur valeur journalière que de leur responsabilité matérielle.

Service des polices

C'est à ce service qu'incombe la matière délicate de l'évaluation des risques, celle qui demande la connaissance la plus approfondie de l'assurance. Aussi les chefs de ces services, sont-ils ordinairement réputés dans les Sociétés, pour des assureurs dans l'acception particulière du mot.

Le service qui s'occupe spécialement des sinistres, de leurs déclarations, de leur marche, des instructions à donner aux représentants de la Société pour assurer leur règlement dans les conditions les meilleures possibles et les plus régulières, de l'établissement des mandats d'indemnité, est le service des sinistres. Les fonctions de régleur de sinistres exigent une science très sûre du contrat d'assurance et un tact litigieux spécial. Les bons régleurs de sinistres sont rares : ils sont précieux pour les Sociétés auxquelles ils peuvent faire réaliser des économies importantes (1).

Service des sinistres

---

(1). — Dans les Compagnies d'assurances sur la vie, le service des sinistres n'existe pas. Lorsqu'un paiement de contrat arrive à échéance, il est examiné par le bureau de *l'actuariat*, qui transmet ensuite le dossier au contentieux, pour vérifier la régularité des pièces produites.

Le service de l'actuariat, le plus important dans les Compagnies vie, puisque c'est de lui que dépendent la régularité et l'exactitude de la base des opérations de ces Sociétés, se compose de calculateurs qui s'occupent spécialement des calculs des tables de mortalité, des primes et de tout ce qui touche à la matière mathématique des assurances sur la vie. Ces services sont dirigés dans les Sociétés par de véritables savants, sortant la plupart du temps de nos écoles nationales telles que polytechnique, et qui prennent le nom d'*actuaires*.

A côté de ce service s'en trouvent d'autres qui sont également propres aux compagnies vie; tels sont ceux de la *régie de leurs immeubles* et des *négociations de nues-propriétés et usufruits*.

Service de la correspondance — Le service de la correspondance assure la correspondance générale de la Société. Il rédige les lettres qui portent des instructions aux représentants, qui traitent les affaires ou qui répondent à celles reçues du dehors, d'après les notes des services et les instructions de la direction. Il réunit en lui tous les documents et toutes les données nécessaires à la marche générale des affaires et à leur impulsion.

Service de la comptabilité — Le résultat des travaux de la Société se traduit en chiffres. Ces chiffres sont l'œuvre du service de la comptabilité. Toute opération de la Compagnie devant donc finalement se résoudre en un chiffre, aboutit en dernier lieu au service de la comptabilité. Ce service est en conséquence, un service de contrôle et de centralisation générale. Son importance est évidemment considérable, tant au point de vue administratif qu'au point de vue matériel, puisque de son fonctionnement régulier dépend l'économie bien entendue des ressources de la Société. Enfin, de son œuvre ressort l'établissement rigoureusement exact de la situation de la Société, établissement qui permet d'apprécier ses ressources, ses progrès et qui, en un mot, donne l'expression mathématique de sa vitalité.

La comptabilité d'assurance se divise, pour nous, en deux parties bien distinctes :

L'une, qui, se soumettant aux prescriptions légales, suit les règles ordinaires de la comptabilité commerciale et se compose en se basant sur la théorie des parties doubles, du brouillard ou main-courante, des différents comptes courants ouverts suivant les opérations de la Société, du livre de caisse, du journal et du grand-livre.

L'autre partie, essentiellement industrielle, est plutôt une comptabilité de statistique. Elle se compose de registres spécialement libellés à cet effet : son objet porte, d'une part, sur les polices d'assurance souscrites, leurs différentes natures, le développement des primes pendant les années que doit durer le contrat et les commissions y afférentes attribuées aux agents ou courtiers et, d'autre part, sur les sinistres déclarés, les indemnités attribuées et leur règlement définitif.

Cette comptabilité est, on le conçoit, plus compliquée dans certaines branches de l'assurance telles que la vie ou les accidents, la variété des opérations conséquence de ces entreprises, étant bien plus étendue que celle des autres branches telles que l'incendie ou la grêle, par exemple.

Elle est le complément indispensable de la comptabilité proprement dite, qui ne suffirait pas à elle seule à éclairer suffisamment la marche des affaires de la Société. Elle forme, dans la pratique, comme son objet l'indique, l'attribution du service des polices et de celui des sinistres. Elle recueille les résultats des deux branches industrielles de la Société pour les apporter au centre général de la comptabilité, où se condensent et se combinent tous les autres résultats administratifs et commerciaux.

Dans l'assurance sur la vie, la comptabilité se complique encore de la question de l'établissement des réserves. On sait que, par exemple, dans l'assurance en cas de décès, l'assureur peut avoir à payer du jour au lendemain le quantum du capital déterminé dans une police. Or, ce quantum doit être prévu et disponible depuis le premier jour de l'assurance. Par suite, il doit être mis en réserve. Il faut donc qu'une Compagnie d'assurance puisse toujours justifier de la possibilité où elle est de racheter toutes ses polices en cours. Aussi, les statuts des Compagnies-vie spécifient-ils que chaque année, les tableaux des réserves doivent être annexés aux comptes rendus.

C'est la comptabilité qui en fin d'année, dresse l'inventaire des opérations de la Société, établit le bilan de son actif et de son passif et le compte des profits et pertes.

L'actif est ce qui représente la fortune, la possession ou avoir total de la Société ; le passif se compose de ses charges ou de ce qu'elle doit.

Le bilan résume la situation générale de la Société, le compte de profits et pertes celle du dernier exercice seulement.

La comptabilité des mutuelles est plus délicate et plus difficultueuse que celle des Sociétés à primes fixes, à cause de la proportionnalité à établir dans les contributions.

Service du contentieux

A côté de ces principaux services s'en trouvent d'autres dont les attributions, pour en être moins étendues, n'en sont pas moins importantes. En première ligne vient le service du contentieux.

Ce service connaît essentiellement de tous les litiges qui se produisent entre la Société et des tiers quelconques. Le chef du contentieux, dans les Sociétés importantes, possède généralement ses grades en droit : cela est compréhensible, car très souvent les questions litigieuses d'assurance, soulèvent des points de droit très délicats et les affaires qui en résultent doivent être conduites avec la plus grande compétence.

Transferts

Au service du contentieux se rattache ordinairement le service des transferts de titres de la Société. Assez fréquemment aussi, ces opérations rentrent, chez d'autres Sociétés, dans les attributions du sous-directeur ou du secrétaire général.

Ils diffèrent semblablement dans les formalités à remplir, suivant les statuts des diverses Compagnies. Dans les unes, le transfert est constaté sur un registre spécial où le cédant et le cessionnaire signent, il est ensuite visé par l'administrateur délégué et le directeur. Dans les autres, les inscriptions se multiplient autant de fois qu'il y a de titres, car elles sont portées sur les souches mêmes de ces titres.

Les transferts doivent toujours être soumis préalablement à l'autorisation du Conseil, avant d'être opérés. Ce dernier peut même exiger des nouveaux cessionnaires le dépôt, en garantie, des sommes qui restent à verser sur chaque titre pour leur libération complète.

Dans les ventes, les parties peuvent ne pas comparaître elles-mêmes. Elles délèguent leurs pouvoirs à des tiers, sur des imprimés frappés à cet effet du timbre de dimension de 0 fr. 60 c. Ces tiers remplissent les formalités nécessaires au transfert.

En vertu du pouvoir du Conseil, tout vendeur de titres doit évidemment produire un acquéreur solvable.

Les transferts par succession doivent s'opérer dans un certain laps de temps, après le décès du titulaire. Ce laps de temps varie suivant les statuts des Sociétés, le plus ordinairement il est de six mois après lesquels, si le ou les héritiers ne se sont pas mis en mesure de faire opérer le transfert, la Société peut faire vendre à leurs risques et périls.

Le chef des transferts doit exiger, en cas de transfert par succession, des pièces qui indiquent bien clairement les qualités des héritiers et établissent d'une façon formelle leurs droits à la succession. Ces pièces doivent toujours être notariées, c'est-à-dire rédigées ou certifiées exactes par des notaires.

La caisse, dans une Société d'assurances, opère les encaissements ou les paiements qui s'effectuent directement au siége social. Le caissier doit bien connaître le mécanisme de la comptabilité de la Société, de manière à passer toujours les articles d'une façon régulière. Il ne doit pas hésiter à s'adresser au chef de la comptabilité pour des cas exceptionnels, ce dernier étant en définitive l'appréciateur naturel de tout point ressortant plus ou moins directement des attributions de son service.

A côté de ces services d'une importance générale, les Compagnies d'assurances ayant pour la presque totalité leur siége social à Paris, ont constitué un service particulier destiné à s'occuper spécialement des affaires d'assurance qui concernent cette place si importante, et à entretenir des rapports avec les courtiers d'assurance. C'est le bureau de Paris.

Ce dernier est donc une sorte d'agence générale de Paris annexée au siége central de la Société. Le chef du bureau de Paris est en effet intéressé la plupart du temps, par la Société, dans les affaires qu'il traite avec les courtiers.

Ces fonctions sont fort délicates ; de plus, elles demandent une grande expérience des circonstances tout à fait particulières dans lesquelles se présentent les affaires à Paris.

Il va sans dire que les courtiers dont nous parlons ici, sont des courtiers d'assurance libres. Les courtiers d'assurance que la loi reconnaît et auxquels elle attribue le caractère d'officiers publics, sont les courtiers d'assurance maritime.

Leur nombre en est limité sur les différentes places maritimes et à Paris, comme cela se produit dans toutes les charges publiques.

Le courtier d'assurance libre est donc absolument indépendant, et ne revêt aucun caractère officiel. Est courtier d'assurance qui veut. Malheureusement cette liberté a engendré bien des abus, mais peut-on s'en plaindre ? N'est-ce pas justement à cette liberté que l'on doit les progrès rapides de l'assurance ?

C'est donc aux Sociétés à se prémunir : elles n'y manquent pas, du reste, et n'ont en définitive qu'à gagner à cet état de choses.

Le courtier d'assurance est rétribué, soit par plusieurs commissions annuelles qui lui seront acquises au fur et à mesure des encaissements postérieurs, soit par une commission unique, payable dès la signature de la police et l'encaissement de la première prime.

Dans la plupart des assurances autres que les assurances-vie, c'est cette dernière façon de procéder qui est adoptée.

Personnel A la tête de chaque service est placé un chef de service, assisté d'un ou de plusieurs sous-chefs, suivant l'importance du service ou de la Société, et de plusieurs employés ordinaires.

Sous-Directeur ou Secrétaire général. Au-dessus des chefs de service, s'occupant spécialement du personnel, de la discipline intérieure des bureaux et de leurs rapports entre eux, est le secrétaire général ou le sous-directeur.

Ces fonctions ne peuvent être déterminées ici. Elles varient en effet avec les différentes Sociétés et se règlent en général à la volonté du directeur. Ce qui est évident, c'est que le sous-directeur est un aide que le Conseil met à la disposition du directeur, et que ce dernier peut conséquemment employer à son gré.

Jurisprudence En terminant ce chapitre, nous croyons utile de rapporter quelques décisions de jurisprudence, au sujet des emplois qui constituent l'organisation intérieure des Sociétés.

Directeur Le directeur d'une Société anonyme est révocable comme mandataire de cette Société, et cette règle étant d'ordre public, les parties n'y peuvent déroger. (Cassat., 30 avril 1878, Bonneville de Marsangy)

Aux termes des dispositions de l'art. 22 de la loi du 24 juillet 1867, le directeur statutaire d'une Société est, en raison du mode de sa nomination, du caractère et de l'étendue de ses attributions, non un agent d'exécution, mais le mandataire direct de la Société et, comme tel, révocable sans que la révocation puisse donner ouverture à son profit à une demande en dommages-intérêts. Et ce principe a un caractère d'ordre public auquel les parties ne peuvent déroger.

En conséquence, sont nuls et de nul effet, comme portant atteinte à la révocabilité de son mandat, les avantages alloués par l'assemblée générale au directeur d'une Société anonyme à titre d'indemnité, au cas de révocation, décès, retraite ou démission.

En vain, le directeur prétendrait-il échapper à cette nullité en objectant qu'il n'a pas été révoqué, mais qu'il a donné volontairement sa démission. Les prescriptions de l'art. 22 de la loi du 24 juillet 1867 demeureraient, en effet, sans effet, si on acceptait pareille distinction, puisqu'il serait toujours possible à un directeur, mandataire direct de la Société et, comme tel, révocable, de se soustraire aux conséquences de la révocation en donnant sa démission. (Cour d'appel de Paris, 25 juillet 1893, Bull. du journal l'Assurance, n° 13, 20 janv. 93.)

Le mandant est passible de dommages-intérêts envers le directeur révoqué, au cas où le congédiement de ce dernier ne serait pas justifié par ses agissements. (Trib. comm. Seine, 26 janv. 1894, Bull. du journal l'Assurance du 20 mars 94, n° 15.)

Le directeur d'une Société qui cesse ses fonctions au cours d'une année et qui a droit, à titre d'appointements supplémentaires, à une part de bénéfices, est fondé à exiger son règlement au moment de son départ, et il n'est pas tenu d'attendre que l'année entière soit achevée et que l'inventaire annuel soit établi, son émolument ne pouvant dépendre d'opérations auxquelles il est étranger (Rennes, 11 juillet 1889, Rép. Gaz. Pal., 1887 à 1892, n° 223).

Le directeur fondateur d'une Société d'assurance mutuelle doit être considéré, non comme un agent salarié, mais comme un entrepreneur à forfait de l'administration et de la Direction. Cette situation entraîne la concession du droit de présenter son successeur (Rouen, 21 mars 1887. Paud. Franç., n° 257).

Art. 1780 du Code civil. — « On ne peut engager ses services qu'à temps ou pour une entreprise déterminée (*complété par la loi du 27 décembre 1880, qui suit.*) Le louage de service, fait sans détermination de durée, peut toujours cesser par la volonté de l'une des parties contractantes. — Néanmoins, la résiliation du contrat par la volonté d'un seul des contractants peut donner lieu à des dommages-intérêts. — Pour la fixation de l'indemnité à allouer, le cas échéant, il est tenu compte des usages, de la nature des services engagés, du temps écoulé, des retenues opérées et des versements effectués en vue d'une pension de retraite, et, en général, de toutes les circonstances qui peuvent justifier l'existence et déterminer l'étendue du préjudice causé. — Les parties ne peuvent renoncer à l'avance au droit éventuel de demander des dommages-intérêts en vertu des dispositions ci-dessus. — Les contestations auxquelles pourra donner lieu l'application des paragraphes précédents, lorsqu'elles seront portées devant les tribunaux civils et devant les cours d'appel, seront instruites comme affaires sommaires. »

Art. 1781. — « Le maître est cru sur son affirmation, pour la quotité des gages, pour le paiement du salaire de l'année échue, et pour les à-comptes donnés pour l'année courante. »

Article 2 de la loi du 2 juillet 1890. — « Le contrat de louage d'ouvrage entre les chefs ou directeurs d'établissements industriels et leurs ouvriers est soumis aux règles du droit commun et doit être constaté dans les formes qu'il convient aux parties contractantes d'adopter. Cette nature de contrat est exempte de timbre et d'enregistrement. »

Art. 3, même loi. — « Toute personne qui engage ses services peut, à l'expiration du contrat, exiger de celui à qui elle les a loués, sous peine de dommages et intérêts, un certificat contenant exclusivement la date de son entrée, celle de sa sortie et l'espèce de travail auquel elle a été employée Ce certificat est exempt de timbre et d'enregistrement. »

Le louage de services et d'industrie, sans détermination de durée, peut toujours cesser par la libre volonté de l'un des contractants, à la seule condition d'observer les délais de congé spécifiés soit par l'usage, soit par les accords exprès ou tacites des parties. (Cassat., 17 mai 1887, Gaz. Pal , 1887, 1, 766).

La stipulation d'après laquelle un employé congédié n'aura point droit à une indemnité, quoique valable, laisse intact le droit à la réparation du préjudice causé par un congédiement pour cause légitime on justifiée ; mais elle peut exclure la part d'indemnité consistant dans les bénéfices que l'employé révoqué pouvait trouver dans sa position. (Paris, 2 février 1888, Gaz. Pal., 1888, 2, 189).

Si, dans un contrat de louage de services, le patron seul a stipulé le droit de résiliation sans indemnité, l'employé qui rompt le contrat peut être tenu de reprendre ses fonctions et être condamné à des dommages-intérêts. (Paris, 24 janvier 1891, Répert. Gaz. Pal., 1885 à 1892, Louage d'ouvrages, n° 120.)

DE L'ASSURANCE EN GÉNÉRAL

TROISIÈME PARTIE

DE L'EXPLOITATION DE L'ASSURANCE

CHAPITRE IV.
Organisation extérieure des Sociétés d'assurances.

Agents et Inspecteurs.

Les Compagnies d'assurances vivent de leurs opérations.

Ces opérations sont le résultat de la collaboration des agents d'assurances qu'elles s'attachent. Chaque Société possède une organisation plus ou moins étendue et complète d'agents, qui se livrent à la recherche et à la réalisation des affaires qui font son objet.

Cette organisation que nous appellerons, par rapport à celle dont nous venons de nous occuper, organisation extérieure, repose en général sur les bases suivantes :

Agents d'assurances

La Compagnie nomme, au chef-lieu d'un département ou dans une des villes principales, quelquefois dans le centre important d'une région comprenant plusieurs départements, un représentant qui, suivant les Sociétés, prend le nom d'agent général ou de directeur particulier,

Ce directeur particulier s'attache à son tour, pour la recherche des affaires dans sa région, des sous agents Mais ces derniers sont absolument étrangers à la Société et ne dépendent que de lui seul.

Enfin, la Compagnie délègue, pour surveiller spécialement ses intérêts, aider les agents de leurs conseils et de leur expérience ou les maintenir dans une voie régulière, des inspecteurs divisionnaires, qui établissent eux-mêmes des sous-inspecteurs ou inspecteurs régionaux. Comme les sous-agents d'assurances, ces derniers restent totalement étrangers aux Compagnies.

Inspecteurs d'assurances

Tel est le plan général identique de l'organisation extérieure des Compagnies d'assurances.

Examinons-le maintenant dans ses détails.

Les attributions d'agent-général sont fixées dans une lettre de nomination que la Compagnie adresse à son nouveau représentant. Celui-ci lui en retourne un double approuvé et signé de lui.

Agents généraux ou Directeurs particuliers

La lettre de nomination délimite la circonscription de l'agence : l'agent ne peut souscrire aucune assurance en dehors de cette circonscription. Dans des cas exceptionnels, cependant, il peut être dérogé à cette règle, mais sur approbation expresse de la direction.

Les conditions dans lesquelles l'agent est appelé à traiter les affaires, celles qui déterminent les attributions et les limites de son mandat sont contenues dans la lettre de nomination. Il est tenu de s'y conformer, de même qu'aux instructions qui lui sont données par la Compagnie ou qui lui seront ultérieurement adressées de la Direction.

Les Compagnies ne sont responsables d'aucun des engagements pris par leurs agents généraux, en dehors des pouvoirs et des instructions qu'elles leur ont donnés (1).

Voici quelles sont les principales fonctions des agents généraux. Ils sont spécialement chargés : de provoquer des assurances dans

Fonctions

---

(1) Une Compagnie d'assurance ne peut décliner sa responsabilité, alors même que son agent aurait dépassé ses pouvoirs, en souscrivant une police, quand elle a ratifié le contrat. La preuve de cette ratification résulte de ce que la Compagnie a encaissé les primes de l'assuré. (Dijon, 2 avril 1879, Pand. Franç. n° 295.).

le ressort de leur agence, de fixer le taux des primes d'après les tarifs, de rédiger des contrats d'assurances : (les agents d'incendie les signent eux-mêmes); de percevoir les primes et accessoires, et d'en délivrer quittance ; de tenir la comptabilité relative à ces opérations, d'opérer le règlement des sinistres dans certaines limites ; de soutenir toutes contestations, d'exercer toutes poursuites, après en avoir, au préalable, référé à leur Compagnie ; de prendre toute mesure conservatoire des droits de leurs Compagnie et de faire généralement tout ce qui sera nécessaire en leurs noms, et dans leurs intérêts, en vertu des pouvoirs qu'elles leur ont confiés.

Les Compagnies adressent à leurs agents, au sujet de leurs fonctions, des instructions imprimées la plupart du temps et qui prennent le nom d'instructions générales.

On conçoit que ces instructions qui, comme l'organisation des Sociétés ont un caractère général identique, diffèrent sensiblement dans leurs détails, par suite de la différence des branches d'assurances exploitées par les Compagnies.

Ces différences se font surtout sentir dans la manière de rédiger les polices et de les faire signer, de tenir la comptabilité des opérations de l'agence et de régler les sinistres.

Dans les assurances-incendie, le directeur particulier on l'agent-général signe lui-même les polices, dans les assurances-vie et accidents, elles sont signées par le directeur de la Compagnie et un administrateur.

La comptabilité des agences comprend toujours un registre des opérations, un registre des sinistres et un registre de caisse. Il y a des Compagnies qui ajoutent à ces trois registres un registre de compte-courant avec l'agence.

Les règlements de comptes entre la Compagnie et l'agence s'opèrent ou mensuellement ou trimestriellement, cela dépend des Sociétés. Les agents couvrent la Compagnie de leurs encaissements au fur et à mesure qu'ils se produisent, en versant à la succursale de la banque qui leur est désignée par la Société, ou en envoyant les fonds directement au siége social.

Commissions

Les agents comprennent dens leurs comptes, les commissions

qui leur sont allouées sur les affaires, en vertu de leur lettre de
de nomination et comme rétribution de leurs fonctions.

Les Compagnies prennent, en outre, à leur charge, ordinairement:
Les frais de port de lettres, tant avec l'Administration qu'avec
les agents auxiliaires, ceux de pose d'affiches, ceux de déplacement et autres déboursés pour règlement de sinistres.

Les Compagnies fournissent ensuite gratuitement à chaque
agent général, le matériel qui lui est nécessaire pour ses
opérations et celles de ses auxiliaires.

Mais les Compagnies ne prennent pas à leur charge : les
frais d'installation et de bureau de l'agent général ; les frais
de tournées qu'il doit faire pour la recherche des assurances; les
frais de publicité autres que ceux de pose d'affiches, à moins
qu'elles ne les aient spécialement autorisés ; les droits de
patente auxquels l'agent serait personnellement imposé ou qui
seraient établis sur ses bureaux en dehors de ceux dont la
Compagnie est passible au siége social. Enfin, toute autre dépense
que celles mentionnées plus haut, à moins qu'elles ne les aient
spécialement autorisées.

La plupart des Compagnies stipulent, en outre, que les agents
généraux, en cas d'absence ou de maladie, ne peuvent se faire
remplacer que sous leur propre responsabilité et avec l'approbation préalable de leur Compagnie.

Il leur est interdit de se charger des affaires d'aucune autre
Compagnie d'assurances de la même branche, et ils ne peuvent
accepter, sans le consentement de leur Compagnie, la représentation d'une autre branche d'assurance, quelle qu'elle soit

Un cautionnement est enfin exigé d'eux, dans des proportions
déterminées par la Compagnie. A toutes ces dispositions, les
Compagnies ajoutent généralement une clause de la teneur
suivante : « La Compagnie se réserve le droit absolu de
révocation, en quelque temps et pour quelque cause que ce soit,
sans qu'il soit dû au sieur .. *(ici le nom de l'agent général)*, ou à
ses héritiers ou ayants droit, aucune indemnité ni aucuns
dommages et intérêts pour le changement de position, frais
d'installation et de loyer, paiements anticipés sur les commissions .

prises de son agent, patentes ou autres causes généralement quelconques, ce droit pour la Compagnie ayant été pris en considération dans la fixation des rémunérations stipulées. »

Ce droit de révocation que les Compagnies se réservent, est absolument admis par la jurisprudence. Il trouve son fondement légal dans l'art. 2004 du Code civil, ainsi conçu : « Le mandant peut révoquer sa procuration quand bon lui semble et contraindre, s'il y a lieu, le mandataire à lui remettre, soit l'écrit sous seings privés qui la contient, soit l'original de la procuration en brevet, si elle a été délivrée, soit l'expédition, s'il en a été gardé minute. »

Les Compagnies, dit M. Lassaigne dans son *Manuel des assureurs* (incendie), n'usent qu'à la dernière extrémité de ce droit; elles n'ont pas, du reste, intérêt à de brusques et fréquents changements dans la personne de leurs représentants; la mobilité des titulaires nuit d'ordinaire aux progrès d'une agence.

Cependant, il faut bien admettre qu'une Direction ne peut conserver un mandataire infidèle ni un collaborateur qui apporte une négligence constante dans l'exercice de ses fonctions ; le remplacement est, en pareil cas, un devoir toujours pénible, mais impérieux.

L'accomplissement de ce devoir rencontre parfois des résistances, des difficultés ; il fait naître des procès qui sont diversement jugés, non pas que le droit des Compagnies ait jamais été contesté, mais parce que souvent ce droit avait été modifié par des conventions imprudentes, et parce que toujours dans ces espèces, dont nous ne contestons pas les nuances délicates, des questions de fait se mêlent à la question de droit.

Les difficultés que suscitent ces révocations sont de deux espèces : la question de remise des archives et la question des dommages-intérêts réclamés par les agents révoqués, division d'autant plus nécessaire que la compétence des tribunaux diffère, suivant qu'il s'agit de l'un ou de l'autre cas.

Remise du matériel et des archives

Le premier soin d'un inspecteur chargé de la réorganisation d'une agence doit être de se faire remettre par l'agent révoqué le matériel et les archives de l'agence.

C'est là, en effet, un point capital, puisqu'on ne peut supprimer la gestion de l'agence sans les pièces et les registres qui en forment l'élément authentique. Les intérêts de l'assureur et de l'assuré sont également en jeu dans cette mesure, et la question ne s'en généralise que davantage pour devenir presque une question d'ordre public.

Mais cette transmission des archives ne s'opère pas toujours d'une façon amiable, et quelquefois l'ancien représentant refuse de se dessaisir des pièces, sous prétexte qu'il se prétend lié par la Compagnie et qu'il se réserve de lui demander des dommages-intérêts.

Le mode le plus expéditif d'en terminer est alors d'introduire un référé devant le président du tribunal civil du domicile du titulaire révoqué ; l'urgence autorise le référé et crée la compétence du président.

Dans le cas où, très à tort, le président hésiterait sur ses pouvoirs, ne reconnaîtrait pas une urgence presque certaine et refuserait de statuer, alors, c'est devant le tribunal civil que la demande en remise des archives doit être formée.

Quel est le tribunal compétent ? Nous pensons, avec M. Lassaigne, que c'est le tribunal du domicile de l'agent, puisqu'il est défendeur.

Il n'en serait pas de même s'il s'agissait d'une demande en reddition de compte contre ce même agent : quoique défendeur, ce dernier devrait être assigné devant le tribunal du siége de la Compagnie demanderesse. Le motif de ce changement de juridiction est très naturel ; en fait, c'est au siége de la Compagnie que se trouvent toutes les pièces de comptabilité. En droit, il résulte des articles 634 du Cod. de com. et 420 du Code de procéd. civile, ainsi conçus :

Art 634. — « Les tribunaux de commerce connaîtront également des actions contre les facteurs commis des marchands, ou leurs serviteurs, pour le fait seulement du trafic du marchand auquel ils sont attachés, etc... »

Art. 420. — « Le demandeur pourra assigner à son choix, devant le tribunal du domicile du défendeur, devant celui dans l'arrondissement duquel la promesse a été faite et la marchandise livrée, devant celui de l'arrondissement dans lequel le paiement devait être effectué. »

De nombreuses décisions ont établi soit la compétence du président du tribunal en référé, soit obligation absolue, de la part de l'employé remplacé, de remettre toutes les pièces malgré tous les débats qui pourraient être encore pendants entre lui et la Compagnie.

Indemnité

L'agent révoqué a-t-il droit à une indemnité ? La jurisprudence actuelle répond ainsi à cette question :

L'agent d'une Compagnie d'assurances est, en principe, comme tout autre mandataire salarié, révocable au gré de la Compagnie et sans indemnité.

Cependant, en cas de révocation, même légitime et justifiée, la Compagnie, à moins d'établir que son ancien agent lui a, par sa faute, occasionné un préjudice, ne peut priver celui-ci des avantages stipulés en sa faveur dans la convention intervenue entre elle et ledit agent.

Et encore qu'il ait été convenu entre la Compagnie et le préposé auquel elle a confié une agence, qu'elle pouvait cesser les opérations quand bon lui semblerait et retirer, même sans préavis, sa procuration à l'agent, la révocation de celui-ci, faite d'une manière intempestive et sans motifs légitimes, n'en impose pas moins à la Compagnie l'obligation d'indemniser son agent du préjudice qu'elle lui a causé par sa révocation. (Paris, 30 avril 1891, 4 juillet 1888, Trib. comm , Havre, 4 juillet 1888, Trib. civ., Lyon, 8 mars 1889, Répertoire de la Gazette du Palais, 1887 à 1892, Assurances en général, n°s 271, 272, 293).

M. Auguste Lassaigne envisage la question au point de vue qui nous semble le plus rationnel ; aussi reproduisons-nous ce qu'il dit textuellement.

Il est incontestable qu'autrefois, écrit-il, les changements de titulaires d'agence ne soulevaient aucune question, à de rares exceptions près; ces changements étaient le plus souvent motivés par des démissions ou des décès, les révocations étaient accidentelles.

Démissions ou décès

Dans les deux premiers cas, tout se passait amiablement, le

démissionnaire ou les héritiers de l'agent décédé remettaient les archives à l'inspecteur chargé de les recevoir et celui-ci procédait ensuite à la réorganisation de l'agence.

Malheureusement, il n'en est pas toujours de même ; depuis quelques années, certains représentants des Compagnies ne se conduisent plus comme de simples mandataires, mais bien comme propriétaires des portefeuilles qu'ils sont chargés de gérer.

Si ce système était admis, les titulaires, pour la plupart sans se préoccuper des aptitudes ou de l'honorabilité de leurs successeurs éventuels, ne chercheraient qu'à tirer le meilleur parti possible de ces portefeuilles, qui ne constitueraient plus qu'une marchandise à vendre au plus offrant et dernier enchérisseur.

Nous n'avons pas l'intention, bien entendu, de nous poser en adversaires des agents; ce que nous défendons, c'est la justice et le droit de chacun.

En fait, les représentants des Compagnies ne sont que leurs mandataires, et il nous suffira, pour le démontrer, de rappeler comment se font leurs nominations.

Quand une agence se trouve vacante pour une cause quelconque, le premier soin d'une Compagnie est de charger un de ses inspecteurs de procéder à sa réorganisation. C'est cet inspecteur qui cherche un candidat parmi les hommes les plus honorables, les plus estimés et les plus à même, par leurs relations, de réaliser des affaires ; il s'attache à trouver une personne capable de choisir ses assurés comme ses risques, car le but des Compagnies ne consiste pas seulement à faire des assurances nombreuses, mais à les faire bonnes, c'est-à-dire à faire des assurances dont le péril et l'aléa ne dépassent pas les calculs légitimes de l'assureur, à réaliser des contrats qui, par la moralité des assurés, l'effet de leurs bonnes habitudes ne présentent pas d'autres chances de malheur que celles qui sont inhérentes à la nature même des risques, et que la prévoyance et le soin ne peuvent conjurer.

Tout agent soucieux des intérêts de la Compagnie qu'il représente ne doit rechercher que ce qu'on appelle les bons risques et ne traiter qu'avec des clients honnêtes et tels que l'on n'ait à craindre chez eux que des accidents purement accidents.

De plus, un agent général doit être un comptable et un receveur de fonds ; intelligence, régularité, étude des tarifs, application aux travaux intérieurs, activité au dehors, voilà toutes les qualités que doit réunir, pour remplir utilement son rôle, le mandataire d'une Compagnie.

Ceci dit, nous demanderons s'il est possible de laisser à un agent démissionnaire le droit de se choisir lui-même un successeur. Sur qui fixera-t-il son choix ? Évidemment sur celui qui lui donnera de son portefeuille le prix le plus élevé et sans se préoccuper du point de savoir si son successeur a ou n'a pas les aptitudes nécessaires à un bon représentant.

Nous reviendrons du reste sur cette question d'aptitude des agents à se choisir des successeurs, sans se laisser dominer, même à leur insu, par un intérêt personnel exclusif. Nous l'abandonnerons un instant pour étudier ce qui, après tout, doit tout dominer et tout décider, à savoir le droit de conférer le mandat et les mains entre lesquelles réside ce droit.

Reportons-nous d'abord à l'art. 1984 du Code civil et voyons comment le législateur définit le mandat.

Art. 1984. — « Le mandat ou procuration est un acte par lequel une personne donne à une autre le pouvoir de faire quelque chose pour le mandant ou en son nom. »

Or, voyons comment les Compagnies entrent en relations avec leurs agents ; c'est en général par une lettre qui contient la nomination du nouveau titulaire, les conditions de cette nomination, et enfin les pouvoirs de rechercher et de réaliser les assurances, avec certaines limites indiquées, que ce titulaire ne peut dépasser sans engager sa responsabilité. N'est-ce pas là un véritable mandat, tel qu'il est prévu par l'art. 1984 précité ? Il est impossible de le nier. Examinons maintenant à quoi s'oblige le mandataire vis-à-vis de son mandant.

Aux termes de l'art. 1989, il ne peut rien faire au-delà de ce qui est porté dans son mandat. Aux termes de l'art. 1991, il est tenu d'accomplir ce mandat tant qu'il en demeure chargé et répond des dommages-intérêts qui pourraient résulter de son inexécution.

Enfin, aux termes de l'art. 1993, ce mandataire est tenu de rendre compte de sa gestion et de faire raison au mandant de ce qu'il a reçu en vertu de sa procuration.

Toutes ces obligations sont celles qui incombent à tous les agents et démontrent surabondamment leurs qualités de mandataires vis-à-vis de leurs Compagnies.

Nous n'insisterons pas, nous avons suffisamment démontré, qu'en fait comme en droit les agents ne sont que de véritables mandataires.

Or, si les agents ne sont que des mandataires, comment admettre qu'ils puissent vendre leurs portefeuilles ?

Ils ont été désignés par un choix libre et éclairé de la Compagnie; comment imagineraient-ils que la Compagnie est tenue d'accepter, sans mot dire, un acquéreur qu'elle n'a pas choisi, et se laisser imposer un mandataire forcé dont le seul titre serait le prix qu'il aurait versé, non pas même à la Compagnie, mais à un ancien mandataire, battant ainsi monnaie avec les dépouilles conquises sur son propre mandat. Révocables eux-mêmes, soumis eux-mêmes au jugement quotidien des Compagnies, comment pourraient-ils céder des droits qu'ils n'ont pas ?

Soutenir le contraire, ce serait le renversement de tous les principes du mandat, principes qui veulent, par une irrésistible déduction, que la libre disposition de leurs agences appartienne toujours et demeure nécessairement réservée aux Compagnies.

Si cette libre disposition était atteinte ou diminuée, c'en serait fait de l'autonomie des Compagnies, qui ne seraient plus maîtresses chez elles et qui seraient, en quelque sorte, démembrées par une féodalité d'un nouveau genre.

Quels pouvoirs pourraient avoir les Directions sur leurs subordonnés ? De quelle sanction ces Directions pourraient-elles appuyer leurs instructions ? Citons des exemples.

Une Compagnie trouve dangereuses les assurances d'une localité ; elle prescrit à son agent de cesser d'y opérer ; cet agent s'y oppose. Quid ?

Elle donne à son représentant certaines instructions pour un règlement de sinistre, elle entend opposer un cas de déchéance ; ce dernier n'exécute aucune de ces instructions pour ne pas nuire à son portefeuille. Que fera la Compagnie ?

On me répondra : La Compagnie révoquera cet agent. Mais ce dernier résistera à cette mesure, en soutenant que le portefeuille lui appartient, et si cette Compagnie insiste il demandera des dommages-intérêts.

On voit à quel résultat extrême on arriverait si le système de l'aliénabilité des mandats était admis ; le pouvoir ne serait plus là où est la responsabilité ; les Compagnies seraient frappées d'une sorte de mainmorte, et on ne leur reconnaîtrait de vie que lorsqu'il s'agirait de payer des indemnités pour les sinistres éclatant sur des risques qu'elles n'auraient pu choisir.

Malversations ou déficit — Lorsque l'agent s'est rendu coupable de malversations ou qu'un déficit est constaté dans sa caisse, l'inspecteur reçoit mission de la Compagnie de déposer une plainte au parquet contre l'infidèle.

Mais cette plainte ne doit être déposée qu'après le compte fait et approuvé par l'agent infidèle. Il n'y a d'exception à cette règle que dans le cas où malgré les contestations de ce dernier, il résulterait qu'il serait encore pour les parties non contestées, débiteur de la Compagnie d'une somme importante.

Des sous-agents — Les agents généraux s'adjoignent des sous-agents pour les seconder dans la recherche des assurances, dans leurs rapports avec les assurés et dans ceux qu'ils doivent chercher à établir pour l'augmentation dans leurs affaires. Les agents généraux ne peuvent nommer de sous-agents en dehors de leur circonscription.

Nous savons déjà que ces sous-agents ne peuvent en rien engager la Compagnie avec laquelle ils n'ont aucun rapport. Ils dépendent donc absolument des agents généraux qui les nomment et les commissionnent et avec lesquels seuls ils peuvent correspondre.

Fonctions — Leurs fonctions consistent :

A faire les démarches nécessaires pour l'obtention des assurances ;

A transmettre aux agents généraux les propositions d'assurances recueillies par eux ;

A remettre aux assurés les contrats des assurances qu'ils ont provoquées ;

A faire le recouvrement des primes annuelles desdites assurances et des accessoires contre quittances émanant de la Compagnie ou de l'agent général ;

A suppléer enfin les agents généraux dans les limites de leurs attributions, en se conformant aux instructions qu'ils en auront reçues.

La rétribution des sous-agents est à la charge des agents généraux, et ces derniers ont tout intérêt à la leur donner la plus élevée possible, de manière à les intéresser à la progression des affaires.

Ces réseaux d'agences, que les Compagnies possèdent dans les départements manqueraient évidemment de la cohésion nécessaire à l'essor des affaires, si ces agences ne recevaient de la direction une impulsion vigoureuse, tendant à uniformiser les moyens pour rendre leur marche plus régulière et plus décisive.

L'action de la direction s'opère surtout par l'inspecteur chargé de ses instructions spéciales, pour toute une région comprenant plusieurs agences générales ou directions particulières. Les Compagnies divisent, au point de vue de l'inspection, la France et les territoires qu'elles exploitent en divisions plus ou moins étendues ; ces divisions sont confiées à des inspecteurs, d'où leur nom d'inspecteurs divisionnaires.

Voici comment s'exprime M Vermot, *(Catéchisme des assurances)*, à l'égard de leurs attributions.

L'inspecteur est l'œil et le bras de la Compagnie. Il la représente au dehors ; muni d'instructions détaillées et sans cesse renouvelées, il entretient avec l'Administration une correspondance permanente.

Il a mission d'instruire les agents, de surveiller leur gestion, de proposer leur nomination ou leur révocation motivées.

Ceux-ci trouvent dans le savoir professionnel de l'inspecteur, un guide et un appui, soit vis-à-vis de la clientèle, soit vis-à-vis de la Compagnie qui leur a confié ses intérêts.

Le service de l'inspection exige donc des hommes actifs, bien élevés, honnêtes, intelligents, d'un caractère égal, bienveillant et ferme. Instructeurs des agents, ils sont en même temps leurs collaborateurs. Cette instruction et cette collaboration sont permanentes.

La bonne harmonie dépendra du tact, de la mesure qu'ils sauront introduire dans ces relations quotidiennes. Cet accord doit naître d'une estime réciproque et d'un échange de services ; il ne doit jamais être obtenu au prix de concessions contraires à la règle. Un semblable état de choses assurera le développement rapide des opérations à la satisfaction des divers intérêts qui y sont engagés.

Les inspecteurs sont nommés par lettres, délimitant leur circonscription et leurs attributions, ainsi que la rétribution de leur emploi.

Rétribution

Ils sont ordinairement rétribués au moyen d'appointements fixes, de commissions et de frais de déplacement.

Les frais de déplacement sont remplacés la plupart du temps par une carte d'abonnement sur les réseaux qu'ils doivent parcourir. On sait que ces cartes payées par les Compagnies d'assurances ne peuvent cependant servir qu'à leur titulaire. Des inspecteurs congédiés au milieu de leur durée ont émis la prétention de les conserver pour leur usage personnel sans en tenir compte aux Compagnies qui les avaient souscrites pour leurs déplacements opérés à leur service.

Un jugement rendu le 22 février 1894, par le tribunal de la Seine, s'élève contre cette prétention et dit que l'agent d'une Compagnie d'assurance, auquel il a été délivré, pour ses tournées d'inspection, une carte d'abonnement sur le réseau d'un chemin de fer, est tenu de restituer cette carte à la Compagnie, alors qu'il a cessé d'en être l'agent.

La jouissance de la carte payée par la Compagnie et remise à son agent en couverture partielle des frais de route afférents à son emploi est corrélative de l'exercice du mandat qui en a été la cause, et l'agent ne peut, après la cessation de ses fonctions, utiliser l'abonnement pour ses besoins personnels. (Bulletin du journal l'Assurance, n° 17, du 20 mai 1894.)

Il est admis et consacré par la jurisprudence qu'une Compagnie qui congédie son inspecteur brusquement et sans motifs lui doit une indemnité proportionnée au préjudice qu'il a pu éprouver. (Bruxelles, 24 octobre 1893, Bulletin de l'assurance n° 12 20 octobre 1893)

Mais il n'y a pas lieu d'accorder de dommages-intérêts en cas de révocation de mandat d'un inspecteur lorsque le mandat est indéterminé et que la révocation a eu lieu après le refus de l'inspecteur d'exécuter les instructions du conseil relativement à une réduction de son inspection. (Tribunal civil, Rouen, 7 juin 1887, Journal des assurances 1887.)

Lorsqu'une Compagnie cède à une autre son portefeuille ou qu'elle le fait simplement réassurer en bloc, l'inspecteur ou agent révoqué a droit immédiatement à ses commissions sur les primes en cours, si la Compagnie réassurée n'établit point que le réassureur se soit obligé à tenir ses engagements vis-à-vis de ses agents ou inspecteurs (Bruxelles, déjà cité).

Les Compagnies se réservent la plupart du temps expressément le droit de révocation vis-à-vis de l'inspecteur, dans leurs lettres de nomination, mais moyennant certaines conditions.

Nous ne dirons rien des sous-inspecteurs. Leurs fonctions dépendent absolument des inspecteurs qui se les attachent et les font agir suivant leurs besoins. Les Compagnies ne s'en occupent jamais.

DE L'ASSURANCE EN GÉNÉRAL

TROISIÈME PARTIE

DE L'EXPLOITATION DE L'ASSURANCE

CHAPITRE V.

Du timbre et de l'enregistrement.

L'impôt du timbre et de l'enregistrement, par ses dispositions à l'égard des Sociétés d'assurance, occupe une place importante dans leur situation administrative. Un exposé détaillé de ces questions fiscales, toujours des plus délicates et en même temps des plus compliquées, nous entraînerait hors des limites du cadre de cet ouvrage. Aussi reproduirons-nous simplement ici, les extraits du *Manuel général des assurances* de MM. Agnel et de Corny, qui concernent spécialement cette matière et qui la résument d'une façon très claire en même temps que très concise.

Timbre
Dispositions
générales
communes
à toutes le
assurances

Toutes les polices d'assurances, quelles qu'elles soient, maritimes ou terrestres, sont soumises actuellement à l'impôt du timbre.

Nous allons indiquer les règles tracées à cet égard par la loi du 5 juin 1850.

Les sociétés d'assurances mutuelles, les Compagnies d'assurances à prime ou autres, sous quelque dénomination que ce soit, et tous assureurs à prime ou autres, sont tenus de faire au bureau d'enregistrement du lieu du siége de leur principal établissement, une déclaration constatant la nature des opérations et les noms du directeur chef de la Société ou chef de l'établissement. Cette déclaration doit avoir lieu sous peine d'une amende de 1000 francs avant le commencement des opérations. (Art. 34 de la loi précitée.) Elles sont en outre obligées d'avoir, au siége de l'établissement, un répertoire sommaire, en un ou plusieurs volumes, non sujet au timbre, mais coté, paraphé et visé, soit par un des juges du tribunal de commerce, soit par le juge de paix, sur lequel répertoire sont portées par ordre de numéros, et dans les six mois de leur date, toutes les assurances faites, soit directement, soit par leurs agents, ainsi que toutes les conventions qui prolongent l'assurance ou augmentent la prime ou le capital assuré. Ce répertoire est soumis au visa trimestriel. De plus, ce répertoire doit être communiqué à toute réquisition, aux préposés, qui peuvent exiger, en outre, la représentation des polices en cours d'exécution ou renouvelées par tacite reconduction depuis au moins six mois et de celles expirées depuis moins de deux mois. Chaque contravention à ces dispositions donne lieu à une amende de 10 francs. (Art. 35 et 36 de la loi précitée.)

Tout contrat d'assurance, ainsi que toute convention postérieure contenant prolongation de l'assurance, augmentation de la prime ou du capital assuré, sera rédigé sur papier d'un timbre de dimension, sous peine de 50 francs d'amende contre l'assurance sans aucun recours contre l'assuré. Si l'assuré en fait l'avance, il aura un recours contre l'assureur.

Lorsque la police contiendra une clause de tacite reconduction, elle sera, en outre, soumise au visa pour timbre, dans le délai de cinq jours de sa date, sous la même peine de cinquante francs d'amende contre l'assureur. Le droit de visa sera le même que celui du timbre employé pour l'acte. (Même loi du 3 juin 1850, art. 33).

Les Sociétés, Compagnies d'assurances et autres assureurs contre l'incendie et contre la grêle, peuvent s'affranchir des obligations imposées par l'art. 33 en contractant avec l'État un abonnement annuel à raison de 2 centimes par 1.000 francs du total des sommes assurées d'après les polices ou contrats en cours d'exécution. L'abonnement de l'année courante se calcule sur le chiffre total des opérations de l'année précédente. Le paiement du droit se fait par moitié et par semestre au bureau de l'enregistrement du lieu du siége de l'établissement. (Loi précitée, art. 37.)

La loi des finances du 2 juillet 1862 a porté le montant du droit de 2 à 3 centimes par 1.000 francs.

Il est libre aux Compagnies de renoncer à l'abonnement contracté, mais, dans ce cas, elles devront payer un droit de 35 centimes pour chaque police en cours d'exécution, quels que soient la dimension du papier et le nombre des doubles. (Même loi, art. 38.)

Nous verrons plus loin par suite de quelles circonstances la plupart des Compagnies ont dû renoncer à l'abonnement.

En principe, tous les écrits qui sont susceptibles de constituer un titre, soit pour l'assureur, soit pour l'assuré, sont soumis à l'impôt du timbre. (Loi du 13 brumaire an VII, article 12, 1° paragraphe 11, et loi du 5 juin 1850, article 33.)

Ainsi il a été jugé :

1° Que les copies (ou duplicatas) des polices sont soumises au droit ordinaire de timbre, d'après leur dimension. (Cour de cassation, Compagnie la France contre l'Enregistrement, 8 novembre 1876, Journal général des assurances terrestres, 1re partie page 188, 1877.)

Que l'état estimatif d'objets mobiliers, dressé entre le futur assuré et l'agent de la Compagnie était soumis à l'impôt du timbre, alors même que ce ne serait qu'un simple projet destiné à disparaître ultérieurement. (Cour de cassation, Assurances mutuelles de la Seine-Inférieure contre l'Enregistrement, 2 janvier 1878, Journal général des assurances terrestres, 1er partie, page 205, 1878 ; Cour de cassation, l'ancienne Mutuelle, de Rouen, contre l'Enregistrement, id. 1re partie, page 238, 1880).

Que les mandats ou bordereaux dressés par le directeur d'une Compagnie d'assurances mutuelles, agissant en exécution des statuts formant la loi des sociétaires dans le but d'assurer le recouvrement de la contribution annuelle due par chaque associé constituent des titres assujettis à l'impôt du timbre. (Cour de cassation, l'Enregistrement contre l'ancienne Mutuelle, 25 août 1880, Journal général des assurances terrestres, 1re partie, page 257, 1881).

Jusqu'à une époque récente, il était admis dans la pratique que tous les avenants étaient couverts par l'abonnement contracté en vertu de l'art. 37 de la loi du 5 juin 1850, mais l'Administration s'est ravisée et a soutenu que tous les avenants autres que ceux prévus et spécifiés par l'art. 33 de la loi du 5 juin 1850 se trouvaient en dehors de l'abonnement et, par suite, étaient soumis au droit de timbre. Le tribunal civil d'Auxerre avait repoussé les prétentions de l'Administration, mais sur le pourvoi de l'Administration, la Cour de cassation, par son arrêt du 4 février 1879, a décidé qu'en l'absence de toute exception faite en leur faveur, les avenants autres que ceux désignés par la loi du 5 juin 1850 étaient soumis aux dispositions générales de la loi du 13 brumaire an VII et à celles du 22 frimaire an VII. L'Enregistrement contre Compagnie l'Abeille, Journal général des assurances terrestres. (1re partie, page 228, 1879).

En face de cette jurisprudence, les Compagnies avaient renoncé à l'abonnement. Elles avait reconnu que, tout compte fait, il y aurait avantage pour elles à faire timbrer spécialement chaque pièce assujettie à l'impôt, et usant de la faculté qui leur était réservée par l'art. 38 de la loi du 5 juin 1850, elles avaient renoncé à l'abonnement en acquittant un droit de 35 centimes par chaque police en cours d'exécution.

Mais la loi de finances de 1885 a rendu l'abonnement obligatoire; elle décide, par son art. 8, que le droit de timbre sera acquitté par les Sociétés selon le mode réglé par les paragraphes 1, 2 et 3 de l'art 37 de la loi du 5 juin 1850 et fixe la taxe annuelle à quatre centimes par mille francs du total des sommes assurées contre l'incendie pour les assurances à primes, à trois centimes par mille francs pour les assurances mutuelles. Cette loi est applicable aux contrats d'assurances mutuelles contre l'incendie, souscrits depuis plus de cinq ans, ainsi qu'à tous les contrats en cours rédigés sur papier frappé du timbre d'abonnement, et pour lesquels les assurés ont continué, après le désabonnement, à payer la taxe annuelle aux assureurs. Les contrats de réassurances ne sont pas assujettis à la taxe annuelle, lorsque cette taxe est payée par l'assureur primitif.

La perception du droit de timbre d'abonnement, établie par l'art. 37 de la loi du 5 juin 1850 et par la loi dont nous donnons l'analyse aura lieu dans les délais et suivant les formes déterminées par les art. 5, 6, 7, 8 et 10 du règlement d'administiraton publique du 25 novembre 1871.

A défaut de paiement dans les délais prescrits par le règlement, l'amende édictée par l'art. 10 de la loi du 23 juin 1871 sera exigible. (Voir Journal officiel, 29 décembre 1884.)

L'art. 33 de la loi du 5 juin 1850 est applicable au contrat de réassurance comme au contrat d'assurance lui-même. La loi de 1871 ne l'a exempté que de l'enregistrement.

Aux termes de la loi du 30 décembre 1876, le droit de timbre établi par les art. 33 et 37 de la loi du 5 juin 1850 cessera d'être perçu sur les contrats d'assurance passés en pays étranger et ayant exclusivement pour objet des immeubles, des meubles ou des valeurs situés à l'étranger. L'exemption du timbre n'a plus lieu aux termes de la même loi, dès qu'il est fait usage en France de ces contrats d'assurance, soit dans un acte public, soit dans une déclaration quelconque, soit devant une autorité judiciaire ou administrative. Les mêmes dispositions sont applicables au contrat de réassurance passé en France. (Voir Sirey, Lois annotées, 1875-1880, page 215 ; Instruction Administr. Enregistrem., n° 2537, 2 janvier 1877 ; Lois annotées, ibid. ; M. de Lalande, Or, du contrat d'assurance contre l'incendie n° 950.)

La loi du 23 août 1871 a soumis toutes les quittances à un droit de timbre de dix centimes. Cet impôt s'acquitte par l'apposition d'un timbre mobile sur l'écrit destiné à constater la libération. L'Administration a soutenu que le timbre devait être apposé sur l'écrit destiné à servir de quittance, dès qu'il était rédigé et avant d'être remis au débiteur, mais la Cour de cassation, dans son arrêt du 4 juin 1880 (Chambres réunies) a décidé : Qu'il résultait de l'esprit et du texte de la loi du 23 août 1871 que l'apposition du timbre n'était obligatoire qu'à l'instant où la quittance était remise au débiteur, comme un titre constituant sa libération. Que, de plus, le timbre, étant à la charge du débiteur, n'était dû qu'au moment où celui-ci recevait la quittance. Qu'autrement si ce timbre devait être apposé avant la remise de la quittance, il resterait à la charge du créancier dans le cas où le débiteur refuserait toute quittance. (L'Enregistrement contre Compagnie d'assurances générales, Journal général des assurances terrestres, 1re partie, p. 252, 1880).

Ces solutions, très importantes dans la pratique, ont été l'objet d'une vive controverse jusqu'à l'arrêt solennel du 4 juin 1880, rendu contrairement à un précédent arrêt de la Chambre civile de la Cour de cassation et aux conclusions de M. le procureur général Bertauld. Elles confirment la jurisprudence de la plupart des tribunaux qui avaient eu à se prononcer sur cette question. (V. Agnel et de Corny, du n° 77 à 86).

La loi du 5 juin 1850, sur les effets de commerce, a assujetti les polices d'assurances à l'impôt du timbre par la disposition suivante : Article 33. A compter du 1er octobre 1850, tout contrat d'assurance, ainsi que toute convention postérieure contenant prolongation de l'assurance, augmentation dans la prime ou le capital assuré, seront rédigés sur papier d'un timbre de dimension, sous peine de cinquante francs d'amende contre l'assureur, sans aucun recours contre l'assuré ; si l'assuré en fait l'avance il aura un recours contre l'assureur. Les articles suivants imposent aux Compagnies diverses obligations, en vue de garantir l'exécution de la loi. Cet article est applicable au contrat de réassurance comme au contrat d'assurance lui-même. (Trib. civil de la Seine, Compagnie l'Abeille, de Berlin, contre l'Enregistrement, Journal général des assurances terrestres, 3e partie, p. 203).

Les propositions d'assurance sont également assujetties au timbre de dimension ; elles doivent être rédigées sur papier timbré, quand bien même elles resteraient à l'état de projet et les agents de l'Administration ont le droit d'en exiger la communication en vertu de l'art. 22 de la loi du 23 août 1871 (Trib. civil de la

Seine, Compagnie la Nationale c. l'Enregistrement, 23 juin 1882, Journal général des assurances terrestres, 3e partie, p. 293) Le pourvoi dirigé contre cet arrêt par la Compagnie. La Nationale a été rejeté par la Cour de cassation. (Arrêt du 2 juillet 1883, Journal des assurances, année 1884, p. 19.)

La police d'assurance qui contient une clause de tacite reconduction doit, aux termes de l'art. 34 de la loi du 5 juin 1850, être soumise au visa pour timbre et cette formalité donne lieu à la perception d'un droit égal à celui du timbre employé pour l'acte. Il est loisible au rédacteur de la police de suppléer par l'apposition d'un timbre mobile à la formalité du visa. (Solution de l'Administration de l'Enregistrement, 3 novembre 1863, Journal général des assurances terrestres, p. 379.)

Le certificat de médecin remis à une Compagnie d'assurances pour établir le décès d'un assuré est assujetti au timbre de dimension et les agents de la Régie ont le droit de constater la contravention dans les bureaux de la Compagnie. (Trib. civil d'Angoulême, Compagnie d'assurances générales contre l'Enregistrement, 12 juillet 1875, Journal général des assurances terrestres, 3e partie, p. 205.)

Un certain nombre de Compagnies d'assurances sur la vie se sont créées à côté des Compagnies d'assurances contre l'incendie et ont acheté le droit de porter le même nom qu'elles.

L'Enregistrement a émis la prétention de leur appliquer la loi du 28 février 1872. Mais cette prétention a été repoussée par le tribunal civil de la Seine qui a décidé par un jugement du 4 mai 1883 (Journal des assurances, 1884, p. 172), rendu dans l'affaire de la Foncière, que le fait par une Compagnie d'assurances contre l'incendie d'autoriser, même à prix d'argent une Compagnie d'assurances sur la vie à se constituer sous le même nom, ne contenait à aucun degré la cession totale ou partielle de l'un des éléments constitutifs de son commerce et échappait à l'application de la loi du 28 février 1872,

La loi du 5 juin 1850 est applicable aux assurances à prime et aux assurances mutuelles

L'art. 7 de la loi du 23 août 1871 a étendu l'application des dispositions de la loi du 5 juin 1850 aux Sociétés et assureurs étrangers qui auraient un établissement ou une succursale en France.

Pour parer aux inconvénients et aux difficultés qu'entraîneraient les incessantes investigations des agents du fisc dans les livres et papiers des Compagnies d'assurances, l'art. 37 de la même loi permet à celles-ci de s'affranchir des obligations imposées par l'art. 33, en contractant avec l'Etat un abonnement annuel, dont la base varie, suivant qu'il s'agit d'assurances contre l'incendie ou sur la vie. Cet abonnement comprend tous les versements relatifs aux assurances de toute nature et de toute origine, les frais de gestion, les assurances faites en pays étranger, les réassurances cédées ou reçues, les assurances annuelles, si les polices étaient en cours d'exécution pendant une partie quelconque de l'année, dont les opérations servent de base à la taxe d'abonnement (V. Herbault, p. 339). La Cour de cassation a décidé que l'abonnement devait être déterminé d'après le chiffre des recettes totales (Compagnie l'Equitable c. l'Enregistrement, 23 mai 1853, Journal général des assurances terrestres, 1re partie, p. 52.)

La Cour de cassation a aussi jugé que, si les lois des 5 juin 1850 et 23 juin 1871 avaient affranchi de tout droit de timbre et d'enregistrement les conventions qu'elles énuméraient, elles laissaient soumis aux dispositions de la loi du 22 frimaire an VII tous les autres avenants d'assurances. (L'Enregistrement contre Compagnie l'Abeille, 4 février 1879, Journal général des assurances terrestres, p. 228). A la suite de cet arrêt, nous l'avons vu, la plupart des Compagnies ont renoncé à l'abonnement qui leur a été ensuite imposé.

Les Compagnies et assureurs étrangers peuvent souscrire un abonnement, à la condition de faire agréer un représentant responsable.

Les polices d'assurances maritimes et les avenants doivent être rédigés sur papier d'un timbre de dimension, à peine d'une amende de 60 francs.

Les avenants peuvent être souscrits à la suite de la police à la charge d'un visa pour timbre au même droit que celui de la police et apposé dans les deux jours de la date de l'avenant. (Loi du 5 juin 1850, art. 42).

L'art. 6 de la loi du 23 août 1871 établit sur les contrats d'assurances maritimes une taxe obligatoire calculée à raison de 0,50 cent. par 100 francs, décimes compris, du montant des primes et accessoires de la prime.

L'art. 7 porte que cette taxe sera perçue, pour le compte du Trésor, par les Compagnies, Sociétés et tous autres assureurs, courtiers ou notaires qui auraient rédigé les contrats.

Un règlement d'administration publique rendu les 25, 26 novembre 1871 en vertu de cette loi, et auquel l'art. 10 de la dite loi a d'avance attaché la sanction d'une amende de 50 francs par chaque contravention, porte, entre autres dispositions, que la perception de la taxe sera faite au moment de la signature des polices par les courtiers ou notaires qui ont rédigé les contrats et par les assureurs pour les contrats souscrits sans intermédiaires. (M. Weil, des Assurances maritimes, nᵒˢ 12 et suivants.)

Enregistrement
Dispositions générales communes à toutes les assurances

De même que toutes les conventions, les polices d'assurances étaient soumises à un droit d'enregistrement, ce droit a été remplacé par une taxe depuis la loi du 23 août 1871. (Loi du 23 août 1871.— Art. 6. Tout contrat d'assurance contre l'incendie, ainsi que toute convention postérieure contenant prolongation de l'assurance, augmentation dans la prime ou le capital assuré, désignation d'une somme en risque ou d'une prime à payer, est soumise à une taxe obligatoire, moyennant le paiement de laquelle la formalité de l'enregistrement sera donnée gratis toutes les fois qu'elle sera requise)

Aux termes de l'art. 7 de cette loi, la taxe est perçue, pour le compte du Trésor, par les Compagnies, Sociétés, assureurs, courtiers ou notaires qui rédigent le contrat.

La taxe est due au Trésor sur le montant cumulé des primes, cotisations ou contributions annuelles. Le montant de la taxe a été fixé, par l'art. 6 de la loi du 23 août 1871, à 8 p. 100 du montant des primes, des cotisations ou contributions. La loi du 30 décembre 1873 a augmenté de deux centimes et demi, de sorte que son taux est aujourd'hui de 10 p. 100.

Il a été jugé :

Que la taxe d'enregistrement imposée aux contrats d'assurances mutuelles contre l'incendie devant être perçue, d'après la loi qui l'a établie, annuellement et par avance. sur l'intégralité des contributions ou cotisations constatées dans les écritures de la Compagnie, il y avait droit acquis au Trésor, dès que le fait générateur de l'impôt, à savoir l'établissement des cotisations, s'est produit ;

Qu'en conséquence, il importe peu que, par une délibération du Conseil d'administration de la Société, les cotisations, au lieu d'être réclamées par les assurés, soient acquittées au moyen d'un prélèvement sur le fonds de réserve de la Société. (Cour de cassat. l'ancienne Mutuelle c. l'Enregistrement, 18 février 1879, Jurisprudence générale des assurances terrestres, première partie, page 229).

Il a été également jugé :

Que la prime d'une assurance comprend toutes les sommes payées par l'assuré en échange de la garantie qui lui est donnée, sans aucune distinction entre la portion représentant plus spécialement les risques assurés et la portion destinée à indemniser la Compagnie de ses frais généraux d'administration

Qu'en conséquence, la stipulation, dans une police d'assurance contre l'incendie, que l'assuré payera annuellement une somme déterminée pour remboursement des frais d'enregistrement et de timbre, constitue un supplément de prime, sujet à la taxe annuelle de 8 p. 100 établie par la loi du 23 août 1871. (C. de cassation, Compagnie d'assurances générales contre l'Enregistrement, 29 décembre 1875. Jurisprudence générale des assurances terrestres, 1re p., p. 174).

L'article 8 de la loi du 23 août 1871 rend obligatoires :

1° L'enregistrement préalable des contrats d'assurances passés à l'étranger pour les immeubles situés en France ou pour des valeurs appartenant à des Français ;

2° L'acquittement de la taxe proportionnelle tarifée par le même article (8 pour 100 du montant des primes multiplié par le nombre d'années pour lequel l'assurance a été contractée), lorsqu'on veut en faire usage en France.

Et il a été jugé que la déclaration faite, lors d'une assurance contre l'incendie contractée partiellement en France pour biens français, d'assurances complémentaires contractées à l'étranger, constituait l'usage prévu par l'article 8 précité. (Cour de cassation, 15 janvier 1876.)

L'article 9 de la même loi dispense de la taxe les contrats d'assurance contre l'incendie passés en France pour des immeubles ou objets mobiliers situés à l'étranger. Toutefois, il ne peut être fait en France aucun usage de ces contrats, soit par acte public, soit en justice, sans qu'ils aient été au préalable enregistrés, et la taxe perçue sera de 8 p. 100, calculée seulement sur les années qui restent à courir.

L'art. 6 *in fine* de cette loi de 1871 dispense de la taxe les contrats de réassurance, mais il en serait autrement si l'assurance primitive n'avait pas été elle-même soumise à cette taxe ; c'est ce qui arrive quand la police a été souscrite à l'étranger. (De Lalande, Traité du contrat d'assurances contre l'incendie).

Les employés de l'administration ont le droit d'exiger la communication de tous les dossiers des Compagnies et de toutes les pièces dans lesquelles une contravention quelconque aux lois fiscales pourrait être relevée.

Il a été jugé :

Que les agents des Compagnies d'assurances sont tenus de communiquer aux employés de l'Administration toutes les pièces et autres documents, quelles que soient du reste leurs attributions vis-à-vis de la Compagnie. (Cour de cass. Bouche contre l'Enregistrement, 28 avril 1877, Jurisprudence générale des assurances terrestres.)

Que les Compagnies doivent communiquer aux agents de l'Administration tous leurs livres, registres, polices, pièces de recette, de dépense, de comptabilité et autres documents, quelle que soit leur date. Cette obligation s'applique à tous les documents soumis ou non à l'impôt du timbre. (Cour de cassation,

Compagnie l'ancienne Mutuelle contre l'Enregistrement 30 décembre 1879, Jurisprudence générale des assurances terrestres.)

Qu'il incombe à l'Administration d'établir que l'agent a entre les mains la pièce dont la communication lui est demandée, mais qu'elle satisfait à cette obligation quand elle prouve que la pièce en question (des états estimatifs dans l'espèce) n'a pu être détruite par la Compagnie, qui n'a pu se priver d'un titre indispensable. (Même jugement.)

Depuis la loi du 21 juin 1875, les employés de l'Administration peuvent demander la communication de toutes les pièces, *tant au siége social que dans les succursales et agences*.

Les droits de timbre se prescrivent par trente ans. Ceux d'enregistrement se prescrivent, aux termes de l'art. 61 de la loi du 22 brumaire an VII, pour les cas prévus dans ledit article, par deux, trois ou cinq ans, et par trente ans pour les cas qui n'y sont pas spécifiés. (Cour de cassation, Compagnie la Sauvegarde contre l'Enregistrement, Jurisprudence générale des assurances terrestres, 1re p. p. 170).

Les amendes se prescrivent par deux ans en matière de timbre comme d'enregistrement.

La prescription part, pour les droits et les amendes, du jour où les agents de l'Administration ont pu constater la contravention. (Voir Agnel et de Corny, du n° 86 à 93).

Le droit d'enregistrement dû sur le contrat lui-même, est un droit proportionnel de 1 pour 100 (1.25 p. 100 avec les décimes). Sur quelle quantité de primes devra se percevoir ce droit ?

Comme le nombre en est inconnu, on devrait, d'après la loi du 22 frimaire an VII, procéder par une évaluation : dans la pratique, on la fait presque toujours égale à dix fois la prime annuelle, comme toutes les redevances annuelles.

Lorsqu'il s'agit d'assurances mixtes, l'Administration a élevé la prétention d'exiger le droit sur autant de primes qu'il y a d'années prévues au contrat ; elle soutient que l'assuré s'est engagé à payer la prime, pour une durée fixée, par exemple, à vingt-cinq ans, si l'assurance mixte est constatée pour cette période.

M. Couteau, auquel nous empruntons ce passage *(Traité des*

assurances sur la vie), combat avec raison cette prétention de l'Administration.

« Aucun délai, ajoute-t-il, n'est fixé par la loi du 22 frimaire an VII pour l'enregistrement des contrats d'assurances ; ils n'y sont soumis que lorsqu'il en est fait usage en justice. » Il faut entendre par ces mots, non-seulement la production devant les tribunaux, mais l'usage par acte public ou devant toute autorité constituée (art. 42, loi du 22 frimaire an VII.) Une autre conséquence de ce principe qu'aucun délai n'est fixé pour l'enregistrement, doit être qu'il n'y a pas, le cas échéant, à payer le double droit. »

La loi du 21 juin 1875 soumet le capital au droit de mutation par décès. Nous examinerons plus loin cette question. L'art. 7 de cette loi oblige les Compagnies à communiquer aux agents de l'Administration leurs polices et leurs documents.

Se basant sur cet article, le Tribunal civil de la Seine a jugé que les Compagnies d'assurances étaient tenues de communiquer aux agents de la Régie toutes leurs polices, même celles souscrites avant la loi du 21 juin 1875. (4 mars 1876, Jurisprudence des assurances terrestres, 3e p., p. 210.)

De plus, la Cour de cassation a décidé « que les agents des Compagnies d'assurances étaient tenus de communiquer aux employés de l'Administration toutes les polices, quelles que fussent leurs attributions vis-à-vis de la Compagnie » (Boucher contre l'Enregistrement, 23 avril 1877, Jurisprudence générale des assurances terrestres, 1re p., p. 199. Voir Agnel et de Corny, nos 343 et 344.)

DE L'ASSURANCE EN GÉNÉRAL

TROISIÈME PARTIE

DE L'EXPLOITATION DE L'ASSURANCE

CHAPITRE VI.

Des Sociétés étrangères qui opèrent en France.

Les Sociétés anonymes étrangères étaient soumises, avant la loi du 20 mai 1857, à l'autorisation du gouvernement français. Les Sociétés non autorisées ne pouvaient ni acquérir, ni ester en France.

Cette situation amena forcément des difficultés. En France, les tribunaux usaient d'une large tolérance, tandis qu'en Belgique, par exemple, la Cour de cassation ne reconnaissait pas les Sociétés françaises.

C'est pour mettre fin à cet état de choses que furent faites la loi belge du 14 mars 1855 et notre loi du 20 mai 1857.

Aux termes de l'art. 1er de cette dernière loi, toutes les Sociétés belges soumises à l'autorisation du gouvernement belge et qui l'ont obtenue peuvent exercer leurs droits et ester en justice en France.

L'art. 2 de cette même loi est ainsi conçu : « Un décret rendu au Conseil d'État peut appliquer à tous autres pays le bénéfice de l'art. 1er. »

Tous les pays ont successivement bénéficié de cette loi de 1857:

Loi du 30 mai 1857,	Belgique.
Décret du 6 mai 1859,	Turquie d'Egypte.
» du 8 septembre 1860,	Sardaigne.
» du 27 février 1861,	Portugal.
» du 11 mai 1861,	Suisse.
» du 5 août 1861,	Espagne.
» du 9 novembre 1861,	Grèce.
» du 5 février 1862,	Etats Romains.
» du 17 mai 1862,	Grande Bretagne
» du 22 juillet 1863,	Pays-Bas.
» du 23 février 1865,	Russie.
» du 19 décembre 1866,	Prusse.
» du 23 mai 1868,	Saxe.
» du 28 juin 1868,	Autriche.
» du 14 juin 1872,	Suède et Norwège.

Ajoutons à cette liste, que nous empruntons à M. Couteau, le décret du 6 août 1882, autorisant les Sociétés des Etats-Unis d'Amérique. Il n'y a donc plus guère d'exception que pour les pays de l'Amérique du Sud.

En réalité, les Sociétés étrangères peuvent s'établir et exercer en France leurs opérations sans aucun contrôle. Elle ne sont soumises ni à l'autorisation, ni à la surveillance, comme les Compagnies françaises; la loi de 1867 ne contient, en effet, aucune disposition dérogeant à la loi de 1857.

Il en résulte des conditions d'inégalité choquantes entre les Sociétés étrangères et les Sociétés françaises, au préjudice de ces dernières.

Les Sociétés étrangères peuvent venir avec des tarifs différents et abaissés leur faire concurrence sur leur propre marché. Les Compagnies françaises, ayant les mains liées par les règles résultant du contrôle gouvernemental, ne sont pas dans des conditions d'égalité pour lutter.

Il en résulte surtout les plus grands dangers pour les personnes qui contractent avec les Compagnies étrangères. Elles n'ont aucune des garanties que la loi française leur promet et s'exposent aux plus graves mécomptes. (Couteau)

Cette situation des Compagnies françaises a fini par émouvoir l'opinion, et plusieurs projets de loi se sont succédés depuis quelque temps sur cette question. La dernière proposition, celle de M. Saint-Germain, député, présentée le 12 février 1894 à la Chambre, a pour objet de soumettre les Compagnies étrangères, pour leurs opérations en France, aux mêmes prescriptions que les Compagnies françaises, en ce qui touche l'autorisation et la surveillance. Elles auraient, en outre, à fournir un cautionnement et à tenir en dépôt, à la Caisse des dépôts et consignations, le montant total des réserves afférentes aux opérations faites en France.

M. Thomereau pense que ces propositions ne seront peut-être pas d'une réalisation très facile et il appuie ainsi son opinion :

« Les Sociétés étrangères opèrent chez nous en vertu de la loi du 30 mai 1857, aux termes de laquelle les Sociétés anonymes autorisées dans leur pays d'origine peuvent exercer leurs droits et ester en justice en France, en se conformant aux lois du pays. On sait que cette loi de 1857 ne s'appliquait d'abord qu'à la Belgique, mais que son effet a été étendu, par quatorze décrets successifs, à la plupart des pays civilisés. Avec l'Angleterre, la question a été réglée, non par décret, mais par le traité diplomatique du 30 avril 1862.

Le dernier des décrets rendus en vertu de la loi de 1857 est précisément celui qui concerne les Etats-Unis. Il est du 6 août 1882. L'état de choses actuel, qui constitue un libre-échange unilatéral, un libre-échange sans véritable réciprocité, c'est-à-dire une duperie, est consacré par ce malencontreux décret, que les Sociétés d'assurances américaines ont célébré, non sans motifs, comme une victoire personnelle.

Eh bien ! en cet état de la législation, croit-on que la loi qui promulguerait les exigences nouvelles dont il est question pourrait être envisagée comme une loi de police et de sûreté, ayant un effet rétroactif, et devant s'appliquer aux Compagnies étrangères qui fonctionnent actuellement en France ? J'en doute. Mais alors, ira-t-on jusqu'à abroger la loi de 1857 et à dénoncer la convention de 1882 ? Je ne le pense pas.

Il me semble que ces questions préliminaires n'ont pas été suffisamment étudiées au point de vue juridique, et que, provisoirement, nous devons rester dans le *statu quo* à l'égard des Compagnies étrangères.

On parle de l'éducation du public en matière d'assurances sur la vie. Eh oui ! Tâchons, comme je le disais tout à l'heure, de compléter rapidement cette éducation. Dès qu'elle sera à point, dès que la partie la plus éclairée du public sera familiarisée avec le mécanisme des assurances, la question des Compagnies étrangères (dont l'honorabilité n'est pas ici mise en cause) se résoudra peut-être d'elle-même en faveur de nos Compagnies nationales. »

D'autres ne pensent pas comme M Thomereau, et peut-être la loi de M. de Saint-Germain a-t-elle bien des chances de passer.

DE L'ASSURANCE EN GÉNÉRAL

QUATRIÈME PARTIE

DE L'ASSURANCE PAR L'ÉTAT

La lutte de l'homme contre les maux qui le menacent et trop souvent l'atteignent présente trois phases successives.

Dans la première, l'homme prévoit les maux et les empêche de se produire; dans la deuxième, il les arrête dans leur développement, lorsqu'ils se sont produits ; dans la troisième, il en répare les effets lorsqu'il n'a pu les arrêter.

Tel est le point de départ de M. Chaufton, dans la partie de son remarquable ouvrage, qu'il consacre à la question qui nous occupe, pour démontrer le rôle de l'État en matière d'assurance.

A vrai dire, il n'y a réellement que la troisième phase qui concerne l'assurance au sens propre du mot, mais, comme le démontre très ingénieusement M. Chaufton, ne peut-on pas considérer tout comme la réparation des effets du sinistre les moyens employés pour le prévenir ? N'est-ce pas une sorte de lutte dans l'un ou l'autre cas contre le hasard, lutte préventive et repressive dans les deux premières phases, lutte réparatrice dans la dernière ?

Cette division de l'assurance par M. Chaufton, en assurance préventive d'une part, et réparatrice de l'autre, lui sert à déterminer le rôle de l'État, qu'il ne considère, ainsi que tous les professionnels et les économistes, du reste, comme apte à s'occuper d'assurance, que dans les mesures préventives à prendre pour éviter les sinistres.

Le rôle de l'État est même d'une importance considérable à ce point de vue.

En ce qui concerne les risques de mortalité, n'est-ce pas l'État qui assure, par des dispositions légales la sécurité du territoire à l'égard des maladies épidémiques, au moyen des mesures sanitaires prises dans les ports ? Dans les villes, cette influence est exercée par les règlements administratifs qui concernent les constructions dans leurs dimensions, les travaux de salubrité, les cimetières, les égouts, etc.

Ces mesures sanitaires préventives s'étendent jusqu'à l'homme par les lois protectrices du travail des enfants, femmes et adolescents, par la surveillance établie sur l'alimentation publique, par les services d'hygiène publique organisés en France, etc.

Une législation existe pour les accidents de l'industrie et du travail, et la police des ateliers. La responsabilité civile des patrons, qui peut être mise en cause, les engage à surveiller de près leurs travaux et à prendre les plus grandes mesures de prudence.

De nombreux règlements ayant trait à l'entretien des cheminées, à leur mode de construction, à celui des toitures, d'autres concernant spécialement les théâtres ou endroits plus dangereux établissent aussi des mesures préventives pour le risque incendie.

Les moyens dont on se sert pour combattre le sinistre incendie entrant dans la phase répressive, sont encore l'objet de règlements et dispositions prises sous l'influence de l'État.

Ces exemples sont suffisants pour permettre d'apprécier et d'envisager le rôle que l'État joue en cette matière, et que lui seul peut y bien jouer.

Voyons maintenant s'il peut en être ainsi en assurance réparatice ou assurance proprement dite.

La question est celle-ci.

Comment comprendre l'intervention de l'État, en matière d'assurance ? L'État peut-il être assureur ?

Les auteurs et les professionnels reconnaissent en général que l'intervention de l'État est nécessaire en matière d'assurance : « Quant au principe même de l'intervention de l'État, écrit M. Chaufton, il nous paraît superflu de le justifier. Il est évident que l'État ne peut abandonner absolument à elle-même cette force morale, sociale économique, administrative et financière de l'assurance. »

Mais dans quelles limites cette intervention de l'État doit-elle se produire ?

L'un des maîtres actuels les plus autorisés de l'assurance, M. Thomereau, indique ainsi quelles sont les façons dont l'État peut intervenir dans les assurances.

Il peut se réserver d'autoriser les Sociétés, et leur imposer certains modes d'opérer et certaines limites.

Il peut se constituer le contrôleur des Sociétés et, conséquemment, être ou paraître le garant de leurs opérations.

Enfin il peut se faire assureur lui-même.

Ces trois modes d'intervention gouvernementale ont été pratiqués en France dans le cours de ce siècle, ajoute-t-il ; tous trois ont donné de mauvais résultats.

Et M. Thomereau affirme, en thèse générale, (sous certaines réserves en ce qui concerne les assurances sur la vie), que moins l'État intervient dans les assurances, mieux cela vaut pour le public. (1)

En ce qui concerne les deux premiers points, il démontre le peu d'utilité des mesures prises par l'État jusqu'à présent. Le mode de contrôle, suivi pour les comptes des Sociétés et qui consiste à exiger d'elles l'envoi tous les six mois, d'un état de situation au Ministère du commerce, au préfet de la Seine, au préfet de police, à la Chambre de commerce, et au greffe du Tribunal de commerce, manque son but et n'est pas suffisant.

M. Thomereau pense, qu'en présence de cet état de choses,

---

(1) Ceci et ce qui suit, pour répondre au projet de loi de M. Guieysse sur la surveillance des Compagnies d'assurances vie par une sorte de surintendance ou régie de l'État, comme aux États-Unis d'Amérique.

le meilleur système à adopter serait le système suivi en Angleterre, celui de la publicité des comptes :

« La loi anglaise à laquelle il est assez naturel de se reporter *à priori*, puisque c'est l'Angleterre qui a la plus vieille expérience des assurances sur la vie, ne se borne pas à exiger des Compagnies la publication de leurs comptes et à en former un recueil pour faciliter les comparaisons, elle leur impose une seconde obligation, celle de faire faire une vérification de leur situation financière par un actuaire, dans une forme prescrite par la loi, et cela au moins tous les dix ou tous les cinq ans, suivant qu'elles sont antérieures ou postérieures à la loi du 9 avril 1870. Je crois qu'il y aura émulation entre nos Compagnies pour vouloir quelque chose de semblable, abstraction faite de toute injonction officielle.

» Je demande donc, au résumé que tout au moins à titre transitoire, on expérimente avec ou sans loi nouvelle un régime de liberté, sous le bénéfice de la publicité désormais organisée. Dans cette hypothèse, le Gouvernement n'aurait à intervenir que dans un cas de fraude ou de violation des statuts. » (1)

L'État assureur

A la question, l'Etat peut-il être assureur ? les hommes compétents répondent à l'unanimité, d'une façon négative, et les faits sont là pour leur donner raison partout où l'assurance par l'Etat a été entreprise En France, comme ailleurs, les essais qui ont été faits dans la matière n'ont produit que des résultats négatifs.

La Caisse des retraites pour la vieillesse

La Caisse des retraites pour la vieillesse, créée par une loi du 18 août 1850, avait pour but de donner un emploi utile aux plus infimes économies, d'engager par là les ouvriers à l'épargne et à une vie régulière et de trouver un lieu sûr où, sans frais ni dépenses d'administration, des sommes pour ainsi dire insaisissables dans leur exiguïté pussent fructifier de manière à garantir au vieillard le morceau de pain de chaque jour strictement nécessaire à la vie.

En 1852, eut lieu la conversion des rentes 5 0/0 en rentes

---

(1) *Quelles sont les limites de l'intervention de l'État en matière d'assurance ?* A. Thomereau. (Communication à la Société d'économie politique, dans sa séance du 4 août 1894.)

4 1/2 0/0. Les petits rentiers s'empressèrent d'apporter leurs fonds à la caisse des retraites qui les capitalisa à 5 0/0. Le montant des versements, en 1852, s'éleva à plus de 31 millions pour 28.346 déposants.

La loi du 28 mai 1853 fut rendue pour arrêter ce flot : elle réduisit d'abord à 4 1/2 0/0 le taux de l'intérêt servant de base aux tarifs (art. 2) ; elle limita à 2.000 francs le maximum des versements permis à un déposant dans le cours d'une année (art. 4) ; à cela elle ajouta d'autres mesures restrictives, dont les Sociétés de secours mutuels furent seules exemptes ; en 1854 et 1855, le montant des versements tomba à 1.583.801, et à 1.443.548 pour 33.570 et 31.007 déposants.

En 1856, nouvelle loi (du 7 juillet), qui abrogea l'art. 4 de la loi de 1853, en faveur des Sociétés anonymes et le premier paragraphe de l'art. 6, qui ajournait à deux années au moins, à dater de l'époque du versement, l'entrée en jouissance des rentes viagères, qui recula jusqu'à soixante-cinq ans la limite d'âge pour cette entrée en jouissance et éleva le maximum des rentes de 600 à 750 francs. Aussitôt le montant des versements s'éleva de nouveau d'une manière constante jusqu'en 1861. A cette époque, 12 juin 1861, intervint une loi, qui portait de 2.000 à 3.000 francs le maximum à verser dans le cours d'une même année au profit d'une seule personne et à 1.000 francs le maximum de la rente. Une nouvelle poussée se produisit dans le développement des versements : 6.067.703 francs en 1861 pour 158.755 déposants, au lieu de 4.475.987 francs en 1860 pour 108.395 déposants. Le mouvement s'accéléra par l'effet de la loi du 4 mai 1864 qui éleva de 1.000 à 1.500 francs le maximum de la rente viagère et de 3.000 à 4.000 francs celui des versements autorisés dans la même année par une seule tête. Après deux mauvaises années (1870-71), la progression reprit sous l'influence de l'art. 17 de la loi de finances du 20 décembre 1872, qui portait à 5 0/0 le taux de l'intérêt servant de base aux tarifs.

De qui émanent ces versements et à qui profitent-ils ?

La Commission du Corps législatif chargée de rapporter la loi de 1864 l'a constaté et, depuis, la situation n'a guère changé.

« Nous avons remarqué, lisons-nous dans son rapport, que l'ensemble des déposants pouvait être divisé en deux grandes catégories : 1° les déposants qui dépendent des grandes administrations publiques ou privées et pour lesquels le versement à la Caisse des retraites est le résultat d'une retenue mensuelle sur le traitement. Cette catégorie, qui s'est beaucoup développée, comprend 94 0/0 du versement actuel (284.544 sur 302.036 dans l'année 1863) ; 2° les déposants qui viennent spontanément apporter à la Caisse le fruit de leurs économies, tels que les membres des Sociétés de secours mutuels, les ouvriers des petites industries particulières, les petits rentiers, les agriculteurs et les ecclésiastiques. Leur nombre est encore très faible, mais il s'accroîtra certainement lorsque, mieux éclairés sur les avantages de l'institution, ils commenceront leurs versements longtemps à l'avance et arriveront à se constituer une retraite suffisante par le prélèvement quotidien d'économies imperceptibles. »

Or, la Caisse des retraites fait subir à l'Etat une perte provenant d'une double source. La première est la table de Deparcieux, laquelle accuse une mortalité beaucoup trop lente à partir de cinquante ans. La deuxième est la différence entre le taux d'intérêt 5 0/0, sur lequel sont basés les tarifs et l'intérêt que l'Etat peut tirer des placements des fonds versés, alors que le revenu des fonds publics ne fait que diminuer par suite de l'élévation des cours. A l'heure actuelle, cette Caisse a déjà coûté à l'Etat plus de 100 millions.

Les sacrifices que fait l'Etat ne profitent que dans une très faible proportion à ceux à qui le législateur de 1850 les avait destinés, c'est-à-dire aux ouvriers. Presque tout le bénéfice en est recueilli par les Sociétés anonymes, qui ont promis des pensions de retraite à leurs employés et qui les font servir à perte par l'Etat et par les rentiers viagers, petits et grands, qui ne négligent pas de tirer parti dans les limites du maximum légal des tarifs avantageux de la Caisse des retraites.

En résumé, la Caisse des retraites constitue une exploitation ruineuse de l'État par des spéculateurs aussi bien avisés que peu intéressants.

Le 11 juillet 1868, une loi créait deux nouvelles Caisses d'assurances sous la garantie de l'Etat :

1° La Caisse des assurances en cas de décès ;

2° La Caisse des assurances contre les accidents et les maladies.

La première a pour objet de payer, au décès de chaque assuré, à ses héritiers ou ayants droit une somme déterminée suivant les bases fixées à l'art. 2 ci-après :

Caisse des assurances en cas de décès

Art. 2. — La participation à l'assurance est acquise par le versement de primes uniques ou primes annuelles.

La somme à payer au décès de l'assuré est fixée conformément à des tarifs tenant compte : 1° de l'intérêt composé à 4 $\%$ par an des versements effectués ; 2° des chances de mortalité, à raison de l'âge des déposants, calculées d'après la table de Deparcieux.

Les primes établies d'après les tarifs sus-énoncés seront augmentées de 6 $\%$.

Art. 3. — Toute assurance, faite moins de deux ans avant le décès de l'assuré, demeure sans effet. Dans ce cas, les versements effectués sont restitués aux ayants-droit avec les intérêts simples à 4 $\%$. Il en est de même lorsque le décès de l'assuré, quelle que soit l'époque, résulte des causes exceptionnelles qui seront définies dans les polices d'assurances.

Art. 4. — Les sommes assurées sur une tête ne peuvent excéder 3,000 francs. Elles sont insaisissables et incessibles jusqu'à concurrence de la moitié, sans toutefois que la partie incessible ou insaisissable puisse descendre au-dessous de 600 francs,

Art. 5. — Nul ne peut s'assurer, s'il n'est âgé de seize ans au moins et de soixante ans au plus.

Art. 6. — A défaut de paiement de la prime annuelle dans l'année qui suivra l'échéance, le contrat est résolu de plein droit.

Dans ce cas, les versements effectués, déduction faite de la part afférente aux risques courus, sont ramenés à un versement unique, donnant lieu, au profit de l'assuré, à la liquidation d'un capital au décès. La déduction est calculée d'après les bases du tarif.

Art. 7. — Les sociétés de secours mutuels, approuvées conformément au décret du 26 mars 1752 sont admises à contracter des assurances collectives sur une liste indiquant le nom et l'âge de tous les membres qui les composent, pour assurer au décès de chacun d'eux une somme fixe qui, dans aucun cas, ne pourra excéder 1000 francs. Ces assurances seront faites pour une année seulement et d'après des tarifs spéciaux déduits des règles générales arrêtées à l'art. 2. Elles pourront se cumuler avec les assurances individuelles.

Le rapport de la Commission supérieure sur l'exercice 1891 constate que le déficit de la Caisse d'assurances en cas de décès serait de 491.279 fr. 91 c., et on ne tient pas compte, dans ce chiffre, de la part des frais de toute nature qu'a exigée, depuis 1868, le fonctionnement de cette caisse.

Ces pertes, d'après le rapport, auraient tenu aux assurances collectives contractées à des conditions trop avantageuses et au déficit des réserves. La première de ces causes s'est atténuée dans une large mesure, grâce aux dispositions du décret du 28 novembre 1890, qui a rendu plus dures les conditions des assurances collectives. La seconde cause de perte, dit la Commission supérieure, ne peut, au contraire, que s'aggraver dans l'avenir; le déficit de la Caisse ou, plus exactement, l'absence de la plus grande partie des réserves qu'elle devrait posséder, la prive d'un revenu qui devrait se capitaliser chaque année, pour que les sommes à payer aux décès des assurés individuels puissent être constituées. (L'Argus)

La seconde des Caisses d'assurances créée par l'État en 1861, *la Caisse des assurances contre les accidents et les maladies,* repose sur l'organisation suivante :

Les assurances en cas d'accident ont lieu par année.

L'assuré verse à son choix, et pour chaque année, 8 francs, 5 francs ou 3 francs (art. 8).

Les ressources de la Caisse en cas d'accidents se composent :

1º Du montant des cotisations versées par les assurés comme il est dit ci-dessus ;

2º D'une subvention de l'État à inscrire annuellement au budget et qui, pour la première année, est fixée à un million ;

3º Des dons et legs faits à la Caisse (art. 9).

Pour le règlement des pensions viagères à concéder, les accidents sont distingués en deux classes :

1º Accidents ayant occasionné une incapacité absolue de travail ;

2º Accidents ayant entraîné une incapacité permanente du travail de la profession.

La pension accordée pour les accidents de la seconde classe n'est que la moitié de la pension afférente aux accidents de la première (art. 10).

La pension viagère due aux assurés, suivant la distinction de l'article précédent, est servie par la Caisse des retraites, moyennant la remise qui lui est faite par la Caisse des assurances, en cas d'accidents, du capital nécessaire à la constitution de ladite pension, d'après les tarifs de la Caisse des retraites.

Ce capital se compose, pour la pension, en cas d'accidents de la première classe :

1º D'une somme égale à trois cent vingt fois le montant de la cotisation versée par l'assuré ;

2º D'une somme égale à la précédente et qui est prélevée sur les ressources indiquées aux paragraphes 2 et 3 de l'article 9.

Le montant de la pension correspondant aux cotisations de cinq francs et de trois francs ne peut être inférieur à 200 francs pour la première et 150 francs pour la seconde.

La seconde partie du capital ci-dessus est élevée de manière à atteindre ces minima lorsqu'il y a lieu (art. 11).

Le secours à allouer, en cas de mort par suite d'accident, à la veuve de l'assuré et, s'il est célibataire ou veuf sans enfants, à son père ou à sa mère sexagénaire, est égal à deux années de la pension à laquelle il aurait eu droit.

L'enfant ou les enfants mineurs reçoivent un secours égal à celui qui est attribué à la veuve.

Les secours se paient en deux annuités (art. 12).

Les rentes viagères sont incessibles et insaisissables (art. 13).

Nul ne peut s'assurer s'il n'est âgé de douze ans au moins (art. 14).

Les administrations publiques, les établissements industriels, les Compagnies de chemins de fer, les Sociétés de secours mutuels autorisées, peuvent assurer collectivement leurs ouvriers ou leurs membres par listes nominatives.

Les administrations municipales peuvent assurer de la même manière les compagnies ou subdivisions de sapeurs-pompiers contre les risques inhérents soit à leur service spécial, soit aux professions individuelles de ceux qui les composent.

Chaque assuré ne peut obtenir qu'une seule pension viagère. Si, dans le cas d'assurances collectives, plusieurs cotisations ont été versées sur la même tête, elles seront réunies, sans que la cotisation ainsi formée pour la liquidation de la pension puisse dépasser le chiffre de 8 francs ou de 5 francs (art. 15).

Malgré les avantages faits par l'État aux assurés, cette Caisse n'a pas eu plus de succès que les autres.

État actuel de la question

Il semble qu'en présence de tels résultats, il eût dû rester en France bien peu de partisans de l'assurance par l'État. Il n'en est cependant pas ainsi. M. de Courcy, dans l'opuscule où il traite de cette question, analyse fort bien la disposition d'esprit dans laquelle se trouvent certains de nos hommes politiques actuels : « C'est un préjugé, écrit-il, encore répandu parmi un assez grand nombre d'esprits en France, que l'État pourrait ou même devrait remplir la fonction d'une immense Compagnie d'assurances, garantissant toutes les propriétés privées contre les divers fléaux qui les menacent. Parfois l'on ne met cette idée en avant que pour accroître les ressources de l'État.

On suppute, on exagère les bénéfices des Compagnies d'assurances et, lorsqu'on est embarrassé pour équilibrer le budget, on imagine d'y ajouter ce chapitre. D'autres fois, ce sont, au contraire, les intérêts privés qui, à la suite de quelque catastrophe, se plaignent de ne pas trouver dans l'État le réparateur universel de tous les désastres. Ainsi, les partisans de l'assurance par l'État se placent à deux points de vue opposés : on réfuterait les uns avec les arguments des autres. Les défenseurs de nos finances sont effrayés à bon droit de la responsabilité illimitée qu'on voudrait faire peser sur elles. Les intérêts privés n'ont pas moins de sujet de redouter une succession indéfinie de nouveaux impôts. La liberté des transactions profite de cet antagonisme. »

M. de Courcy dit ailleurs : « L'assurance par l'État se conçoit et a été proposée de deux manières : ou comme une institution obligatoire, protégeant de plein droit toutes les propriétés et les atteignant toutes par voie d'impôt, ou comme un institution facultative, offrant au public la garantie de l'État, en échange d'un libre tribut. Dans le premier cas, c'est la suppression immédiate des associations privées d'assurances remplacées par le monopole de l'État. L'assurance est proclamée un service public, une attribution réservée de l'État, de même que la police et la force armée.

Aucun citoyen, aucune propriété ne peut s'y soustraire. Dans le second cas, la coercition est écartée, la liberté des citoyens est intacte. L'État n'apporte à l'industrie privée des assurances qu'une concurrence. Il sollicite la préférence du public, il ne s'impose pas à son choix.

La seconde combinaison semble donc inoffensive, sauf pour les Compagnies d'assurances, lesquelles s'arrangeront comme elles pourront de la concurrence de l'État et n'auront aucun droit à aucune indemnité, si elles succombent, puisqu'on ne les aura pas supprimées et qu'elles seront mortes de leur belle mort. (1)»

Ces deux paragraphes de M. de Courcy, qui avait jugé de l'avenir avec une admirable perspicacité, s'appliquent absolument à l'état actuel de la question, nous y entrerons de plein pied en en faisant l'historique.

Sauf dans la branche maritime, diverses propositions de loi ont été émises depuis longtemps en ce qui concerne l'intervention de l'État dans les autres branches de l'assurance.

Sans parler de deux projets de loi qui furent présentés, en 1848, par MM. Garnier-Pagès et Duclerc et, en 1851, par M. Huguenin, pour l'exploitation de l'assurance incendie par l'État, nous arrivons aux origines plus sérieuses de la question, en 1850, où fut tenté le premier essai de l'assurance par l'État avec la création de la Caisse des retraites de la vieillesse.

En 1857, Napoléon III fit discuter devant lui, au Conseil d'État, un projet d'assurances agricoles. Mais, quoique l'on sût l'empereur très favorable à ce courant d'idées, la décision du Conseil d'État fut entièrement opposée à cette tentative. En 1868, étaient établies les Caisses de décès et d'accidents. La question de l'assurance par l'État ne devait faire ensuite sa réapparition qu'en 1879 avec un projet de M. Vacher sur l'assurance incendie. Presque en même temps, M. Langlois soumettait une sorte de combinaison de l'assurance incendie et des risques agricoles. A partir de cette époque, les projets de lois se

Historique
de la
question

---

(1) En cela nous pensons que la concurrence de l'État ne pourrait être bien redoutable ; c'est pourquoi probablement les partisans de l'assurance par l'État ne l'admettent qu'à titre de monopole pour ce dernier.

succèdent pour les branches vie, accidents et les assurances agricoles. Les principaux furent, en 1880, celui de M. Nadaud *(Caisse de retraite pour les vieux ouvriers de l'industrie et de l'agriculture)* ; en 1881, MM. Maze et Guyot en présentèrent deux, l'un sur la *Caisse des retraites de la vieillesse*, l'autre sur les *Sociétés de secours mutuels*.

M. Waldeck-Rousseau soumit à son tour une nouvelle proposition de loi sur les *Sociétés ouvrières de secours mutuels*, bientôt suivi en cela par M. Talandier. MM. Peulevey et Félix Faure, presque à la même époque, s'occupaient chacun de leur côté des *assurances contre les accidents*.

Mais aucun de ces nombreux projets ne devait aboutir. Le projet Nadaud, sur les *accidents du travail*, proposé depuis 1881, fut voté par la Chambre des députés le 10° juillet 1888. Ce projet reconnaissait le risque professionnel et faisait retomber sur le chef d'entreprise la responsabilité de tous les dommages éprouvés par les ouvriers victimes d'accidents professionnels, ou par leurs ayants droit, à la seule exception des dommages causés par la volonté de la victime. L'assurance n'était pas déclarée obligatoire, les chefs d'entreprise étaient libres de rester leurs propres assureurs ou de s'adresser à des Compagnies privées, ou de recourir à la caisse des accidents de l'Etat, ou enfin de se grouper en syndicats d'assurance mutuelle.

Le Sénat, après de longues discussions, adopta, le 23 mai 1890, un autre projet de loi qui, tout en admettant le *risque professionnel*, ne mettait à la charge du chef d'entreprise que le cas fortuit ou force majeure et la faute légère de l'ouvrier, la faute lourde retombant sur ce dernier et ses ayants droit. Quant à l'assurance elle restait libre, l'assurance par l'Etat était écartée, et les Syndicats d'assurance mutuelle étaient remplacés par les Syndicats professionnels créés par la loi du 26 mars 1884.

Proposition de loi sur les accidents du travail J. Roche
Le gouvernement riposta au Sénat par le projet de loi de M. Jules Roche déposé le 28 juin 1890. Ce projet acceptait bien quelques-unes des dispositions du projet du Sénat, notamment pour le *risque professionnel*, pour *la faute lourde* et pour *le taux des indemnités*, mais il dépassait les vœux du Sénat et même de

la Chambre sous un autre rapport. L'assurance était déclarée obligatoire pour les patrons, elle devait se réaliser par une mutualité entre les chefs d'entreprise du pays tout entier, réunis par nature d'industrie. La caisse de l'Etat réorganisée devait faire le service des indemnités, sauf remboursement par les patrons.

Ce projet de loi a été suivi de propositions émanées de l'initiative de certains députés. Ce sont : 1° la proposition L. Ricard et P. Guieysse qui a admis la mutualité entre les industriels soumis au risque professionnel, mais qui veut les classer par circonscription et généralement par département, qui institue des commissions spéciales pour classer les industries et déterminer le coefficient de risques attribué à chaque établissement et, au-dessus de ces commissions, un Comité supérieur des accidents du travail ; 2° la proposition Pierre Richard qui veut établir l'assurance obligatoire des ouvriers et employés des deux sexes contre les accidents et la maladie, centralisant tous les services de cette assurance à la caisse de l'Etat ; 3° la proposition de M. Dron, qui a voulu laisser au patron la liberté de s'assurer, soit à des Syndicats mutuels, soit aux Compagnies privées, soit même de rester son propre assureur ; 4° la proposition Le Cour, qui admet l'assurance obligatoire, mais qui en refuse l'application à l'Etat ; 5° la proposition Vian, qui rend l'assurance obligatoire pour la caisse de l'Etat.

Le 10 juin 1893, la Chambre des députés a voté ce projet, modifié très légèrement en certains points. C'est donc l'assurance obligatoire et l'assurance par l'Etat, au préjudice de l'industrie privée des assurances. Actuellement, le projet est à l'examen du Sénat ; qu'en sortira-t-il ? Il faut espérer au moins qu'il en reviendra modifié dans tout ce qu'il a de contraire aux principes de l'assurance et de l'économie politique.

Cette loi de l'assurance contre les accidents du travail par l'Etat, semble avoir ouvert la voie à la généralisation de la mesure pour les autres branches de l'assurance.

Le 20 avril 1894, M. Viger, ministre de l'agriculture, déposait sur le bureau de la Chambre une proposition de loi d'assurances agricoles.

En ce qui concerne l'assurance contre la mortalité du bétail, M. Viger paraît avoir particulièrement en vue de faciliter la création de petites sociétés locales, communales ou cantonales, sur le modèle de celles qui fonctionnent déjà, auxquelles on permettrait de rentrer dans le cadre de la loi projetée, afin qu'elles puissent recevoir les encouragements de l'Etat.

Ces Sociétés locales pourraient être instituées dans les communes ou les cantons qui le demanderaient pour assurer tous animaux ou certaines espèces seulement, dans une ou plusieurs communes ou dans un ou plusieurs cantons du même arrondissement.

Les fonds à répartir se composeraient de cotisations dont le taux serait fixé chaque année par le Conseil d'administration, de dons, de secours, de subventions obtenues de l'Etat ou de particuliers, après prélèvement des frais d'administration et de la somme nécessaire pour constituer un fonds de réserve.

L'indemnité ne pourrait dépasser en aucun cas les 4/5 de la valeur de l'animal avant la maladie ou l'accident.

Pour les sinistres causés par les orages et la grêle, M. Viger propose l'organisation, au chef-lieu du département, de « caisses départementales » de secours, comme il en existe déjà dans les Ardennes, la Meuse, la Somme et l'Aube.

Les caisses seraient alimentées par 1° les cotisations individuelles des adhérents ; 2° des dons ou legs ; 3° des subventions obtenues de l'Etat, du département, des communes ou des particuliers ; 4° les intérêts et revenus provenant du placement des fonds restés sans emploi. Elles auraient un fonds de réserve destiné à subvenir aux besoins de l'institution dans les années calamiteuses ; ce fonds serait formé par des prélèvements sur les cotisations annuelles et par les sommes qui n'auraient pas été employées chaque année.

Outre les « caisses départementales », le projet Viger crée une « caisse centrale » ou « nationale ». Le siége de cette caisse centrale serait à Paris, à la Caisse des dépôts et consignations, dont il serait une annexe, de même que les « caisses départementales , seraient des annexes, des trésoreries générales de chaque département.

La caisse centrale aurait uniquement pour but de venir en aide aux caisses départementales, en cas de sinistre tellement étendu que le fonds de réserve des caisses départementales aurait été complètement épuisé. Elle serait principalement alimentée avec les fonds du chapitre 41 du ministère de l'agriculture, intitulé « secours spéciaux pour pertes matérielles et événements malheureux » et qui est constitué au budget à l'aide d'un centime additionnel aux contributions personnelle, mobilière, foncière et des portes et fenêtres, lequel produit environ trois millions par an.

Une fois la caisse centrale instituée, il ne serait plus accordé de secours individuels. N'auraient, du reste, droit à une indemnité que les cultivateurs qui se seraient assurés. Les caisses départementales devront assurer *obligatoirement* contre les dégâts causés par les orages et la grêle dans des conditions à déterminer par un règlement d'administration publique — *facultativement*, elles pourront assurer contre la gelée et la mortalité du bétail. (L'Argus).

Enfin, l'assurance incendie, à son tour, est proposée à la monopolisation de l'Etat par le projet de M. Bourgeois, (du Jura) présenté à la Chambre le 6 juillet 1894. En voici le texte *in extenso* :

Proposition de loi sur les assurances contre l'incendie
Projet Bourgeois

Art. 1. — L'assurance contre l'incendie est obligatoire.

Art. 2. — Chaque année, la loi de finances déterminera le montant des primes à payer à l'Etat sur les meubles et immeubles assurés.

Art. 3. — La prime d'assurance sera perçue par les agents comptables de l'Etat, dans les formes usitées par la perception des impôts.

Art. 4. — Une commission d'assurances, composée de fonctionnaires de l'Etat et présidée par le directeur des travaux publics, sera chargée de la surveillance des services à organiser en vue de l'évaluation des meubles et immeubles à assurer, ainsi que de l'appréciation des indemnités dues aux sinistrés, après constatation des dommages, par des expertises contradictoires. Le gouvernement devra présenter aux Chambres un projet de loi déterminant, sur les bases susdites, les attributions et le fonctionnement de cette commission.

Art. 5. — Les Compagnies d'assurances existantes lors de la présente loi seront liquidées et recevront de l'Etat une indemnité proportionnée au taux moyen atteint par leurs actions pendant les dix dernières années.

Art. 6. — Un règlement délibéré en Conseil d'Etat déterminera, pour chaque Compagnie, le chiffre de l'indemnité à lui payer d'après les bases posées dans l'article précédent.

Art. 7. — L'Etat pourra pourvoir au paiement de cette indemnité au moyen d'un emprunt amortissable en soixante-quinze ans.

Ainsi trouvent leur application les paroles de M. de Courcy, que nous rapportions plus haut, car M. Bourgeois, dans l'exposé des motifs de sa loi, lui donne bien comme but d'augmenter les ressources de l'Etat, en monopolisant entre ses mains l'industrie de l'assurance incendie, exploitée jusqu'à ce jour par des Sociétés privées. (1)

---

(1) *Voici à ce sujet l'extrait d'un article de M. Alfred Naquet, paru dans l'Eclair.*

Après l'avoir lu, on se convaincra que M. Bourgeois est peut-être dans l'erreur, lorsqu'il prétend que l'Etat ne peut avoir qu'à gagner à cette monopolisation de l'assurance.

Du moins, la réforme que rêve le député du Jura donnera-t-elle les cent millions de bénéfices qu'il en attend ? Non, certes !

Si même la recette était remplacée par un déficit, il n'y aurait pas lieu de trop s'en étonner.

En l'état, les Compagnies d'assurances à primes fixes encaissent cent vingt millions de primes par an Si les choses demeuraient dans les mêmes conditions, l'Etat devrait encaisser une vingtaine de millions de plus, représentant la somme, difficile à établir avec exactitude, qu'encaissent actuellement les Compagnies mutuelles, et celle correspondant à la partie du capital national aujourd'hui non assurée et qui, par le fait de l'assurance obligatoire, se trouverait assurée demain.

Sur les cent vingt millions de primes qu'elles encaissent, combien les Compagnies à primes fixes ont-elles à débourser pour indemniser les sinistrés ? Quel est leur taux de sinistre ? Ce taux ressort à 56 °/₀, c'est-à-dire que pour cent francs de primes encaissées, elles versent cinquante-six francs aux sinistrés.

Si les conditions étaient les mêmes pour l'Etat, celui ci aurait à payer, pour cent quarante millions de primes reçues dans ses caisses, soixante-dix-huit millions en chiffres ronds aux sinistrés.

Mais les conditions seraient loin d'être aussi avantageuses pour l'Etat assureur que pour les Compagnies. Celles-ci, en effet, font un choix dans les risques assurés par elles et refusent les plus périlleux. L'Etat ne pourra rien refuser, et, de ce fait, le taux de sinistres s'élèvera bien au-dessus de 55 °/₀. Il est difficile de fixer son nouvel étiage. D'aucuns l'évaluent à 66 °/₀. En l'évaluant à 60, on demeure à l'abri de toute contestation Ce taux donne, pour les 140 millions de francs encaissés sous la forme de primes, 84 millions de sinistres.

Il y aurait encore un écart de 56 millions entre les encaissements et les débours du Trésor, si ce dernier devait, en effet, comme nous l'avons supposé jusqu'ici, recevoir autant de primes pour les mêmes risques qu'en reçoivent les Compagnies et n'avait aucune autre charge que les sinistres.

Mais il percevrait certainement une somme très inférieure.

Sous le régime des Compagnies, le public a une tendance marquée à grossir, à majorer

Quant aux deux projets précédents, ils sont le résultat de l'influence de cette école moderne qui fait bon marché de la liberté en toutes choses ; elle ne s'embarrasse guère des nécessités pratiques d'un budget en équilibre. Absolue en ses déductions,

---

considérablement la valeur assurée. La prime s'élève d'autant. On paierait moins si l'on faisait une évaluation exacte. Or, ces majorations disparaîtront à peu près complètement, lorsque les Compagnies seront remplacées par l'Etat. D'autre part, en effet, les citoyens craindront, en majorant leur avoir, de fournir au fisc une base d'assiette à l'impôt qui les ferait surtaxer si l'impôt sur le revenu était établi. D'autre part, l'Etat lui-même s'efforcerait d'éviter les majorations. C'est au moins ce qui se passe dans le canton de Vaud où l'assurance est cantonale et obligatoire. Il n'y a aucune raison pour que les choses ne se passent pas de même ici. L'Etat contrôlera la valeur assurable et, par suite, en réduira l'estimation.

Il est difficile de calculer exactement de combien tomberont les primes. On y arrive cependant d'une manière approximative par le calcul suivant :

On évalue actuellement à cent quarante milliards le capital assurable en France, et l'on admet que, sur ces cent quarante milliards, il y a une majoration de 20 %. Ce serait donc vingt-huit milliards à déduire et il resterait pour le vrai capital assurable cent douze milliards environ. Le chiffre des sinistres demeurant d'ailleurs le même et le capital sur lequel se calculent les primes à raison de 1 ‰ baissant de vingt-huit milliards, le taux de sinistre s'élèverait par là même de 60 à 75 %.

D'autre part, il est à considérer que, sous forme d'impôts divers, les Compagnies versent actuellement de 20 à 25 millions à l'Etat. On doit déduire ces sommes des encaissements pour avoir le résultat exact de l'entreprise.

Il faut, en outre, retrancher une somme à peu près égale pour frais d'administration, et dix millions pour l'intérêt du capital emprunté en vue d'indemniser les actionnaires — soit en tout une cinquantaine de millions à déduire des 112 millions de recette approximative que nous supposons.

La recette se trouverait ainsi réduite à 62 millions et les sinistres continueraient à coûter 84 millions. Les énormes bénéfices prévus par M. Bourgeois se convertiraient donc en réalité en un déficit appréciable.

Il y aurait beaucoup d'autres objections à présenter contre le monopole des assurances. Comment, par exemple, l'Etat fixera-t-il le quantum à demander aux assurés ?

Adoptera-t-il le système des mutuelles ? C'est peu probable, car on ne voit pas alors d'où il espérerait tirer des bénéfices.

Surélèvera-t-il la cote personnelle et mobilière, ou l'impôt sur le revenu, si celui-ci remplace cette contribution ? Ce serait injuste, car alors les risques les plus graves se trouveraient assurés au même taux que les moins graves, et les assurés qui feraient le plus rarement appel aux finances publiques paieraient pour ceux qui y feraient le plus souvent appel.

Etablira-t-il des primes calculées comme aujourd'hui sur l'importance du risque ? Il sera tenu, dans ce cas, pour le calcul de ces risques, de conserver un personnel nombreux et coûteux qui viendra encore diminuer ses bénéfices. Et, néanmoins, bon nombre d'employés qui vivent actuellement des assurances perdront leurs emplois. De ce nombre seront les agents que les Compagnies entretiennent dans toute la France et qui s'occupent de rechercher la matière assurable.

En résumé : difficultés considérables d'application ; bénéfices nuls et même déficit probable ; le pain enlevé à un nombre énorme de familles. Voilà à quels résultats nous arriverions si nous décrétions cette nouvelle édition, considérablement aggravée, du monopole des allumettes.

M. Jaurès peut logiquement présenter des propositions de cet ordre. Elles sont conformes à ses idées générales ; elles sont un acheminement vers la société à laquelle il tend.

Mais M. Bourgeois se déclare nettement anticollectiviste et, dès lors, sa proposition est inexcusable.

Alfred Naquet.

elle veut atteindre, par des moyens violents, son idéal chimérique, l'absorption de l'individu dans l'Etat.

C'est l'école socialiste. (de Courcy)

Car c'est évidemment l'assurance obligatoire qui, avec les projets que nous venons d'examiner, est à l'ordre du jour, et l'assurance par l'Etat seul, à l'exclusion des entreprises privées. L'exemple de l'Allemagne est là cependant pour donner à réfléchir à ceux de nos politiciens qui se laisseraient entraîner dans cette voie. Nous extrayons le résultat des opérations de l'assurance allemande pendant 1893 du Journal des Débats (n° du 21 mai 1894) et nous citons l'article en entier ; ce sont là des chiffres éloquents et qui, plus que des phrases et des théories, démontrent l'incapacité de l'Etat assureur et les conséquences qui en découlent.

Les assurances obligatoires en Allemagne.

A plusieurs reprises déjà nous avons signalé le fonctionnement des assurances ouvrières obligatoires, instituées en Allemagne depuis 1883. A l'heure où une active campagne est faite en France en faveur de créations du socialisme d'Etat, il y a un grand intérêt à suivre de près les résultats qu'elles donnent. Un ingénieur, M. Grüner, dont la compétence en ces matières est incontestée, vient précisément de réunir une série de documents et de statistiques qui font suite aux études qu'il a déjà publiées sur ce sujet. Nous pouvons donc nous rendre compte de la transformation profonde que la législation nouvelle a apportée en Allemagne dans les rapports entre patrons et ouvriers, et évaluer les charges très lourdes qui en résultent pour l'industrie.

On sait que la nouvelle organisation des assurances ouvrières comporte trois branches distinctes, maladie, accidents, vieillesse et invalidité. Nous ne nous occuperons que des deux premières : l'assurance contre la vieillesse, ne fonctionnant que depuis 1891, n'a pas encore donné de résultats suffisants pour qu'on puisse en tirer des conclusions.

En 1885, on comptait 18,942 Caisses d'assurances contre les maladies, comprenant 4,294,173 personnes astreintes à l'obligation de l'assurance. En 1891, le nombre des Caisses s'élève à 21,498 et celui des assurés à 6,530,513. A ce dernier chiffre, il faut ajouter les ouvriers mineurs, au nombre de 481,610, qui continuent à faire partie de leurs anciennes Caisses. De sorte que le nombre total des travailleurs astreints à l'assurance était, à la fin de 1891, de 7,012,123, soit 14.1 0/0 de la population totale de l'empire allemand. Ces Caisses ne sont pas établies d'après un type uniforme, leur organisation est très compliquée, mais on peut dire que l'immense majorité est alimentée par des subventions des communes et des corporations, par un prélèvement sur les salaires et par un versement des patrons. Pour l'année 1891, le produit du prélèvement sur les salaires a été de 70,126,896 marks, et les dépenses des maladies de 89,166,091 marks. Le déficit s'élevant à 19,039,195 marks, a été comblé par les patrons, qui, en outre, supportent seuls les frais de gestion et de constitution de réserve. La part contributive des patrons est évaluée à un tiers des dépenses.

En ce qui concerne la moyenne des jours de maladie, elle est de 11 jours pour les ouvriers travaillant dans les ports, de 10 pour les ouvriers porcelainiers, de 9 pour les ouvriers employés dans la métallurgie, de 8 pour les mécaniciens, de 8,5 pour les imprimeurs, brasseurs et zingueurs, de 8,1 pour les maçons. Dans les mines de houille, le nombre de journées de maladies n'est que de 7,4 et de 7,6 pour les mines de fer. Il convient de remarquer que les frais d'Administration ont doublé de 1886 à 1892. Les frais d'enquête et de justice arbitrale croissent d'année en année et ont quintuplé dans le même espace de temps. Au contraire, les dépenses motivées par les mesures de précaution varient peu depuis 1887. Quoique les versements annuels au fonds de réserve soient déjà en voie de décroissance, et que le nombre des associés demeure constant, cependant les dépenses totales annuelles ne cessent de croître de 4 millions de marks par an depuis cinq ans. Tandis que, dans les premières années, les versements aux fonds de réserve étaient de 300, 150, 100, 80, 60 0/0 des dépenses en secours et en indemnités, dans la septième année (1892) le versement n'a plus été que de 50 0/0 et il continuera à diminuer désormais de 10 0/0 par an pour cesser entièrement la douzième année.

Examinons maintenant les résultats de la loi d'assurance sur les accidents. L'assurance sur les accidents a fonctionné avant toutes les autres; elle a déjà une durée de sept années consécutives; on peut donc apprécier avec quelque précision les conséquences de cette législation. En 1893, l'assurance contre les accidents s'est étendue à 415,335 établissements industriels et à 4,869,618 exploitations agricoles; elle a inscrit sur ses registres 5,078,132 ouvriers industriels, 12,400,000 ouvriers agricoles et 646,733 ouvriers d'administration publique. Ainsi, plus de 5 millions de patrons et plus de 18 millions de travailleurs sont visés par la loi et en supportent les charges : 268,777 personnes ont joui de ses avantages. Ce dernier chiffre se décompose ainsi : ouvriers blessés, 190,510; veuves d'ouvriers tués, 22,405; orphelins d'ouvriers tués, 43,924; ascendants d'ouvriers tués, 1,620. Le nombre des accidents signalés a été de 262,633, dont 6,285 mortels. Le nombre des accidents mortels varie peu, d'ailleurs, d'une année à l'autre; il était de 6,047 en 1890. Le chiffre relatif aux blessures légères a suivi une plus forte proportion : il s'est accru dans la proportion de 50 0/0. C'est là une des conséquences inévitables de la loi. Le chiffre des indemnités, secours et pensions, a donc passé de 6 millions de marks en 1887 à 20 315,320 marks en 1890 et à 38,175,000 marks en 1893. Les frais de gestion ont dépassé 24 0/0 du montant des indemnités.

Comme pour les maladies, les frais d'administration augmentent rapidement. Relativement peu élevés par personne assurée, dans les grandes corporations industrielles (0 mark 40 à 0 mark 60 par personne), ces frais d'administration deviennent de cinq à huit fois plus élevés (2 marks 25 à 3 marks 5 par personne) dans les corporations qui ne groupent que de petits patrons; et si, de plus, l'industrie est peu dangereuse, on arrive à des frais tout à fait excessifs par accident signalé et par an (64 marks pour la corporation des instruments de musique, 82 marks pour la meunerie); et si on fait ce calcul par *accident indemnisé*, on arrive à des chiffres de 371 marks de frais par accident indemnisé pour la corporation des fabricants d'instruments de musique et de 285 marks pour la corporation des meuniers. Ces frais tombent à 67 marks par accident indemnisé dans la corporation des mines.

Après avoir très largement accordé des pensions pour incapacités totales permanentes, les conseils des corporations, préoccupés de la croissance rapide des charges, deviennent d'année en année plus sévères, — en 1890, ils n'accordaient déjà plus que la moitié des pensions pour invalidités totales qu'ils n'accordaient en 1887. La proportion a encore baissé en 1891 et 1892. Par contre, les conseils continuent à accorder des pensions toujours plus nombreuses pour incapacités partielles. Plus la loi est connue et plus augmente le nombre des accidents. Ainsi que nous le disions plus haut, la progression des accidents non mortels s'est accrue dans la proportion de 50 0/0. Comme cette proportion augmente tous les ans, on peut prévoir le moment où les charges financières résultant de la législation nouvelle deviendront intolérables. On sera évidemment obligé de se montrer plus sévère dans la distribution des pensions et d'en réduire le taux. Oui, mais que diront les ouvriers, aux yeux desquels le gouvernement a fait si souvent miroiter les bienfaits de l'assurance obligatoire ? »

Voici maintenant la lettre que M. Magnin, alors ministre des Finances, adressait au président du Sénat, sur une pétition tendant à ce que l'assurance soit exploitée par l'Etat.

Elle est, malgré sa date, d'actualité, parce qu'elle est basée sur des raisons et des faits qui ne sauraient changer ; de plus, elle est un résumé exact et précis de la question.

Paris, le 24 février 1881.

MONSIEUR LE PRÉSIDENT,

Vous avez bien voulu renvoyer à mon examen, sur les conclusions conformes de la troisième Commission, une pétition par laquelle quatre-vingt-quatre habitants de Freneuse (Seine-et-Oise) demandent que l'État prenne à sa charge les assurances contre l'incendie, contre la grêle et contre les pertes de bestiaux ; que les assurances soient obligatoires pour les propriétaires agricoles et que les primes aujourd'hui touchées par les Compagnies soient recouvrées par les percepteurs, comme en matière de contributions directes, c'est-à-dire transformées en un impôt.

J'ai l'honneur, Monsieur le Président, de vous faire connaître les considérations pratiques qui me paraissent s'opposer à l'adoption des conclusions formulées par les pétitionnaires.

Ce n'est pas la première fois que les pouvoirs publics ont à statuer sur la question qui s'agite.

Dans d'autres temps et dans d'autres pays, on a recherché s'il n'y aurait pas avantage pour l'ensemble des propriétaires et bénéfice pour la chose publique elle-même à charger l'État du service des assurances ; car, pensait-on, une taxe obligatoire, moins élevée, pourrait peut-être remplacer efficacement le montant de la prime, qui ne laisse pas d'être lourde pour ceux qui la supportent volontairement.

Les esprits ingénieux ont même proposé, à cette intention, d'augmenter, dans la mesure qui serait jugée nécessaire, le fond de secours mis chaque année, par la loi du budget, à la disposition du ministre de l'agriculture, pour venir en aide aux victimes de la grêle, de l'incendie et des inondations, ainsi que le fonds de non-valeurs dont peut disposer le ministre des finances, pour accorder des remises et modérations d'impôt aux contribuables malheureux. On aurait ainsi organisé, sous la garantie de l'État, en profitant du concours de ses services, une vaste Société d'assurance mutuelle et obligatoire, qui aurait pu soulager bien des infortunes et réparer bien des dommages.

Il n'y a pas lieu de se préoccuper ici de la question de savoir quelle doit être, en général, l'importance de la participation de l'État aux actes de bienfaisance publique, ni des différences nombreuses qui existent, dans l'application, entre la distribution d'un fonds de secours, quelque considérable qu'il soit, mais qui est cependant toujours limité dans sa spécialité, et le fonctionnement régulier d'une assurance qui assume tous les risques du capital déclaré, sans distinction de fonds ni de personnes. Je me bornerai à examiner la proposition au point de vue du rôle nouveau qu'elle ferait jouer à l'État et des responsabilités qu'elle imposerait au Trésor.

Dès l'année 1846, plusieurs conseils généraux, s'occupant des modifications à introduire dans la législation des assurances, demandèrent que l'État fût substitué aux Compagnies ; leur initiative n'eut pas de suite.

Un peu plus tard, en 1848, le Gouvernement provisoire ayant annoncé le rachat prochain de toutes les assurances pour le compte de l'État, le ministre des finances présenta, dans la séance du 8 juin, un projet de décret tendant à ce que l'État prît possession des assurances contre l'incendie, puis déclarât l'assurance des valeurs immobilières, ainsi que celle du mobilier personnel, obligatoire, et l'assurance des marchandises, du mobilier industriel, des récoltes et du bétail, facultative. Les travaux de la Commission nommée pour l'examen n'aboutirent à aucune solution.

Cependant, malgré ce premier échec, la proposition fut reprise, mais modifiée en ce sens que l'assurance des bâtiments serait seule obligatoire, et qu'on ferait entrer dans le domaine de l'État, à partir du 1er janvier 1852, les assurances contre l'incendie, soit à primes fixes, soit mutuelles. Elle fut, cette fois, directement et définitivement repoussée par l'Assemblée nationale, dans sa séance du 10 mai 1851, sur un rapport très étudié, de M Béchard.

Je pense que les considérations d'ordre supérieur, les difficultés d'application, les dangers pour le Trésor, mis en avant par le savant rapporteur, et qu'on a fait valoir à deux reprises successives, en 1848 et en 1851, contre la prise de possession des assurances par l'État, ont conservé toute leur force et leur valeur. Je pourrais ajouter qu'elles ont été plus récemment encore appréciées et confirmées par le législateur qui, en assujettissant les Sociétés d'assurances et les contrats qu'elles passent à de nouveaux impôts, n'a jugé utile ni au bien général ni aux intérêts du Trésor de leur demander, par la suppression de leur industrie, un sacrifice supérieur à celui d'une taxation financière, montrant ainsi qu'il valait mieux, en cette matière, laisser se développer librement l'initiative particulière et l'esprit d'association, que de faire entrer dans le domaine de l'État une nouvelle branche de l'activité industrielle.

L'impôt de l'assurance, dit le rapporteur devant l'Assemblée nationale, blesserait à la fois le citoyen dans sa personne et dans sa propriété : dans sa personne, en le privant du droit de choisir le mode et le prix de la garantie, et en lui ôtant même la faculté, dont il jouit aujourd'hui de s'abstenir de l'assurance ; dans sa propriété, en lui imposant une tutelle qui le dépouillerait de la libre disposition de son propre bien. Le principe de cet impôt serait injuste et dangereux. Il pèserait indistinctement sur l'homme soigneux et sur l'homme négligent ou coupable Il ferait subir à l'un et à l'autre la même surveillance, les mêmes mesures de précaution ; il enlèverait à l'homme de bonne foi les facilités et les garanties que peut lui offrir la liberté des conventions.

Les pétitionnaires font valoir, sans toutefois donner aucune preuve à l'appui, que la substitution qu'ils sollicitent de l'État aux Compagnies d'assurances procurerait de sérieux avantages aux propriétaires agricoles. Pour que cette affirmation demeurât incontestable, il faudrait qu'il fût démontré que l'État peut, à des conditions moins onéreuses pour l'assuré que celles faites par les Sociétés, garantir les risques résultant du feu, de la grêle, de la maladie des bestiaux, parce que la direction imprimée par lui à ce service sera plus inflexible et plus économique, la répression des délits plus active, le besoin de faire des bénéfices moins pressant. Mais tous ceux qui ont eu à étudier la question si complexe et si délicate des assurances ont prévu que les règles de notre régime administratif et financier se prêteraient mal aux facilités et aux nombreuses combinaisons que la variété des risques à courir impose aux Sociétés privées, dont le zèle se trouve encore stimulé par la concurrence ; et dès lors, il y aurait à craindre, au contraire, que, confiées aux agents du Trésor, les expertises ne devinssent plus coûteuses, les frais d'administration plus considérables, les délais pour le paiement de l'indemnité plus prolongés; la prime à payer par l'assuré, ne pouvant, d'ailleurs, être inférieure à celle qu'il supportait précédemment, de volontaire serait devenue forcée.

Je ne vois rien, dans tous ces résultats, qui puisse justifier les espérances des signataires de la pétition et donner aux intérêts agricoles une sécurité plus grande que celle dont ils jouissent sous le régime actuellement en vigueur.

Au surplus, il est permis de se demander comment serait accueillie, par la masse générale des contribuables, la taxe nouvelle, imposant une mesure simple de précaution, qu'un propriétaire doit toujours être libre de prendre ou de négliger. Sans doute, bien des motifs peuvent faire désirer que les contrats d'assurance se multiplient ; mais, pour atteindre ce but, ne vaut-il pas mieux laisser libre l'initiative de l'intérêt particulier que de recourir à l'impôt, précisément à une époque où les pouvoirs publics sont tous d'accord pour procéder à des dégrèvements considérables?

Au reste, les auteurs de la pétition ne tiennent pas compte des assurances mutuelles, qui, dans leur système, disparaîtraient probablement, puisqu'il ressort de leur exposé que les assurances à primes devraient être généralisées. Cette uniformalisation lèserait indubitablement les intérêts et les convenances de beaucoup d'assurés, d'autant mieux que plusieurs assurances agricoles sont des assurances mutuelles.

Dans ces conditions, j'estime que les propriétaires agricoles, auxquels les pétitionnaires ont l'intention, du reste fort louable, de venir en aide, par une disposition de faveur, pourraient, avec quelque raison, se prononcer contre elle, trouvant que cette aggravation de charges contre le but proposé et ne leur assure, en compensation, ni des avantages plus réels ni des garanties plus précieuses.

D'un autre côté, si j'examine, au point de vue du budget, les conséquences financières qu'entraînerait l'adoption de la pétition dont il s'agit, je me trouve amené à étudier la situation que ferait à l'État cette prise de possession nouvelle vis-à-vis des Compagnies d'assurance exerçant leur industrie sous la sauvegarde de la loi, et à me demander si une bonne administration des deniers publics pourrait s'accommoder des différences et des incertitudes que ne manqueraient pas d'occasionner les variations, en nombre et en gravité, des sinistres à indemniser annuellement.

Dans le cas où, comme on le propose, l'État viendrait à prendre à sa charge toutes les assurances, en établissant une taxe qui représenterait le capital à rembourser, en cas de sinistre, les Compagnies d'assurances, privées de leur clientèle ordinaire, troublées dans leurs opérations, seraient-elles recevables à réclamer une indemnité pour le préjudice éprouvé et la défaveur qui, désormais, frapperait leur industrie? On peut soutenir que non ; car, en ne s'arrogeant vis-à-vis des Compagnies existantes ni privilége ni monopole, en laissant la liberté de contracter, auprès d'elles, des assurances supplémentaires, l'État ne les déposséderait pas, et, par suite, ne leur imposerait aucune expropriation. Il leur créerait, sans doute, une concurrence redoutable et des embarras sérieux, mais il ne les priverait pas de l'exercice de leurs droits, et une indemnité ne saurait leur être due. En exigeant de chaque contribuable une prime d'assurance, sous forme de taxe obligatoire, l'État ne ferait qu'user de son droit souverain, de percevoir ses revenus sous la forme qui lui paraît la meilleure.

Mais il faut toujours se demander s'il conviendrait que l'État se mît à la place de l'industrie privée, pour prendre la responsabilité des risques s'élevant à des milliards, pour payer annuellement des indemnités se soldant par des millions, pour constituer des réserves, les faire valoir, et s'exposer, par ce mouvement de fonds, à des pertes peut-être considérables.

Si on jette un coup d'œil sur la nomenclature des Compagnies d'assurance contre l'incendie et contre la grêle, on voit que malgré l'élévation des primes perçues par elles, malgré une direction intelligente et économe, toutes sont loin de jouir de tels avantages Si quelques-unes réalisent des bénéfices, certaines n'en font pas ; d'autres ne peuvent se soutenir, et on peut affirmer que les mieux dirigées ne doivent leur prospérité qu'au choix minutieux de leur clientèle, du théâtre de leur opérations, et au refus de couvrir les risques attachés à des récoltes ou à des constructions trop exposées. Et là où l'initiative privée ne réussit que grâce à son zèle, à la variété de ses ressources et de ses combinaisons, l'État ne rencontrerait que difficultés entravant la marche de ses services. Il serait exposé, en outre, à perdre son prestige, non-seulement dans les litiges relatifs au règlement des indemnités, mais encore dans les discussions que pourrait faire naître l'établissement des bases de l'impôt.

D'ailleurs, la prime d'assurance, perçue par l'État pourrait-elle être recouvrée comme en matière des contributions directes?

Les contributions directes frappent le revenu, tel qu'il se manifeste par certains signes extérieurs déterminés par la loi, tandis que les assurances portent, en grande partie, sur le capital. Il est, en outre, une foule d'objets dont il n'est pas tenu compte pour l'assiette de l'impôt direct, tel que les meubles meublants, le matériel agricole, les marchandises, les ustensiles servant à l'exercice des professions commerciales, les bestiaux, etc., etc. J'ajouterai que les bâtiments ruraux ne sont imposés que pour leur superficie. Les contributions directes ne fournissent donc, en ce qui touche une partie considérable de la fortune publique, aucune donnée susceptible de servir à l'assiette des assurances ou d'une taxe destinée à les remplacer.

De plus, l'impôt direct est établi le 1er janvier pour l'année entière, et, sauf quelques exceptions, il est dû en raison de la matière imposable existant à ladite époque. Cette disposition fondamentale ne pourrait se concilier avec la mobilité que présentent les valeurs susceptibles d'être assurées. Puis, tout le monde ne paie pas l'impôt direct. Dans les villes où, comme à Paris, une partie du contingent de la contribution personnelle mobilière est prélevée sur l'octroi, beaucoup d'habitants sont exonérés de l'impôt direct, même sans être indigents.

Dans les autres localités, les répartiteurs, usant avec bienveillance des pouvoirs que la loi leur confère, exemptent de l'impôt bien des individus qui en seraient rigoureusement passibles. Comment procèderait-on à l'égard des redevables jouissant de pareilles immunités? Enfin, pour l'évaluation des objets assurés, l'expérience a prouvé qu'il faut recourir à des tarifs nombreux, gradués en raison de la situation et de la construction des immeubles, de la nature des objets qu'ils renferment, de la profession des occupants, etc. Il serait fréquemment impossible, en raison de cette multiplicité des tarifs et des objets assurés, de déterminer sur laquelle des quatre contributions directes devrait porter le rehaussement représentant la taxe d'assurances.

Il serait fort difficile, d'ailleurs, de trouver un facteur commun convenable pour toutes ces valeurs, de façon à les convertir en un centime le franc, applicable au principal de chacune des quatre contributions directes, afin de faire payer à chaque redevable, par addition à sa cotisation, en fait de contributions de cette nature, le montant exact de l'impôt représentatif de la prime d'assurances.

On objecterait à tort, qu'au moins en ce qui concerne les récoltes, le service des assurances pourrait être effectué par les agents des contributions directes, puisque, dans les cas de pertes occasionnées par des grêles, des inondations, etc., ils constatent et évaluent les dommages, dans le but de faire accorder des dégrèvements et même des secours aux sinistrés.

En effet, les vérifications opérées dans ces circonstances portent sur des faits accomplis, et il est relativement facile d'arriver à constater l'importance de dommages récemment survenus ; mais ces constatations ne constituent qu'une partie du service des assurances. Ce service en comporte une autre non moins importante : le calcul des taxes à exiger annuellement des assurés et représentant leur prime d'assurance ; c'est l'établissement de ces taxes qui présenterait des difficultés insurmontables.

Pour toutes les natures de cultures, les risques ne sont pas les mêmes ; dès lors, les redevances à exiger des cultivateurs ne sauraient être uniformes, même pour les propriétés qui portent au cadastre une dénomination identique. C'est ainsi que, sur les documents cadastraux, la dénomination de terre labourable est appliquée indistinctement aux sols cultivés en prairies artificielles, en blé, en pommes de terre, en betteraves, en plantes oléagineuses, etc.; en un mot, le cadastre ne tient pas compte des assolements. Au point de vue de l'impôt foncier, la distinction des assolements n'aurait pas sa raison d'être, cet impôt étant établi sur le revenu moyen ; cependant, elle est très importante pour le propriétaire assuré, qui ne considère en définitive que le produit actuel de ses biens et qui, en cas de sinistre, a le droit d'exiger le remboursement de ses pertes réelles. Ainsi, sans mentionner même les imperfections si nombreuses que le cadastre doit à son ancienneté, il ne fournirait aucun moyen de régler les taxes avec la précision qu'exige l'assiette d'un impôt.

Indépendamment, du reste, de toute autre considération, le nombre des cotes financières (14.236.000) est trop considérable pour qu'il soit possible aux contrôleurs de procéder annuellement aux constatations et aux calculs qu'exigeraient les taxes d'assurances, si elles s'ajoutaient à ses cotes ; d'autant plus que, dans le cours d'une même année, certains fonds portent successivement deux récoltes différentes.

Le nouvel impôt demandé par les pétitionnaires ne pourrait donc se superposer aux contributions directes et, si l'État se faisait assureur, il faudrait, de toute nécessité, asseoir la taxe conformément à des principes différents de ceux qui régissent les contributions directes.

En résumé, la substitution d'une prime obligatoire à une prime facultative viendrait créer une nouvelle charge pour les propriétaires agricoles ; ce serait un supplément d'impôt au lieu des dégrèvements qu'ils réclament. Elle priverait le contribuable de sa liberté d'action, diminuerait le prestige de l'État, en le faisant sans cesse intervenir dans des expertises coûteuses et dans des discussions irritantes. Au lieu d'ouvrir au Trésor une source de revenus, le changement proposé multiplierait, sans profit pour personne, le nombre des fonctionnaires publics, accroîtrait les dépenses, occasionnerait des embarras administratifs et financiers et augmenterait peut-être certains sinistres.

J'estime, en conséquence, que la pétition des habitants de Freneuse ne peut être accueillie.

Agréez...,

Avec les documents que nous venons de produire, nous croyons avoir suffisamment fait pour éclairer cette question de l'assurance par l'Etat.

Quelle conclusion en tirer ?

C'est M. Viger qui nous la fournira lui-même, dans l'exposé des motifs de son projet, où le rôle de l'Etat en matière d'assurance est ainsi formulé :

« L'État ne doit pas intervenir dans les affaires concernant les intérêts particuliers des individus, ni s'exposer aux contestations, sans nombre résultant de l'évaluation et du règlement des sinistres.

» Il est trop impersonnel pour entreprendre des opérations de ce genre. Ses agents n'ont pas les qualités voulues pour défendre ses intérêts, surtout lorsqu'ils risquent de se trouver en présence d'influences étrangères, dont ils peuvent redouter d'irriter les susceptibilités. Sa mission est plus haute, elle consiste à s'occuper des intérêts généraux du pays et, comme le développement des institutions de prévoyance revêt ce caractère d'une façon indiscutable, l'État doit évidemment intervenir pour les favoriser, mais non pour les faire fonctionner lui-même. »

NOTE

Nous nous empressons de réparer ici un oubli involontaire qui nous a fait omettre de mentionner, dans la nomenclature des journaux d'assurance que nous avons consultés, le journal L'Argus, dont le nom est connu de tous les assureurs.

TRAITÉ THÉORIQUE ET PRATIQUE

DE

L'ASSURANCE EN GÉNÉRAL

TABLE DES MATIÈRES

PREMIÈRE PARTIE

L'assurance au point de vue scientifique, économique, social et moral.

CHAPITRE I.

CHAPITRE II.

DEUXIÈME PARTIE
L'assurance au point de vue juridique.

CHAPITRE I.

CHAPITRE II.

CHAPITRE III.

CHAPITRE IV.

*Du contrat d'assurance dans les assurances à primes fixes (suite)
— De la réassurance et de la reprise d'assurance* 139

TROISIÈME PARTIE

Exploitation de l'assurance.

CHAPITRE I.

QUATRIÈME PARTIE

De l'assurance par l'État.

LILLE, IMPRIMERIE LEFEBVRE-DUCROCQ